人类简史

房龙为我们讲人类的故事

[美] 亨德里克·威廉·房龙◎著　辛怡◎译

纽伯瑞奖巨作

中国华侨出版社
·北京·

原序

给汉斯吉和威廉：

在我十二三岁那年，我的叔叔——我对读书和画画的喜爱都是源于他——许诺要带着我进行一次难以忘怀的探险之旅，即：他要带我一同爬上鹿特丹老圣劳伦士塔的塔尖。

于是，在一个阳光明媚的日子里，教堂的司事拿着一把与圣彼得的钥匙一样大的大钥匙开启了那扇神秘大门。他说："如果你回来后又想出去，只要按一下铃就行。"满是锈迹的铰链发出了沉闷的声音，将我们与闹市隔离开来，把我们锁在一个全新的，与世隔绝的世界里。

这是我有生以来第一次遇到可以听见的寂静。在我们登上第一段楼梯时，我所了解的少得可怜的自然知识又多了一项——可以摸到的黑暗。一根火柴指引着我们应该如何向上走。我们抵达了第二层，然后再上一层，然后又上了一层，直至我们已经弄不清到底走到了第几层——紧接着总还会有下一层。忽然间，我们的周围充满了光亮。这一层与教堂屋顶的高度一致，它被作为仓库使用。在几英寸厚的尘土下面，堆放着无数象征着神圣信仰的物品——这些东西全部都是几年前生活在这座城市中的虔诚的男女们丢弃的。这些物品曾经被我们的祖先们当作掌管生死的神器，可如今却成了一堆废弃的垃圾。神人的雕像也被勤劳的老鼠筑成巢穴，机警的蜘蛛在一个张开双臂的圣人胳膊上编织了一张大网。

又上了一层楼，我们才知道刚才的光亮是从哪里来的。一扇又高又大的窗户敞开着（窗子上安装了粗壮的铁栏杆），让这间高高的空无一人的房间变成了数百只鸽子的栖息地。铁栏杆中间吹来一阵阵清风，空气中充斥着一股奇特又动听的音乐声。这声音便是我们脚下的闹市里发出的，只不过距离已经将这些喧闹声净化了。大型车辆发出的轰隆声，马蹄发出的嗒嗒声，起重机和滑轮发出的咕噜声，以及任劳任怨的蒸汽机发出的嗞嗞声（它们用数以千计的不同方式为人们做着工作）——这些声音都融合在一起，成为一种柔和美妙的低吟声，与鸽子们发出的阵阵咕咕声互相呼应。

楼梯到这里为止，再往上便是梯子。上了第一节梯子（这一节梯子很陈旧而且表面光滑，我们必须要用脚不断试探）后，又见到了一个崭新的壮观的景物——城市大钟。我仿佛见到了时间的心脏。我能够听见秒针急促跳动的沉而有力的脉搏声——一下、两下、三下，直至跳到六十下。紧接着传来震动声，好像每一个齿轮都停止不动，一分钟好像被无穷无尽的时间割舍掉了。大钟不停歇地重新开始下一分钟：一分钟——两分钟——三分钟。最终，随着一阵震动的预警，众多齿轮相互摩擦产生的犹如打雷一般的声响，从我们的头上呼啸而过，对全世界宣告中午来临了。

往上走一层是钟楼。有精致的小钟和它们令人恐惧的姊妹。位于中央有一个大钟——我在午夜时听见它发出的声响，总会觉得非常恐怖，因为那是在对人们发出火灾或者水灾的警报。在庄重严肃的孤寂里，它好像在回忆过去 600 年的事情（在长达 600 年的时间里，它见证了鹿特丹人的喜怒哀乐）。它被一群排列整齐的小钟紧紧包围，好似古老的药店当中整齐摆放的蓝色药瓶。每隔两个星期，它都会为生活在这里的人们演奏动听的音乐，在那天，人们会出来赶集，买卖物品，探听一下世界上都发生了什么奇闻轶事。可在没有人注意的角落里，还屹立着一个大黑钟——与它的同类相距甚远，肃穆又庄重——这是宣告死亡的丧钟。

继续往上爬便是漆黑一片和一些梯子，相较我们之前爬的更加艰难。突然间，新鲜的空气和辽阔的天际都展现在我们眼前。我们终于来到了塔楼的最高点，头顶上是蓝天，脚下便是整个城市——城市小得好像玩具一样，城市里的人们就好像是蚂蚁一样来来回回地忙碌着，所有人都一门心思地思考着自己的事情。石头城墙以外的地方，是一片广阔的田野。

这是我第一次俯瞰这个大千世界。

自从那次之后，只要有机会，我就会爬到塔楼的顶端独自寻找乐趣。即便爬楼梯很费劲，可是我却觉得付出这些力气很值得。

而且，我深知我能够得到什么样的回报。我能够看到大地和蓝天，能够听见我的看大门的朋友给我讲故事——他居住在塔楼下面一个背风的小屋子里，负责照看大钟，就好像是这些大钟的父亲一样。此外，他还要负责发出火警警报。不过他平时生活很悠闲，在那时，他会点燃烟斗，然后陷入沉思。大概 50 年以前他曾经读过书，虽然跟没有读过书一样，但是由于在塔尖上生活了这么多年，他从周围的广阔世界当中也学习到了很多知识。

他很了解历史，历史在他眼中是鲜活的。"那里，"他指向河道的转弯处跟我说，"就是那，我的孩子，那片树林你看到了吗？就在那里，奥兰治公爵凿开河堤，灌溉土地，救活了莱顿。"又或是，他对我述说关于老默兹河的趣闻，讲述这宽阔的河流是怎样从一个便利的港口，变成一条四通八达的水路，承载着德·鲁伊特以及特隆普的船队，开始最后一次远近闻名的航程——为了让所有人都能够在海上航行，他们牺牲了自己。

我们还一起看那些环绕在庇佑它们的教堂周围的小村庄，很多年前，那间教堂便是神圣守护者的家。往远处看，我们还能够看见代尔夫特的斜塔。距离斜塔塔尖很近的位置，沉默者威廉遭到暗杀，同样在那里，格劳秀斯学会了如何编写拉丁语句。再往远处看，便是低矮的高德教堂，那里是伊拉斯谟早期的家。这个男人所拥有的才智比大多数国王的千军万马都要强大，伊拉斯谟——这个在孤儿院里长大的人的名声已经传遍全世界。

最后是浩瀚无边的大海与陆地的银白色的分界线。在我们的脚下，有着与大海截然不同的景物：各色各样的房顶、烟囱、房子、花园、医院、学校、铁路，这些便是我们口中的家。可是这座塔楼却让我们改变了看待古老家园的眼光：喧闹杂乱的道路与市场、工厂与车间，这些都成了展现人类能力与意志的表征。在这里最好的事物，莫过于紧紧围绕在周围的辉煌的历史。当我们再次回归到正常生活中需要解决的问题时，这些辉煌的历史则会成为我们解决问题的动力。

历史犹如经验堆积的高塔，是由时间在过去日子里的广阔田野上建造起来的。想要攀上这座古老高塔的塔尖，俯瞰它脚下的景

在北方有一片名叫斯维斯约德的土地，那里有一块巨石高高耸
立，它的高度和宽度都是100英里。每隔1000年，就会有一
只小鸟飞来，在这块石头上磨砺自己的喙。就这样，巨石被磨
光了，而永恒中却只过去了一天。

观，并不是一件容易的事情。塔里没有安装电梯，但是年轻人的腿
脚很强健，它们可以支撑年轻人登上去。

现在，我将开启大门的钥匙送给你们。

等你们归来时，一定能够了解我为什么如此狂热了。

亨德里克·威廉·房龙

目录
Contents

第一章
表演平台的布置

我们在一个巨大疑问的笼罩下生活。

我们是什么人?

我们从什么地方来?

我们要去哪里?

渐渐地,我们带着坚持不懈的勇气,把这个疑问一点点推向遥不可及的边界,超出地平线——在那里,我们期待寻找到想要得到的答案。

我们并没有走太远。

我们所了解的事情依旧太少,不过我们达到的境界是:我们已经可以(非常精准地)推理出许多事情。

在第一章中,我将(依照我们如今掌握的知识)跟你们讲,第一次人类出现时,表演平台的布置究竟是什么样的。

假设我们用一条长线来表示生存在地球上的动物们,那么在长线最顶端的那条细细的线条,就代表人类(或者与人类十分相近的生物)生活在地球上的时间。

连绵不断的雨

人类是最后一个上台的，但也是第一个利用脑子来实现征服大自然的目标的。这便是我们要研究人类的目的，而不去研究猫、狗、马或者其他种类的动物——即便从这些动物的本身来讲，每种动物都有属于自己的精彩的进化史。

（据我们所知，）起初我们生活的这个行星就是一个着火的巨大球体，是浩瀚太空当中的一个小小的烟云。渐渐地，几百万年过去了，地球的表面全部都烧光了，外壳被一层薄薄的岩石包裹住，连绵不断的大雨冲刷在这块毫无生气的岩石上，打磨出质地坚硬的花岗岩，并且将泥沙全部带入山谷之中——在被热气笼罩的地球上，这些山谷躲在了高耸的大山当中。

当太阳划破天空时，最终的一刻也到来了，它见到这个小行星上有许多小水坑——这些小水坑最后则变成了地球东西半球上的浩瀚大海。

后来有一天，一件令人称奇的事情发生了。原本没有生命的东西，竟然创造了生命。

第一个带有生命的细胞在无边无际的海水中漂荡。

在几百万年的岁月中，它都没有目的地在水中漂流。可是在这段漫长的日子里，它逐渐养成了一些习惯，让它可以在环境恶劣的地球上存活下来。在这些细胞里，有一些喜欢在湖泊以及水坑的漆黑的地方生活。它们在沉积在水中的泥巴里生根（泥巴是随着雨水从山上流下来的），最终它们成为植物。其他细胞喜欢到处游荡，逐渐长出怪异的带有关节的腿，犹如蝎子似的，开始在海底爬着移动，它们被植物以及好像水母一般的浅绿色生物包围着。还有另外一些细胞（包裹着鳞片），依靠着游泳的姿势，由一处转移到另一处捕食。慢慢地，它们让海洋里到处都是各种各样的鱼类。

与此同时，植物的种类也渐渐多了起来，它们开始寻觅新的居所。海洋里的地方已经满足不了它们了。它们不想与水分开，于是在沙滩与山底找到了自己的新家。每天两回，潮汐来时大海里的盐水将它们吞没。而其他时间里，这些植物则需要去尽力适应不舒服的环境，争取在空气稀薄的地球表面活下来。它们花费了几个世纪的时间来适应，总算掌握了怎样在空气中也能生活得好像在水里那么自在。它们逐渐变大，变成了灌木丛和树林。最终，它们学会了怎样开出鲜艳的花朵，来吸引每天忙个不停的大黄蜂以及鸟类，然后通过它们将种子散布在遥远的地方，直至绿色的草原包围整个地球，或者地球沉浸在树木茂盛的树荫下。

一些鱼类逐渐离开海洋，试图用肺部呼吸，同之前用鳃呼吸时似的。我们管它们叫"两栖动物"，是因为它们无论在陆地上生活还是在水里生活都同样自在。在你眼前的小路上跳过去的第一只青蛙就可以告诉你，两栖生活是多么自由自在。

这些动物离开水之后，渐渐地适应了陆地上的生活。有一些变成了爬行动物（这类动物类似蜥蜴一样爬行），和昆虫一起享受着安静的森林。为了可以在软绵绵的土地上跑得更快，它们的腿渐渐变得强壮，体型也逐渐变大，直到全世界都被这样一群巨大的生物霸占（生物学手册里记载的鱼龙、巨龙、雷龙），它们可以长到三四十英尺，可以像逗小猫一样耍大象玩。

爬行动物的家族中有一些成员逐渐适应了在树上生活（当时大树的高度通常在100多英尺）。它们移动时已经不需要靠脚了，但同样可以快速地从一根树枝过渡到另外一根树枝上。所以，它们将身上的一些皮肤演变成犹如降落伞一样的东西，它连接着身体的一侧和小脚趾。渐渐地，它们用皮肤制成的降落伞的表皮长出了羽毛，尾巴也成为改变方向的操纵杆，在树与树之间飞翔，成为货真价实的鸟类。

之后出现了一些奇怪的事情：所有体型庞大的爬行动物在短期内全部死亡。我们不了解发生了什么。或许与气候变化有关，或许与它们体型变得太过庞大有关，它们无法游泳、走路以及爬行，所以面对高大的蕨类植物和树木，也没有办法吃到嘴里，只能硬生生饿死。不管原因是什么，具有上百万年历史的巨大爬行动物王国宣告灭亡。

之后，整个世界又被截然不同的生物占领。它们是爬行动物的后代，可是它们和爬行动物完全不同，因为它们依靠母兽的乳房来哺育下一代。所以，现代科学把它们叫作"哺乳动物"。它们没有鱼鳞，没有鸟一样的羽毛，它们的全身长满毛发。无论怎样，哺乳动物进化出一些特殊的生活习性，它们相较于其他动物更有优势。母亲将幼仔的卵藏在身体里，直至出生为止。而其他的所有动物——那个时候——全部都让自己的幼仔置身于严寒、酷暑或者随时可能遭受野兽攻击的处境里。哺乳动物会将幼仔留在自己的身边，在它们无法适应外界生活、无法对抗天敌时，保护着它们。这样一来，哺乳动物的幼仔活下来的希望更大，因为它们可以在母亲那里学习到更多本领。假设你之前见识过母猫教导小猫怎样照顾自己，教会它们洗脸、抓老鼠的话，你就会明白这是怎么回事了。

可是与哺乳动物有关的话题我不想多说，因为你们了解的已经很多了。它们就生活在你们的周围。无论你们在街道上还是在家里都可以见到这些伙伴们，而且你们在动物园的铁笼里，还可以看到一些不是很了解的它们的远房亲戚。

现在，我们来到了一个重要的交界处：人类远离了混沌、生死交叠的生物群体的大军，开始利用自己的智慧来创造自己种族的未来。

其中一种哺乳动物很特别，它寻找食物和居住地的本领要远远高于其他同类。它会利用自己的前肢抓住猎物，通过训练之后，它进化出一双犹如手一样的爪子。通过不计其数的锻炼后，它掌握了将重心转移到两条后腿上的本领（这个动作难度很大，虽然人类掌握这个动作已经有长达100多万年的时间，可是每一个人出生时都要从头开始学习）。

这种生物似猿似猴，而且比它们都要高级。它是最有能力的捕食者，无论什么气候都能够生活。为了让生活更加安全，它们拉帮结伙地一起活动。它们还掌握了发出奇特喊声的本领，警告幼仔附近有危险。过了几十万年，它们掌握了用咽喉发出声响交流的本领。

这种生物——或许难以置信——它们就是我们最早的"类人"祖先。

第二章
我们的祖先

对于第一个"真正"的人类，我们知道得很少。我们从未见到过他们的影像资料。从某些古老的土壤深处，我们找到了他们骨头的碎块。这些骨头与一些早已经灭绝的动物残骸埋在一起。人类学家（那些知识渊博的科学家们，用尽一生的力量来研究动物世界中的人类）得到了这些骨头的碎块，以此作为根据精准地描绘出我们原始祖先的样貌。

人类的曾曾祖父是长相特别丑陋，没有任何吸引力的哺乳动物。

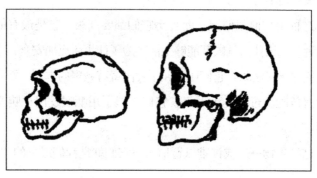

人类头骨的演变

他的身材矮小，和现代人相比要小上很多。炎炎烈日和刺骨的寒风，将他的皮肤磨炼成了深褐色。他的头、手臂、腿脚以及躯干的绝大部分都长有浓密的毛发。他的手指很细但是很有力量，他的手与猴子的爪子极为相似。他赤裸着身体，除了从呼啸的火山看到过如泉水一样涌出的火焰（火山流过大地时浓烟滚滚、岩浆四溢），他从未见过任何火焰。

阴暗潮湿的深林便是他的栖息地，犹如当今的非洲矮人。每当饥肠辘辘时，他便把植物的叶子和根茎生着吃下，又或许在愤怒的小鸟那里偷走鸟蛋，给他的孩子充饥。有时候，通过长时间的持续追捕，他也会捕捉到一只麻雀或者一只小野狗，又或者是一只野兔。他直接生吃这些东西，因为他不知道这些食物煮熟之后会更加美味。

在白天的时间里，原始人到处闲逛，寻觅吃的东西。

当黑夜笼罩着大地，他将自己的妻子和子女藏在树洞里或者巨石的后面，因为他的周围都是一些猛兽——黑夜降临，野兽们便会出来闲逛，为自己的另一半以及子女寻找食物，而且它们很喜欢吃美味的人肉。这个世界就是这样：要么你吃掉别人，要么别人吃掉你。因为整个世界都充斥着恐惧和磨难，所以活得很不安逸。

夏季时，他要被热辣辣的太阳暴晒；冬季时，他的子女也许会在他的怀抱里被冻死。当他负伤（捕捉动物时难免会造成骨折或者扭伤），假设没有伙伴协助他，他也会死得很惨。

动物园里有很多动物喜欢发出一些怪叫，人类早期时同样如此。也就是说，他会没完没了地反复说着同样的、听不清楚的话语，这是因为他喜欢听自己讲话。随后他渐渐发现，遇见危险时，他可以通过喉咙发出声音来提醒同伴，他可以发出一些微弱的尖叫——大概就是"这儿有只老虎"或是"这里发现 5 头大象"之类的。之后，其他人也会回复一些叫声，这些叫喊声的含义是"我们也注意到它们了"，或是"让我们快点离开并且藏起来"。基本上这些就是所有语言的根源。

可是，正如我之前讲过的那些，有关根源的事情，我们知道得太少了。人类早期没有工具，也不会建造房屋。他们的生生世世，只留下了几根锁骨以及一些头盖骨的碎片，证明他们曾经在这里生活过。这些骨头向我们传达，几百万年之前，世界上曾生活着一批哺乳动物，他们与所有动物都有所不同。他们可能是某一种类人猿进化而来的，他们掌握了后腿行走的本领，还会把前肢当作手来使用。他们或许同我们的直系祖先有着密不可分的联系。

关于这些原始的事情，我们知道得太少了，还有一些事情一直都处在黑暗里。

第三章
史前人族

史前人族开始自己创造工具。

早期的人根本不懂得时间是何物。他不会记录生日、结婚纪念日或者死亡忌日。他不知道什么是天、星期以及什么是年。从大体来看，他了解季节是怎样循环的，因为他已经意识到，寒冬过去后，温暖的春季即将来临。随后春季转变成酷热的夏季，果子也成熟了，野稻谷的谷穗也能食用了。之后，当阵阵大风将树上的叶子刮落时，意味着夏季结束了。之后，一部分动物已经开始为漫长的冬眠做准备了。

可是就在这个时候，一件非同一般、惊世骇俗的事情发生了，这是一件与气候有关的事情。炎热的夏季比以往来得迟了很多，果实无法成熟，曾经山顶上满是绿草，可如今却被皑皑白雪覆盖。

之后的一天清晨，有一群和当地人截然不同的野人种族从高山地带游荡下来。他们的体型偏瘦，预示着他们正在忍饥挨饿。他们说着当地人无法理解的语言，好像在表达他们很饿。这里的食物不足以供给当地人和新来的人。当新来的人想要多住几天时，发生了恐怖的相互殴打对方的事件，有一些人的全家都被杀害了。剩余的人则躲到了山坡上，可是却死于随后来临的暴风雪。

生活在森林里的人们很害怕。白天的时间很短，夜晚相较之前更冷了。

最终，处于两座大山中间的一个裂缝中的一块绿色的小冰块迅速变大。就这样，一块超级大的冰块滚落到山底，硕大的石头也被带进了山谷里。伴随着几十声如雷一般的响声，冰块、泥浆、大块的花岗岩来势汹汹地朝着正在熟睡的生活在森林里的人们身上砸去，他们瞬间被砸死。很多百年老树也被压进了熊熊大火当中。紧接着，天空飘起了雪花。

这场雪一连下了好几个月，这里的植物全部都冻死了，动物们也都纷纷逃去南方，追寻温暖的日光。人类背上自己的小孩，随着这些动物一起逃亡。可惜人类与动物相比跑得太慢了，要么快点想出好主意，要么迅速走向死亡，他们必须要在这两个选项里挑一个。他们好像更想选第一个，因为他们需要想出主意在恐怖的冰川期活下来——类似的冰川期共计四次，地球上的人类几乎都难逃厄运。

首先，人类需要衣服来御寒。他们掌握了挖洞的技术，而且还会用树枝和树叶将洞口盖住，利用这些陷阱来捕捉熊和土狼。之后，他们再用大石头将它们砸死，把它们的毛皮制成衣服供自己和家人穿着。

接下来便是房屋问题。这个很容易，很多动物都喜欢在黑暗的洞穴中居住。人类也以它们的做法作为参考。他们将野兽从暖和的巢穴中赶出去并霸占洞穴。

即使是这样，这种气候对于很多人来说还是太残酷了。老人和小孩的死亡速度快得可怕。之后，一位天才掌握了怎样使用火。一次，他在外边狩猎时，恰巧遇见了森林大火。他清楚地记得自己差一点葬身火海。火一直都被视为敌人。现如今，火成了好友。他将一根干枯的树枝扯进洞中，再用森林中的余烬将树枝点燃。洞穴瞬间变成了一间舒服的小房子。

之后，一天夜晚，有一只死鸡掉进了火中，人们将它从火堆里拿出来时，它已经被烧熟了。人们发现鸡被火烧过之后的味道更加鲜美。从那以后，人们摒弃了与别的动物同样的吃生食的习惯，改吃熟食。

就这样过了千百年，只有那些头脑特别聪明的人存活了下来。他们每时每刻都要与寒冷和饥饿对抗，这也迫使他们去想办法制造工具。他们学会了怎样用石头制成斧子，怎样打造锤子。他们被逼无奈，开始储藏大量吃的东西，以此来应对漫长的冬季。他们发现黏土可以制成碗和罐，就将它们放在阳光下晾晒变硬。就这样，差一点将人类全部杀死的冰川期，反而成了教导人类的伟大老师——因为它逼迫人类使用大脑想办法。

第四章
埃及人的象形字

埃及人发明了写字方法，所以历史才开始有文字记录。

我们这些生活在欧洲荒原上的祖先迅速掌握了很多新技能。甚至可以说，只要再多一点点时间，他们就会摒弃原有的野蛮的生活方式，从而创造出文明来。只不过，他们的隐居生活很快就结束了。外界发现了他们。

一个旅行者从没人知道的南方来到这里，他翻山越岭、远渡重洋，发现了这些居住在欧洲大陆上的野人。他从遥远的非洲来。他的家位于一个叫作埃及的地方。

在西方人还在梦想着使用刀叉、车轮、房子的时候，尼罗河流域的人已经早在几千年前就进入了文明的高级阶段。所以，我们把我们的远祖暂时放在山洞里，先去研究一下地中海的南岸以及东岸，那里坐落着人类最早的学校。

我们从埃及人那里学会了很多东西。他们是杰出的耕种者，通晓灌溉技术。他们擅长修建庙宇，后来古希腊人效仿他们，建成了世界上第一座教堂（直至今天我们依旧在教堂里祷告）。他们创造出一套历法，它被证实是测量时间最准确的工具，经过改良后一直沿用到今天。在所有的发明当中，最关键的是埃及人懂得如何将语言保留下来，传给后代。他们创造出了书写本领。

现如今，人们看报纸、杂志以及书籍，理所当然地认为人类原本就懂得阅读和写字。可实际上，发明文字时已经很晚了。想象一下假设没有文字资料，我们只能犹如猫狗一样教导幼仔最基本的事情，不会写字，就没有办法学会上一代猫狗总结出的生活经验。

公元前1世纪，罗马人刚刚来到埃及时，便发现了河谷当中有各种各样的奇怪图案，好像与这个国家的历史有关。可是罗马人并不关心其他的异域文化，所以并没有探究那些奇怪的图案的由来。无论是埃及的庙宇中还是宫殿里，墙壁上和很多莎草纸[1]上，全部都可以见到这种图案。仅剩的一位知道如何描绘图案的埃及祭司也早在几年前就已经去世了。被剥夺了独立权的埃及成为人类储存历史文献的仓库，没人可以破译这些秘密，它们好像也没有什么实用价值。

17个世纪过去了，埃及对世人来说依然充满了神秘。就在1798年时，法国的一位名叫拿破仑·波拿巴的将军进入非洲东部，打算攻打英属印度殖民地。最后，他因为没有办法渡过尼罗河而惨败，可是这场有名的远征却偶然地将古代埃及象形字的问题解决了。

事情的经过是这样的。有一天，一名驻守在尼罗河口罗塞塔河边的年轻的法国军官过腻了枯燥的日子，于是来到尼罗河谷的废墟

---

[1] 莎草纸，用当时在尼罗河三角洲盛产的纸莎草的茎制造出来的一种纸。

中搜寻，以此来打发时间。可是你们瞧，他找到了一块奇特的怪石，上面布满了埃及物品上的图案。可是这块黑色的玄武石表面的图案却与之前找到的截然不同，它表面雕刻了三种文字，其中就有古希腊文。古希腊文大家都很了解，所以他认定："只要将古希腊文与古代埃及人的图案进行对比，就可以把图案背后隐藏的秘密解开。"

他的想法看上去很容易，可是这个秘密却是在二十几年后才被揭晓的。1802 年，一位叫作商博良 [1] 的法国教授开始对罗塞塔河石头上的古希腊文以及古埃及图案进行对比和研究，直至 1823 年，他才宣告完成了 14 幅图案的破译工作。不久之后，他便因积劳成疾去世了，不过古埃及文字的基本含义已经被世人知晓。现如今，我们对尼罗河流域的历史知道得远比密西西比河要多很多，这是因为我们拥有可以穿越古今的文字记载。

古埃及人创造出的象形字在历史的舞台上扮演着重要角色，一部分象形字经过演变后成了我们字母表中的文字。所以，我们还是有必要知道一下，5000 年以前的古代人究竟使用了什么样的巧妙方法给后代们保留下了语言资料。

你应该听说过符号语言。绝大多数发生在美洲平原的印第安部落的事情都采用小图案记载下来，用来表示特殊的信息内容，例如一次狩猎捕获了几头野牛，一共有多少个猎人参加，诸如此类。通常这些符号都很容易理解。

古埃及文字却不是很容易让人理解的符号文字。生活在尼罗河两岸的聪明人早已经跨越了语言的基础阶段。他们绘制的图案所表达的含义要远远比图案本身更加抽象。我尝试向你们讲解一下。

---

[1] 商博良，法国历史学家、埃及学家、语言学家。

假设你是商博良，面对一大堆布满象形字的莎草纸时，见到有一幅图案上画着一个人手里拿着一把锯子。"对的，"你也许要说，"它一定是代表着一个伐木工正在砍树。"随后你又见到了其他莎草纸上记录着一个 82 岁寿终正寝的女王，在这一段话当中，"手里拿着锯子的人"的图案再次出现。很明显，女王已经 82 岁了，拿锯子的人肯定不是她。所以这图案一定有别的意思。

法国人商博良最终还是解开了这个秘密。他发现，当时埃及人已经掌握了如何使用"语言文字"——虽然这种叫法是现代人创造出来的，但重点是里面包含了口语的"声音"，这样所有语言都可以变成书面语言，方法就是在段落里添加一些标点、直线以及"S"就行了。

再来聊聊手里拿着锯子的那幅图案。"锯"（saw）可以代表木匠铺当中的一种工具，或者可以代表"看"（see）这个动词的过去式。

千百年的时间过去了，这个字发生了变化：最早它只代表图片上的工具。之后原来的意思改变了，成为动词过去式。几百年之

后，埃及人将这两种意义全部抛弃，这个图案  只用来表示字母"S"。我用下面的句子举个例子来表明我的意思。一句现代英语假设使用象形字来书写，或许会变成下面这样：

既可以代表你脸上那两只可以看见东西的圆球，也可以代表"I"（我），指正在说话的人（eye 和 I 发音相同）。

图案，可以理解成一只采蜜的虫子，或者表示动词"to be"（bee 与 be 发音相同）——它代表存在。再深入一些，它还可以代表动词"be-come"或者"be-have"的前部分。在之前举的例句当中，接在它后面的图案是，它不仅可以代表"叶子"（leaf），还可以代表"leave"（离开）以及"lieve"（欣然地），它们的发音一模一样。之后又是前面提到过的"eye"。

这段话的末尾是一幅长颈鹿的图案，它是从古老的符号文字演化而来的，象形字也是从符号文字演化来的。

现在你可以毫不费力地读懂下面这段话了：

"I believe I saw a giraffe."（我相信我看见了一只长颈鹿。）

古埃及人用高人一等的智慧发明出这种语言系统，然后利用上千年的时间不断完善，直至可以方便快捷地记载所有东西。他们利用这些"方框中的文字"与伙伴们相互传递消息、记下交易记录、记录国家的历史，以此来告诫后代。

第五章
尼罗河流域

尼罗河流域是人类文明的第一道曙光。

人类的历史其实就是一部因为饥饿而不停地寻找食物的历史。什么地方有丰盛的食物，人类就会去什么地方生活。

尼罗河流域因为粮食产量极高而享誉盛名。人类一窝蜂似的从非洲、阿拉伯沙漠以及西亚地区赶往埃及，想要争夺那里丰富的食物资源。入侵者组织了一个全新的民族"雷米"（代表"人"的意思），如同希伯来人自以为是"上帝的子民"似的。他们应该感恩命运能够把他们引向这个地势狭长的地区。每年的夏季，尼罗河会将大片谷底变成湖泊，当河水渐渐消退后，整片耕地上都会覆盖厚约几英寸的沃土。

埃及这条充满仁爱的河，发挥着如同上百万人的力量，滋养着人类社会最初城市中的居民。当然，河谷当中并不是所有的田地都有丰富的水源，只不过有些地方，人们会使用小型运河以及升降机打造出运输水源的渠道，将尼罗河中的水引向高处，之后再由繁复

尼罗河流域

的灌溉系统将水运送到田地当中。

史前时期的人类一般每天都会从 24 小时当中抽出 16 个小时的时间来搜集食物，而埃及农民以及城市居民的生活却很悠闲。他们将剩余的时间花费在制作很多具有装饰性，但是却不实用的小东西上。

事情不仅仅如此。在某一天，埃及人突然意识到，他的脑子竟然还可以想一想除了吃饭、睡觉、为孩子寻找栖身之所以外的事情。这个时候，埃及人逐渐尝试思考一些与平日生活没有关系的事情：天上的星星是从哪里来的？令人恐惧的雷声是谁制造出来的？尼罗河定期发大水究竟是谁操控的，人们甚至还通过潮水的出现与消退来制订历法？他自己到底是谁？类似他这样神奇的生命，长期饱受死亡和病魔威胁，可是为什么每天还过得那么开心快乐呢？

他提出了很多相似的疑问，一般总会有人客气地走过来尽力回答。埃及人将这些乐于回答问题的人称作"祭司"，他们因此成为埃及人思想上的导师，拥有极高的社会地位。他们因为博学多才而承担着管理文献资料的崇高责任。他们觉得，人活这一辈子如果只想着自己的好处，是无法得到好结果的，因此他们将注意力转移到了下辈子，到了那个时候，人的灵魂便会朝着西方大山之外的远方飘去，直至来到奥西里斯的居所，他是管理人类生死的神灵，灵魂会向他汇报自己的所作所为，以便他来做出最终的判决。实际上，祭司将伊西斯 [1] 以及奥西里斯管理的来生的王国的重要性夸大其词了，导致埃及人都将这一生视为来生的过渡，甚至还将充满生气的尼罗河流域变成满是死亡气息的葬身之地。

更奇怪的是，埃及人认为肉体只不过是灵魂的居所，灵魂需要通过肉体才能够前往奥西里斯的国家。所以，只要有人去世，逝者的亲属们都会将香油涂满整个尸体，然后再将尸体浸泡在碳酸钠溶液里几个星期，之后再在尸体中塞入树脂。波斯语管树脂叫"木米埃"（Mumiai），所以被涂上了香油的尸体就称为"木乃伊"（Mummy）。木乃伊全身裹满了特制的麻布，然后被安放在一个特别定制的棺木当中，最终被送往墓穴。埃及人的墓穴真可以称为"家"，里面陈列着各种各样的家私、用来打发等待最后判决时间的乐器，甚至还拥有厨师、面包师以及理发师的雕塑，以此来确保这个阴暗的家的一家之主可以安逸地享受美食，并且保持庄重的外形。

这些坟墓最早被安放在西部山脉的石头凿出来的洞里。之后埃及人往北部迁徙，所以坟墓不得已只能修建在沙漠中。可是沙漠当中有很多凶残的野兽，还有盗墓贼会毁掉木乃伊，并且抢夺坟墓中的随葬品。埃及人为了防止盗墓贼对逝者做出不敬的事情，只能用石头堆砌坟墓。这些原本不大的小石堆渐渐变大，因为有一些富人总喜欢将它建造得比穷人的更高更大，所以大家都互相竞争攀比，想要看看谁的石堆砌得最高最大。公元前 3000 年时，胡夫王创造了最高纪录。古希腊人将胡夫王称为切普斯，将他的坟墓叫作金字

---

[1] 伊西斯，埃及神话中大神奥西里斯的妻子。

建造金字塔

塔（pyramid，埃及语中 pir-em-us 代表"高"的意思）。

胡夫金字塔的高度有 500 多英尺，占地面积大约为 13 英亩，相当于圣保罗大教堂 3 倍大，我们都了解，圣保罗大教堂是基督教世界里占地面积最大的建筑物。

在漫长的 20 年当中，有超过 10 万人被强迫做劳工，他们由尼罗河对岸搬来沉甸甸的石头——我们无法知道他们究竟是怎么办到的——在茫茫沙漠中搬运石头，然后将石头托举到适当的地方。国王麾下的建筑师和工程师创作的这个杰作简直让人叹为观止：金字塔底部与国王墓室相连的窄小的通道，虽然受到上万吨石头的挤压，但是至今都没有变形。

第六章
埃　及

埃及的起起伏伏。

　　尼罗河有时候是人类最要好的伙伴，有时也会变成一位严厉的老师，将"同心协力"的宝贵精神教给两岸的居民。这里的居民必须要互相协作建造沟渠来巩固堤坝，因此他们懂得要怎样和邻居友好相处，由此，他们组成的协作团体迅速发展成一个王国。

　　在众多居民当中，总会出现一个比其他人都强大的人，于是便顺理成章成为首领。西亚邻邦对这片物产丰富的土地产生了嫉妒进而想要霸占，他又迅速变为一位军事首领。之后又发生了很多事情，他最终成为从地中海沿岸延伸至西部山脉这片广阔土地的国王。

　　对于那些每天在地里埋头苦干的农民来说，法老们（法老是指"居住在大房子当中的人"）的政治竞赛根本引不起他们的关心。只要他们不用向法老支付大量苛捐杂税，他们就会如同接受奥西里斯统治那样，死心塌地地臣服于法老们的统治。

可是之后事情又有了转变，其他地方的入侵者闯了进来，抢走了原本是埃及人的财物。经过了长达两千年与世隔绝的生活后，一支来自阿拉伯的名为希克索斯[1]的游牧部落攻打埃及，并成功统治尼罗河流域长达300年。他们受到了埃及原住民的憎恨，埃及人也同样憎恨希伯来人。这群希伯来人一直在沙漠当中徘徊，随后也抵达了歌珊地[2]，他们帮助侵略者，替侵略者收税或者服侍他们。

公元前1700年时，底比斯[3]的百姓联手造反，通过长时间的争斗后，总算将希克索斯人驱赶走，埃及重拾自由。

一千年以后，亚述人统治了整个西亚，埃及也变成了萨丹纳帕路斯[4]这个强悍的王国的一部分。公元前7世纪，埃及又一次重新独立，对住在尼罗河三角洲萨伊斯城的国王俯首称臣。公元前525年，波斯[5]的国王冈比西斯[6]统治埃及。公元前4世纪，亚历山大

---

[1] 希克索斯，从亚洲侵入埃及的游牧部落，最早住在叙利亚和巴勒斯坦附近，公元前18世纪后半叶时，攻陷尼罗河三角洲，公元前16世纪上半叶埃及人成功地将其赶出国境。

[2] 歌珊地，《圣经》里记载以色列人在离开埃及之前，一直在下埃及生活的地区。

[3] 底比斯，中王国和新王国时期的埃及国都，古埃及的政治、经济、宗教的集中营。原来叫作瓦塞，希腊人叫作底比斯。距离现今开罗南面大概700公里远的卢克索村。

[4] 萨丹纳帕路斯，亚述的最后一个国王。

[5] 波斯，古时候的伊朗。

[6] 冈比西斯，指冈比西斯二世（公元前529年—公元前522年在位），是鲁氏二世的儿子。公元前525年攻陷埃及，一直在埃及居住至公元前522年，当得到消息有人想要谋朝篡位后，匆忙回到波斯，中途自己不慎用剑将自己割伤，最后因为伤口感染不治身亡。

大帝 [1] 征服了波斯，埃及再一次成为马其顿 [2] 帝国中的一个省。之后，亚历山大大帝麾下的一名将军自立成为新埃及托勒密王朝的统治者，将首都定在了新建的亚历山大城，埃及这时才处于预备独立的状态。

公元前 39 年，罗马人最终还是成功入侵了埃及。埃及的最后一位女王克里奥佩特拉 [3] 竭尽全力想要拯救国家。对于罗马将军来说，克里奥佩特拉漂亮的脸蛋要比六七支埃及大军更加可怕。罗马的两位将军 [4] 很快就被她迷倒。可是在公元前 30 年，恺撒大帝的侄子及继位的奥古斯都大帝 [5] 亲自来到亚历山大城。与他的叔叔完全不同，他对这位漂亮的女王丝毫不感兴趣。他一口气击败了女王的大军，只不过没有杀了她，打算用她做胜利的祭品。克里奥佩特拉得知这个消息后，马上吃毒药自杀了。埃及沦为罗马帝国的一个省。

---

[1] 亚历山大大帝，古时候马其顿的国王，是一位杰出的军事家。出生在马其顿的首都培拉，早前跟随亚里士多德学习。成为国王后平息了希腊城邦的动乱。公元前 334 年，率领大军侵略亚洲及非洲地区，征战长达 10 年。公元前 323 年因病死在了巴比伦。详细内容见本书第二十章。

[2] 马其顿，公元前 5 世纪—公元前 4 世纪的奴隶制国家，位置在巴尔干半岛的北面，生活在那里的百姓主要来自希腊的多利亚、色雷斯以及伊利里亚。

[3] 克里奥佩特拉，就是通常所称的埃及艳后。

[4] 指的是罗马统治者恺撒大帝和将军安东尼。

[5] 奥古斯都大帝，罗马帝国的第一任帝王，他创立了元首制，是恺撒大帝的侄儿，原名为盖约·屋大维。

第七章
美索不达米亚平原

美索不达米亚——另一个东方文明的中心。

我要把你带到直入云端的金字塔顶向下望，请你试想自己有一双犹如雄鹰一般锐利的眼睛。在无尽遥远的地方，在满是黄沙的无垠荒漠以外，你将见到点点绿色。那里正是夹在两条大河中间的河谷，同时还是《圣经·旧约》当中所说的天堂。古希腊人将这个充满神秘气息的地方叫作"美索不达米亚"，意思是"两条河流之间的国家"。

这两条河流分别是著名的幼发拉底河（古巴比伦人称它为"普罗图河"），以及底格里斯河（也叫作"迪科罗特河"）。它们的源头是亚美尼亚山脉（传说诺亚方舟在此停泊）上的层层白雪，然后逐渐流向南方平原，直至波斯湾满是淤泥的两岸。它们最大的功劳是将西亚这块不毛之地变得肥沃。

尼罗河谷最吸引人的地方在于它可以给人们提供取之不尽的食物，两条河流之间的土地之所以会引起不同民族的争抢，也是因为这个原因。这片土地曾被不同的民族占领，无论是从北方来的山民还是从南方沙漠来的游客，都一边宣称自己就是这片土地的合法主人，一边开展绝不让步的争抢，战争持续多年。一般来说，只有身材魁梧凶悍的人才能够有幸活下来。也正是这个原因，我们说两河之间的地方孕育出一个英勇善战的民族。这个民族所缔造的文明，无论是从哪个方面来说，都丝毫不逊色于伟大的古埃及文明。

第八章
苏美尔人和楔形文字

苏美尔人在泥板上刻楔形文字，告诉我们有关闪米特民族的故事——即亚述与巴比伦王国的轶事。

15 世纪是地理大发现的时期。在当时，哥伦布想要寻找一条可以去往震旦之岛[1]的路，没想到无意中竟然发现了未知的新大陆。一位来自奥地利的主教组织了一支探险队，朝着东方前进，打算找到奥斯克大公的故乡，结果却铩羽而归。整整过了一辈人以后，西方人才第一次来到莫斯科。就在这时，一位来自威尼斯的名叫巴贝罗的人在西亚文明的残骸里有了新发现，他在回国之后便发表了报告，宣称找到了全新的奇特文字，这些文字被刻在设拉子[2]庙宇的岩石上面，还有的刻在了不计其数的被烘干的泥板上。

可当时，欧洲人将全部精力都投入做其他事情上，根本没有精力涉及此事，直至 18 世纪末，一位来自丹麦的名叫尼布尔的测量

---

[1] 震旦之岛，当时的欧洲人对中国的称呼。

[2] 设拉子，如今伊朗法尔斯省的省会，盛产酒。

员才将第一批"楔形文字"带回来——把它叫作"楔形文字",是因为字母的形状犹如楔子。30年过去了,一位来自德国的名叫格罗特芬德的教授极具耐心地破解了里面四个字母D、A、R以及SH,并表示这就是波斯国王大流士的名字。又经历了20年,英国一位名叫亨利·罗林生的官员发现了贝希斯吞铭文[1],这个发现成为破译西亚楔形文字秘密的有效思路。

和破译楔形文字的工作相比,商博良从事的工作要简单得多:埃及文字最起码还带有图案,可是生活在两条河流之间的土地上的苏美尔人却让人意想不到地没有在泥板上刻有可以表达意思的图案,而是演化出一套与之前象形文字完全不同的"V"字形体系。打个比方:一开始将"星星"用钉子刻在泥板上时,图案的

样子如。苏美尔人好像觉得它太复杂了,不久之后,为了

表示更加复杂的"星空",上面的图案便被简化成,这样

就不太容易理解了。同理,"牛"也从演变成,"鱼"

从演变成。"太阳"最初的图案是一个非常简单的圆

---

[1] 贝希斯吞铭文,是如今流传下来的最重要的波斯铭文,记载的是波斯帝国国王大流士的功绩。

圈 ，可后来却演变成 。假设苏美尔人创造的楔形文

字沿用至今的话，怕是要将 变成 。这种记录人类思想

语言的文字体系看上去很复杂而且很难理解，可是苏美尔人、巴比伦人、亚述人、波斯人以及所有入侵过这个地方的民族都懂得这种文字，并且一直使用了长达30几个世纪。

两条河流之间的区域经常爆发战争。起初，一群来自北方山区的苏美尔人霸占了这片土地，他们是一群白种人，来到这里之后他们仍然保持着像过去一样的习惯，喜欢去高高的山顶祭拜神灵，所以他们在平原地区堆砌出山丘，并在山丘的顶端建造祭坛。他们不懂得如何建造楼梯，所以只能在祭坛的周围建造一圈倾斜向上的长廊。现如今我们在大型火车站见到的一层层的倾斜的长廊，大概就是现代工程师受到了苏美尔人建造祭坛长廊的启发。我们一定还从苏美尔人的创意发明当中得到了更多灵感，只不过还没有发现而已。之后苏美尔人被进入河谷的其他民族彻底同化，可他们的祭坛却始终屹立在那里。许多年以后逃亡至巴比伦的犹太人见到了祭坛之后，称它们为"巴比利塔"，也叫作"巴别塔"。

公元前40世纪时，苏美尔人便来到了美索不达米亚，不过很快便对阿卡德人俯首称臣。阿卡德人的故乡位于阿拉伯的沙漠，隶属"闪米特人"（通常我们叫他们为闪族人）的分支——之所以管他们叫作"闪族人"，是因为他们被认定是诺亚的长子闪的后人。大概过了一千年，一个名为亚摩利人的闪族部落吞并了阿卡德人。亚摩利人的国王名叫汉谟拉比，他在巴比伦城为自己建造了一座奢

巴别塔

华宏伟的皇宫，并且向臣民们颁布了一套法典[1]，因此巴比伦王国才能够成为古时候治理最好的古国。从那时开始，《圣经·旧约》中记载的赫梯人将这片富饶的土地全部搜刮干净。可是不久之后，赫梯人又被信奉沙漠之神阿舒尔的亚述人取而代之。这些强横凶暴的亚述人霸占了整个西亚以及埃及，然后强行对百姓收取苛捐杂税，进行残酷的剥削，这使他们的国都尼尼微城变成了一个幅员辽阔又威严的帝国中心。这样的情况一直持续到公元前7世纪末，另外一支名为迦勒底人的闪族部落重新建造了巴比伦，并让该城市成为当时地位显赫的都城。迦勒底人的国王是远近闻名的尼布甲尼撒，他极力推动发展科学研究，其中许多天文学和数学的基本理论一直沿用至今。

公元前538年时，波斯的一支游牧的野蛮部落侵犯了这片古老的沃土，推翻了迦勒底王国，可是200年之后，他们也被亚历山

---

[1] 即《汉谟拉比法典》，至今为止发现的古代奴隶社会第一部比较完整的律法。

尼尼微

圣城巴比伦

大大帝推翻。亚历山大大帝英明睿智，一下子将这片汇集了多个闪族部落的富饶土地占为己有，并将其作为古希腊的行省。可不久之后，罗马人又来了，之后土耳其人也赶来分享胜利的果实。美索不达米亚这个曾经的世界文明中心，经历了沧海桑田之后，最后沦为一个空寂无人的荒原，只有屹立不倒的祭坛和石丘，仿佛在对世人讲述着它们往日的无限风光。

第九章
犹太首领摩西

有关犹太首领摩西的故事。

公元前 20 世纪的一天里，一支实力较弱的闪族部落告别了幼发拉底河口乌尔地区的故乡，来到了巴比伦广阔的牧场。他们在那里被国王军队驱逐出境，所以他们只能继续朝着西方流亡，期盼可以找到一块还没有被人占领的地方来创建自己的家园。

这支到处流亡的游牧民族便是希伯来人，我们也管他们叫犹太人。他们在外居无定所地游荡了多年，最终在埃及生根落户。他们与埃及人共同生活了长达 5 个多世纪。后来他们的家园被希克索斯这群强盗占领（我曾在埃及的故事当中提及过），通过听命于希克索斯人，他们才能够保全自己的牧场。可埃及人通过长时间的抵抗，最终将这群强盗全部赶出尼罗河流域，因此他们和犹太人之间的友情也就此终结。埃及人将犹太人视为奴隶，逼迫他们建造金字塔，并派了军人看管他们，以防犹太奴隶偷偷溜走。

犹太人在埃及过着水深火热的日子，总算有一天，犹太人的首领换成了一位年轻人，他下定决心要带着族人逃离苦难，这个人便是摩西。摩西小时候一直生活在沙漠当中，他学会并继承了犹太祖先的传统美德——与华美的城市保持距离，不被舒适奢侈的生活所迷惑。

摩西一心想要自己的族人能够再次过上平凡安逸的生活。他在埃及军队的追击中成功逃脱，带着族人们来到了西奈山脚下的一块宽阔的区域。由于长期生活在沙漠当中，所以摩西对雷电与风暴的神灵都怀抱敬畏之心。这位神祇的位置高于九天，负责管理牧民们的生命、光明和呼吸。在西亚地区，这位神灵受到很多人的敬仰，并被称为"耶和华"。摩西大力传道，耶和华也迅速成为希伯来人唯一的神。

有一天，摩西突然从犹太人的居住地消失了，有人见到他离开时身上带着两片粗重的石板。当天下午，天空乌云密布，紧接着呼啸的狂风夹杂着豆大的雨滴砸了下来，整个西奈山顶都处于黑暗之中。过了很长时间摩西才归来，他手里的石板上面密密麻麻地刻满了神赐予的文字，就是耶和华利用雷电传达给他的以色列子民的指示。从那个时候起，耶和华便成了犹太人信奉的独一无二的真神，犹太人将在耶和华十诫的约束下过着圣洁的生活。

犹太人跟着摩西在沙漠当中长途跋涉。摩西传授给自己的族人如何在沙漠中生存，有哪些注意事项，以免他们在酷暑干涸的沙漠当中生病死去。在沙漠中连续走了很多年后，犹太人总算找到了一片肥沃的土地。这片土地被称为"巴勒斯坦"，翻译过来的意思是"法利赛人的国家"。法利赛人隶属克里特人的分支，他们从海岛上被驱逐出去之后，便在西亚沿岸落户生根。但是不幸的是，现在的

摩西望见圣地

巴勒斯坦早已经被另外一支名为迦南人的闪族部落占领。不过犹太人仍然进行了入侵，并且在当地建立了属于自己的城市。他们在当地修建了耶和华神庙，将神庙的所在地取名为"耶路撒冷"，翻译过来的意思是"安宁的住处"。

　　这个时候犹太人的首领早已经不是摩西了。他幸运地在临死之前见到了位于远方的巴勒斯坦山脉，之后便再也没有睁开他那双精疲力竭的双眼。他一心一意地信奉着耶和华。他带领自己的族人摆脱了奴役生活，寻找到新的安乐家园，享受着自由快乐的生活。除此之外，摩西做出的贡献还有，他身体力行将犹太人打造成第一支唯独信奉一神的民族。

第十章
腓尼基人和字母

腓尼基人是字母的发明者。

腓尼基人是犹太人的邻居，同时也是闪族分支。很久很久以前他们便在地中海海岸居住，而且还建了两座牢固的城堡，即：泰尔、西顿。他们用了极短的时间就将西部沿海的贸易牢牢掌控在手中。他们的船队定期开往希腊、意大利以及西班牙做生意，有时候还会横穿直布罗陀海峡，前往锡兰群岛进购锡金属矿石。他们将自己在各个地方建立的交易地点叫作"殖民地"，现如今我们的大多

腓尼基商人

数海港城市，基本上都是很早以前由腓尼基殖民地演变而来的，最著名的莫过于加的斯 [1] 以及马赛。

腓尼基人将全部可以用来换钱的物品进行交易，而且良心上从来都不会不安。按照他们邻居的话来讲，腓尼基人根本不知道诚实和正直是什么东西。他们一生的信仰是，只要能将钱包塞得鼓鼓的，就是作为一位公民的荣耀。这样的人生观，令他们的朋友少得可怜。不过他们却为人类的文明留下了最宝贵的遗产，拼音字母就是他们发明创造的。

腓尼基人很了解苏美尔人的楔形文字，但是他们却认为那些乱七八糟的图案既难看又复杂。作为商人的他们，做任何事情都讲究实用和效率，所以他们才不会浪费几个小时的时间去描绘两三个意义不大的符号文字。在利益的驱使下，他们发明出一种比楔形文字更加优秀的全新文字体系。他们从埃及人那里拿来几幅象形字的图案，并简化了苏美尔人发明的楔形文字，通过整合后，文字漂亮的外形被舍弃了，但是繁杂的文字却变成了 22 个简练的字母。就这样，文字更具多样性而且更容易使用。

很久以后，这些字母通过爱琴海传入了古希腊。古希腊人将自己发明的几个字母安插了进去，随后又将这些字母传入了意大利。罗马人对字母的外形作了简单的修正之后，又教会了西欧的野蛮人如何使用。那些野蛮人便是现如今欧洲人的祖先。根据这些来看，这本书不仅没有使用埃及人发明的象形字，也没有使用苏美尔人发明的楔形文字，而是使用了腓尼基人创造出来的拼音字母编辑完成的。

---

[1] 加的斯，西班牙城市。

第十一章
印欧人

属于印欧族的波斯人征服了闪族和埃及。

在世界文明史上，埃及、巴比伦、亚述和腓尼基曾存在了将近3000年。可是时光飞逝，这些依靠着河谷而繁荣起来的古代民族，最终也都逐渐没落了。伴随着这些古老民族的逐渐消亡，有一支朝气蓬勃的新兴种族逐渐出现在人们眼中。我们称这支民族为"印欧族"，因为他们不仅征服了英属印度地区，同时还统治着整个欧洲大陆。

这些印欧人和闪族人虽然都是白种人，但是他们使用的语言却是截然不同的。印欧语言是除匈牙利语、芬兰语和西班牙北部的巴斯克方言之外所有欧洲语言的母语。

当我们第一次听说有关印欧族的事情时，他们已经在里海沿岸生活了几个世纪了。终于有一天，他们不再安定于沿岸的悠闲生活，而是想要走出家乡去探索新的世界。他们有的人迁到了西亚的高山里面，在伊朗高原四周的山峰上定居，被叫作雅利安人。其他的人向着太阳落下去的地方走去，横跨整个欧洲平原并决定在那里定居。这段历史，你将在我讲的希腊和罗马的章节里看到具体的解说。

现在，我们继续从雅利安人的行迹说起。一部分雅利安人跟着他们的导师查拉图斯特拉（又名琐罗亚斯德）从高山里的居住区搬离，顺着印度河一路向下方走去，一直走到大海边才定居下来。

那些留在西亚群山没有迁移的雅利安人，经过长期的发展而逐渐演化成了米底亚人和波斯人。古希腊史书最先记载了这两个名字。早在公元前17世纪，米底亚人便建立了米底亚王国。居鲁士[1]是安善部落的首领，他封自己为波斯国国王，在征服了米底亚王国之后开始向四周扩张，不久，他和他的子孙后代就征服了西亚和埃及的全部。

印欧族的波斯人高大威猛，趁着一直打胜仗的声势一直向西进攻。然而在几百年之前，已经有另外一支印欧部落统治了欧洲的希腊半岛和爱琴海岛屿，随后这两支强大的队伍便开始争斗起来。

这就是家喻户晓的三次希波战争。波斯国王大流士和薛西斯也都曾对希腊半岛发起过战争，都希望能够以驻扎在这里为契机，从而获得在整个欧洲大陆上的一席之地。

可惜的是，波斯人的进攻总是失败。雅典的海军也因此向世界宣告了他们的强大。雅典的水兵们每次都能特别巧妙地截断波斯军队的供应站线，让他们被迫退回到自己的亚洲老家。亚洲和欧洲历史上第一次真正的交战便是希波战争，其中一方是经验丰富的老者，一方却是刚刚成年的小伙子。在这本书的其他章节里面，我们可以经常看到双方之间断断续续的战争。

---

[1]　居鲁士，即居鲁士二世，他建立了古代波斯帝国。

第十二章
爱琴海文明

爱琴海人将古老的亚洲文明带到了尚处在野蛮状态中的欧洲。

海因里希·施利曼[1]小时候最喜欢做的事情，就是听父亲讲述特洛伊的故事。当时他就下定决心，等他长大了一定要去希腊寻觅特洛伊的遗址。施利曼的父亲是德国梅克伦堡州一个贫困的乡村牧师，但他并不过分看重自己的身世。去寻觅特洛伊需要大量的花销，所以他开始拼命地挣钱，而后又向考古发展。幸运的是，他在很短的时间内就挣到了能让他建立起一支专业探险队的钱。于是他就

特洛伊木马

[1] 海因里希·施利曼，德国考古学家，迈锡尼文明遗址和古希腊特洛伊城遗址发现者。

信心满满地开始了这次探险。他带领着探险队向小亚细亚的西北角进发，因为他坚信那里便是故事中的特洛伊古城。

在小亚细亚，施利曼发现了一座小丘，上面长满了杂乱的野草。传说，那便是埋葬普里阿摩斯[1]的特洛伊城的所在。施利曼瞬间热血沸腾起来，在没有对这座小丘进行任何考察的情况下便开始挖掘了。这股热情促使他奋力挖掘，很快他挖的壕沟就径直穿过了他寻觅的特洛伊古城，就这样，深深埋藏在地底的另一座城市废墟呈现了出来，这座城市可是比《荷马史诗》中描述的特洛伊城还要古老 1000 年。然后发生了一件很有趣的事情：假如施利曼只发现了几把磨光了的石锤或几个做工粗糙的陶器，并不会引起人们的惊诧，可能人们通过这些物品联想到比古希腊人还要早得多的史前人类。然而施利曼找到的并不是那么简单的东西，恰恰相反，那都是一些精致美丽的雕像、贵重罕见的珠宝和有着希腊独特风格图形的花瓶。施利曼由此做出了大胆的推测：在特洛伊战争开战前 1000 年的时候，爱琴海沿岸就曾居住着某个神秘莫测的种族，而且他们早就进入高度文明时代，在很大程度上赶超了古希腊文明——极可能是希腊人入侵之后，降服了他们的部落，灭尽或融合了属于他们的文明。后来，科学研究人员对施利曼的推测也表示赞同。19 世纪 70 年代末，施利曼又对这座迈锡尼城[2]的古老遗址进行了考察，在一道小圆围墙里的石板底下，他再次发现了令人惊讶的埋藏于地下的奇特宝物，这依旧是那些比希腊人早 1000 年的神秘部落的人留下来的。迈锡尼人在希腊的沿海地区构建了很多的城市，他们筑造

---

[1] 普里阿摩斯，特洛伊战争时期在任的特洛伊国王。

[2] 迈锡尼城，位于伯罗奔尼撒半岛，其文明属于爱琴文明。

的城墙非常高大且非常坚固，古希腊人尊称这些建筑为"泰坦之神作"——泰坦即远古时期古希腊传说中喜欢把山峰当作小球玩的巨神。

位于阿尔戈利斯的迈锡尼

考古学家经过不断探索，终于揭开了这些传说的神秘面纱。这些早期艺术品的制造者和这些稳固城堡的建造者并不是什么有魔法的神人，而是生活在克里特岛和爱琴海诸岛上普普通通的水手和商人。他们用勤劳的双手把爱琴海创建成了一个商业贸易中心，让高度发达的东方文明世界与发展缓慢的欧洲荒原之间开始了以物易物的商业交流。

1000 多年间，这个海滨国家的建筑技艺一直在高速发展。他们最重要的城市是克诺索斯，建筑在克里特岛北部海岸，就其卫生设施和适宜居住的环境来说，比起现代城市的建设都毫不逊色。克

爱琴海

诺索斯王宫里有着非常缜密的排水设施，普通住房里也配有火炉，这里还最早出现了使用浴缸的情况，并且已经十分普及。克里特王宫中螺旋式楼梯和宽阔的会堂都非常著名，在宫室的下层还建有一个巨大的贮存葡萄酒、食物和橄榄油的地宫。最早到达这里的古希腊人在看到这个迷宫的时候，瞠目结舌，因此就有了克里特"迷宫"的传说故事。"迷宫"是我们对于通道烦琐复杂的建筑的统称，它们经常会让旅客在这些闭塞的建筑里找不到方向。

然而到了后来，这个繁荣的爱琴岛竟然在旦夕之间全部覆灭，其间到底发生了什么，目前为止我们还没有弄清楚。

克里特人有着较完备的文字体系，可是迄今为止我们还是无法破解已经出土的克里特碑文，因而我们无法依据这些文字来揭开他们诡秘的历史情况，唯一的办法就是通过爱琴海沿岸残留的遗迹来想象当初到底发生了什么。这些遗迹说明，爱琴海文明是遭到蛮横的欧洲北部民族的入侵才毁于一旦的。如果我们的推测是正确的，那么克里特人和爱琴海文明就是被那些蛮横的古希腊人——刚刚侵占了位于亚得里亚海与爱琴海中间的岩礁半岛的游牧民族摧毁的。

第十三章
古希腊人

在爱琴文明正在蓬勃发展时，印欧族的赫愣人进入了希腊半岛，并将其据为己有。

当金字塔经历了时光的洗礼逐渐走向陈旧，当古巴比伦的国王汉谟拉比沉眠于大地已 600 年，这时，一支人口稀少的游牧部落为了寻找新的牧区，离开了多瑙河畔的家园，开始向南方行进。他们把自己称作赫愣人[1]，这是以丢卡利翁[2]和皮拉的儿子赫愣的名字命名的。在他们的神话传说中，有这样一个故事：很多年以前，人类突然变得邪恶起来，这让宙斯——奥林匹斯山的众神之王恼怒异常，他发洪水把人世给冲毁了，丢卡利翁和皮拉夫妇是世间仅存的两个人。

至于早期赫愣人发生了什么事情，我们很难去一探究竟。修昔底德是古代世界最伟大的历史学家之一，他的观点是，他的这些祖

---

[1] 古希腊人的祖先。
[2] 古希腊传说中的神，大神普罗米修斯之子。

希腊半岛上的爱琴海人城堡

众神居住的奥林匹斯山

先并没有什么值得着重讲述的历史成就。我们能够知道的，就是赫愣人无比野蛮，几乎与野兽无异。他们总是非常残忍地对待敌人，经常把敌人的尸体扔给牧羊犬吃。他们蛮不讲理，经常去侵犯住在希腊半岛的原住居民佩拉斯吉人，烧杀抢掠无恶不作。在赫愣人进攻萨利和伯罗奔尼撒山区时，亚加亚人曾经助他们一臂之力，而且作战非常勇猛，赫愣人就专门作了歌曲，对他们的英勇事迹进行吹捧。

有时候，赫愣人也会从高耸的石头山上遥望属于爱琴海人的城堡。但是他们却不敢轻易地去攻占这些城堡，因为他们对爱琴海人的金属兵器心生畏惧。他们很清楚，凭借自己这些简陋的石斧，想要从装备优良的爱琴海人那里占便宜简直是痴心妄想。

几个世纪之间，他们就在一个又一个的谷地和山坡里游走、征战，直至用野蛮的方式把整个岛都占领之后，才结束了他们的游牧生活，开始安定下来。

至此，古希腊文明开始发端。原本的古希腊农民，摇身变成了爱琴海人的邻居。有一天，他们实在按捺不住好奇心，就前去拜访那些看起来十分孤傲的爱琴海人。从这些居住在迈锡尼和泰伦斯高

赫愣人占领爱琴海人的城市

克诺索斯的覆灭

墙后面的奇人那里，他们学会了很多切实可行的知识。

作为学生，他们可以说非常合格。一开始，爱琴海人从巴比伦和底比斯学来了制造和利用铁器。现在，爱琴海人把这些技术传授给了他们。慢慢地，他们又学会了如何航海，并尝试着驾驶着自己的船只出海远行。

但是，这些人把全部有用的技能都掌握了之后，就开始恩将仇报，用爱琴海人教他们制作的武器装备，把爱琴海人又驱赶回了爱琴海岛屿。之后，他们又驾船去攻打爱琴海岛屿。公元前15世纪，赫愣人对克诺索斯城进行了扫荡。就这样，赫愣人在成功登上历史舞台1000年后，最终主宰了整个希腊、爱琴海和小亚细亚沿岸。公元前11世纪，赫愣人成功占领了特洛伊，这是古代文明的最后一个商业贸易中心。于是，欧洲文明的历史大门正式开启。

第十四章
古希腊的城邦

古希腊的城邦就是各自独立的国家。

现在的人们都很喜欢"大"，都以"大"为荣。我们总为能够住在拥有"最大"的海上军队并出产"最大"的橙子和土豆的"最大"的国家而感到骄傲。我们喜欢生活在拥有百万人口的繁荣大城市里，甚至连墓地都想挑一个"最大"的。

古希腊人如果知道我们现代人的这些想法，肯定会认为我们疯了。他们追求的是一种"适度"的生活原则，对数量、规模没有严格的要求。古希腊人对这种适度的追求不是光说不做，而是融合在了生活的每一个细节之中。他们的文学作品、精妙绝伦的建筑物和穿戴都体现着适度的原则，连人们最喜欢的戏剧也是这样——若哪个剧作家违背了适度原则甚至创作出了一些低俗的戏剧画面，那他必定会受到观众的厌恶。古希腊的政治家与运动员也被人们严格要求要遵守适度原则。曾经有一位强悍的长跑选手来到斯巴达城，吹嘘自己单脚站立的时间会比任何一个希腊人站得都久。希腊人对此不屑一顾，并把他赶出了斯巴达。要知道，谁能比一只平凡的鹅单脚站立得更久呢？

也许你会想说："适度与节制是一种美德。但为什么在古代世界中，只有古希腊人培育并发展了这种美德？"很显然，这个问题的答案涉及了古希腊人的生活方式。

埃及或两河流域的平民都被称为神秘主宰者的"臣民"，这位至高无上的主宰者总是住在离平民百姓很遥远的、护卫森严的宫殿里，有的人甚至一辈子也见不到他。古希腊有上百个小型的自由城邦，这里的人们被称为"自由国民"，但人口数量最多的城邦也就和当代的一个小村落差不多。当一个乌尔农民说自己是巴比伦人时，也就暗示了他是许许多多个向西亚国王纳贡者中的一个。当古希腊人骄傲地说自己是雅典人或者是忒拜人时，那他所提及的那个地方便是他的家园，也是他的国家。古希腊城邦没有统治者，事情都由百姓做决定。

对古希腊人来说，祖国是他出生的地方，是他在雅典城的墙廊下与小伙伴们玩捉迷藏、度过欢乐童年的地方，是他父母安息的圣地，也是高大城墙内他与妻子儿女快乐生活的场所。毫无疑问，人们在这种环境下所养成的思想言行肯定与其他地方的人是不一样的。巴比伦人、亚述人和埃及人是他们各自国家中的沧海一粟，而古希腊人与周围环境、他人有着直接的密切接触。每一个人都彼此熟悉而且都是这小城邦里的一分子，他能察觉到他那些聪敏的邻居时刻在注视着他。不论他干什么事情，如写戏剧、雕刻大理石塑像，甚至是谱什么曲写什么词，他知道他的努力成果会被乡人邻居以专业的眼光来评价。在这种意识之下，任何事情他都是力求做到最好。自小接受的教育让他清楚地知道，如果缺乏节制的品格，那结果就是离公众要求的完美渐行渐远。

在这种严格环境的锻炼下，古希腊人取得了卓越的人类文明成就，前无古人，后无来者。他们创立了新的政治管理制度、新文学样式与典范的现代艺术理念，让后代人赞叹不已。他们的城市虽然只相当于现代城市的四五个小街区，但他们却在这种环境下创造了奇迹。

后来又变成什么样了呢？

公元前4世纪，整个文明世界被马其顿的亚历山大大帝所征服。战争刚刚停息，他就急不可耐地要把真正的古希腊精神传递给他的臣民。他把古希腊精神从弹丸之地带到了新征服的辽阔帝国，使之发光发热。可古希腊人一旦远离了他们常见的庙宇，远离了熟悉的故乡风情，那美妙的均衡感和那卓越的适度精神也随之销声匿迹。他们变成了平凡的工人，只能造一些粗制滥造的产品。当古希腊城邦丧失独立自由的地位，沦为强国的附属品之时，便是古希腊精神的消亡之日了。

第十五章
古希腊人的自治

古希腊人迈出了民族自治的第一步，尽管异常艰难。

早先的古希腊人在财产上的贫富差距并不大，每个人拥有的牛羊在数量上都相差无几，并且每个人都有一个属于自己的小土屋，可以自由出入。当有公共事务需要大家商讨的时候，所有的村民都会聚集到市场上参与讨论。村民们通常会推选出一位民意最高的主事，以此来保证每个人都可以有机会来表达自己的想法。如果遭遇外来侵略，人们就会推选出一位强壮且勇敢的男子来指挥军队，而给他统领权的各位民众，也一样有在战后免去他军事领导权的权力。

慢慢地，原来的小村庄变成了初具规模的小城镇，这时差距就显现出来了，有人一辈子都在忙忙碌碌辛勤工作，有人却庸庸碌碌好逸恶劳，有人善良真诚却频遭灾祸，有人则通过诈骗他人来敛取财富。于是城邦里市民的贫富差距出现了，他们中有的人越来越富有，有的人却越来越贫穷。

希腊城邦

　　这个时候，另一件事情也在悄然改变。以前那些凭借自己的能力被民众推选出来的军事领导人消失了，取代他们的是贵族，就是那些在社会贫富差距逐渐增大时取得了大量土地和财富的暴发户。

　　贵族拥有很多普通民众无法拥有的权利：他们可以去地中海东部的市场上购买结实锐利的武器；可以利用很多时间来练习使用武装器械；可以住在牢固的城堡里，雇用他人为自己打仗。他们为了争夺城邦的统治权不断斗争，一方胜利了，其他的贵族就要接受获胜方的号令，直到哪一天又有一位狼子野心的贵族把他驱逐甚至杀死为止。

　　这种靠军队打仗来攫取城邦领导权的贵族，就是所谓的"僭主"。公元前 7 世纪到公元前 6 世纪，这种僭主领导制几乎遍及了每个古希腊城邦。尽管他们中一部分人确实有些领导能力，可是时间长了，最终大家还是忍无可忍。于是大家聚集在一起，开始讨论关于变革的事情，由此诞生了世界上最早的民主制度。

　　公元前 7 世纪初，古老的僭主制被雅典人废除，于是，更多的自由公民获得了管理城邦的权力——从前他们的祖先亚加亚人也曾享有过这种权力。民众推选了一位名叫德古拉的公民，来制定一部法律，目的是帮助穷人免受有钱人的压榨。令人惋惜的是，德古拉是一名专业律师，并不了解民众生活。他主张犯了罪就应该受到惩罚，不管轻重缓急，都要一刀切。他的立法工作一完成，雅典人民就发觉他制定的法律条例太过苛刻，根本无法施行。按照德古拉的法律条文规定，偷个苹果也要被处死，如果真的实施了这部法律，那可能连处死罪犯的绳子都不够用了。

雅典人急切地想要寻找到一位更加宅心仁厚的法律制定者，功夫不负有心人，最终他们找到了最合适的人选梭伦[1]。梭伦不仅有高贵的出身，以前还拜访过很多国家，甚至曾研究过各个国家的政治体制。于是在深入了解之后，梭伦为雅典人民写出了一部完全适合古希腊人"适度"原则的法律。这部法律不仅最大限度地改变了穷人的生活境况，而且还注意维护了贵族的利益——毕竟在战乱时期，穷人们还是要依赖贵族担负起重要责任的。因为法官没有工资可拿，所以一般来说担任法官的也都是贵族。为了避免穷人遭受贵族法官渎职的迫害，梭伦特别进行了规定，如果有民众对法官的裁决有意见，可以向由 30 位雅典公民组成的陪审团提出上诉。

梭伦法典的主要意义是，它促使每一位雅典公民都关注城邦事务，并参与其中。这样他们就没有理由待在家里去推卸社会责任："哦，今天我确实是没有时间！"或是"你看今天天气不好，我今天还是不出门了！"城邦的每一位民众都应承担起自己的责任，积极参加大众议会，为整个社会的稳定发展做出贡献。

所有"民众"一起打理公务的时候，肯定会有很多的闲聊和空

---

[1] 梭伦，雅典执政官，生活在公元前 6 世纪初。制定了第一部具有民主思想的法典。

话，肯定很难成功；同时有些人也肯定会为了个人利益，在议事时互相抨击或无理取闹。但是民主制度还是给了雅典人民自主宽松的生活空间，让他们可以凭借自己的能力去自由生活，这肯定是它最棒的成果了。

第十六章
古希腊人的生活

古希腊人是如何生活的。

你肯定会有疑问，一直在忙于参与社会公众事务的古希腊人，是怎么抽出时间来顾全家庭和生活的？这一章的文字或许可以解答你的疑惑。

古希腊民主制曾规定，管理城邦的权力只属于自由公民。可是每个古希腊城邦里的自由公民均只占一小部分，其他大部分却都是奴隶和外来人。

只有在两国开战需要更多军人等为数不多的情况下，公民权才会被古希腊人短暂地给予那些"粗鲁"的外来人。公民的自由身份是依据血统来定的，假使你有幸成为一名雅典公民，那全依赖于你祖辈和父辈雅典公民的身份。但是你的双亲若都不是雅典公民，即使你是一位特别有作为的生意人或是战功赫赫的将士，你这一生依然只可以成为一个没有城邦管理权的外乡人。

自从古希腊城邦不再受僭主的压迫后，就开始实行民主制度，为自由公民争取福利。雅典城里奴隶与公民的比例是 5:1，甚至是 6:1。这些奴隶每天都忙碌着为自由公民打理工作事宜和操持家务。就我们这些当代人来说，要做好这些通常也会用掉全部的时间和精力。因此可以说，没有了奴隶，城邦根本无法正常运转。

城邦内的厨子、糕点师和蜡烛匠人都是由奴隶充当，就连理发师、木匠、珠宝匠、教师和图书管理员也是。他们负责守着雇主的生意，让雇主可以无后顾之忧地在城邦会议上争论战与和的重要问题，又或是能放心地到剧场欣赏埃斯库罗斯 [1] 新写的悲剧，或者是去和大部队共同声讨敢对宙斯产生怀疑和不敬思想的欧里庇得斯 [2]。

雅典的上流社会和现今的俱乐部有异曲同工之处，自由公民就像是俱乐部里的会员，奴隶则充当固定的服务员，需要根据自由公民的要求提供服务。因此只有成为俱乐部的会员，才可以得到服务。

这里所提的奴隶自然和《汤姆叔叔的小屋》 [3] 里生活困苦、地位低下、一穷二白的奴隶不同。当然古希腊的奴隶也要耕种田地，工作的确特别辛苦。另外也有一些家境普通的自由公民迫于生计，也要给贵族打工。有时候雅典的一些奴隶比大部分生活在最底层的自由公民还要有钱。由于古希腊人都追求适度原则和克制自我，所以绝不会用罗马人的方式对待奴隶——罗马奴隶的人身权利为零，他们被视为做工的工具，出了问题就会被直接扔进斗兽场喂野兽。

---

[1]　埃斯库罗斯，古希腊悲剧作家，代表作有《被缚的普罗米修斯》。

[2]　欧里庇得斯，古希腊悲剧作家，一生的作品将近 100 部，与索福克勒斯和埃斯库罗斯并称为"希腊三大悲剧大师"。

[3]　《汤姆叔叔的小屋》，一部反对奴隶制的小说，作者是美国作家斯托夫人。

古希腊城邦制度的发展离不开奴隶制度，这是古希腊城邦文明发展的重要保证。

奴隶们还和如今的商人或者专业技工一样，承担着一些工作。现代人总是为家务发愁，觉得它占用的时间太多了，而希腊人则不同，他们会把用来做家务的时间尽力压缩，因为他们对生活并没有很高的要求，只要悠闲舒适就可以了。

希腊人居住的房屋十分简朴，即便是有钱的贵族，也会住在土房子里。在他们的土屋中，是绝对找不到现代人认为应该享受的各种舒适条件的。他们的土屋非常简单，只有四面土墙加一个屋顶，有一扇大门通往街道，不过没有窗户。厨房、客厅和卧室围绕着一个露天的庭院，院子里通常会有一个小喷泉，让环境变得宽敞明亮，也可能有一些雕塑和植物。如果天气晴朗，大家都会喜欢聚集在院子里：在院子的一个角落里，奴隶厨师为大家烹饪美味佳肴；在院子的另一个角落里，奴隶教师在教孩子们背诵字母和乘法口诀；在院子的一端，女主人带着女奴隶裁缝，一起缝补男主人的外衣。在古希腊，女主人一般不出门，否则会引起别人议论纷纷。在隔壁的办公室，农庄的奴隶主刚刚把账本送来，男主人正在仔细对账。

饭菜做好之后，一家人就会围坐在一起吃饭。饭菜

庙宇

都比较简单，用不了多长时间就能吃完。现代人会将吃饭当成休闲或者娱乐，而古希腊人却把吃饭当成不可避免的事情。他们的主食是面包和葡萄酒，有时候也有一点肉和蔬菜。在他们看来，喝水对身体不利，所以只在实在没有葡萄酒可喝时，他们才会喝点水。有时候他们也会邀请朋友一起吃饭，但是绝对不会出现现代人的大吃大喝的情况，这会让他们反感。他们的聚会主要是为了交谈，一般不会纵情吃喝。

古希腊人的衣着也非常俭朴。他们爱干净，头发和胡须都梳理得非常整齐。他们喜欢运动，经常出现在运动场上。与亚洲人的追求时髦不一样，他们平时只穿一件白袍，看起来就像现代的意大利军官，十分气派。

当然，他们也很喜欢自己的妻子佩戴一点首饰，但是从来不会在公共场合炫耀。就算女人偶尔外出，打扮也很简单。

总之，古希腊人的生活不但节制，而且非常俭朴。他们认为，椅子、桌子、书籍、房子、马车都需要花费大量时间来照顾，非常浪费时间，占有它们的人最终会沦为它们的奴隶。古希腊人所追求的，就是精神上的自由，相比而言，物质追求不但不重要，反而会成为拖累。

第十七章
古希腊人的戏剧

戏剧作为人类第一种大众娱乐形式的起源。

很早之前，收集和编写民歌是古希腊人用来歌颂他们伟大的祖先的方式。古希腊人的祖先把佩拉斯吉人驱逐出希腊半岛的英勇事迹和占领特洛伊城的赫赫战功，都是编写这些早期民歌的经典素材。行吟诗人在街道上唱咏，居民纷纷从家里跑出来听，成了这些民歌最初的演唱形式。但是，这些最初被传唱的民歌并没有发展成现代人生活中不可缺少的戏剧。戏剧的由来非常独特，这需要用专门的一章来讲解。

希腊人尤其喜爱游行，所以每年向酒神狄俄尼索斯祝祷的游行，他们都会大肆操办。酒神的受欢迎程度从他们对葡萄酒的喜爱中就可见一斑。他们认为水只会让游泳者或者海上航行的人受益。

相传，酒神居住在一处葡萄园里，和一群名为萨提尔的半人半羊的奇怪动物一起生活。正因为如此，在身上披上羊皮，模仿山羊叫是参加游行的人们的必要装扮。山羊歌手之所以被写作 "tragosoidos"，就是将古希腊语里山羊"tragos"一词和歌手"oidos"一词组合了而已，而后来又衍生出了悲剧一词"tragedy"。如果只从戏剧的立场讨论，悲剧是指结局凄惨不幸的戏，它不同于歌颂欢乐事情的喜剧"comos"，后者总会有一个圆满结局。

你或许会有疑问，这些山羊歌手的杂乱歌声是如何发展成为享誉千古的高尚悲剧的呢？

实际上，由山羊歌手发展为《哈姆雷特》的过程并不繁杂。你们且听我娓娓道来。

最初，观众们被山羊歌手的咩咩叫声吸引，站在路边围观嬉笑。几次之后，人们便失去了观看的兴趣。古希腊人认为仅次于丑陋、疾病的事情就是简单乏味，因此，他们迫切希望能有一种更加生动有意思的表演来替代这种无聊单纯的山羊叫声。后来，一个有趣的主意诞生了，它是被一位来自阿提卡地区伊卡利亚村的聪明青年提出来的，并获得了大家的认可。在他的安排下，羊人合唱队的一位成员走出队伍，站在队伍前面，开始和游行队伍前排吹奏牧神潘之笛的乐队领队进行对话。这位合唱队队员被允许走出队伍，挥舞双手做出手势并且大声说话。（也就是说，当别人在唱歌时，他负责"表演"。）他大声地问完问题后，乐队领队就会依据作家写在莎草纸上的答案回答问题。

这类简单的对话一般是以讲述酒神狄俄尼索斯或者其他神祇的故事为主，这种形式一经推出就获得了大众的喜爱。从此之后，这样的"表演"在每年酒神节的游行中都会固定出现。不久之后，"表演"在群众心中的地位已经高于游行和咩咩叫了。

古希腊最伟大的悲剧诗人是埃斯库罗斯，他于公元前 526 年出生，到公元前 455 年去世。在这漫长的 71 年中，他一共写了 80 多部悲剧。他还提出了将"演员"数量从一个增加为两个的想法，这无疑是对之前表演的大胆改革。而将演员的数量增加到 3 个的想法则是由下一届悲剧诗人索福克勒斯提出的。到了公元前 5 世纪中期时，演员的数量已经发展到可以由剧作家任意选择了，此时正是欧里庇得斯在创作他那些令人震撼的悲剧的时候。后来，到了天下的人民，甚至奥林匹斯山上的众神，都被阿里斯托芬[1] 创作的喜剧所嘲笑时，那时的舞台表演已经出现了队形的编排，合唱队就被排在主要演员的身后，当前台的主人公犯下渎神的大罪时，他们会一起大声歌唱："看这个可怕的世界啊！"

这种新戏剧的形式需要更加恰当的舞台。没过多久，每一个古希腊城邦都在附近山里的崖壁上开凿建造起了新剧场。剧场的乐池类似一个宽敞的圆圈，台下的观众们可以坐在木凳上观看表演。舞台就在这个圆圈里面的半圆形场地里，演员和合唱队就在此演出戏剧。他们身后的帐篷是用来给演员们化装的。演员们戴上刻有不同表情的黏土面具来显示所扮演的角色的情绪变化，即是化装。古希腊文中"skene"就是帐篷的意思，"舞台布景"（scenery）这个词就是由此得来。

慢慢地，观看悲剧逐渐演变成了古希腊人生活中的不可缺少的一部分，人们开始以严肃的态度对待它，人们去剧场也不再是简单地想要放松和娱乐。在古希腊人眼中，新剧上演的重要性堪比选举，成功的戏剧诗人所获得的赞美将会超过战功累累的军事将领。

---

[1] 阿里斯托芬，古希腊戏剧作家，被誉为"喜剧之父"。

第十八章
希波战争

在欧亚战争中，古希腊获得了胜利，将爱琴海上的波斯人赶走了。

腓尼基人的徒弟爱琴海人教会了古希腊人做商贸的很多小窍门。通过学来的方式，古希腊人建起了很多和腓尼基相同模式的殖民地。并且，通过创新营业模式，他们可以运用大量的货币与外国人做生意。早在公元前 6 世纪，古希腊人就已经夺走了腓尼基人的绝大多数生意，从而在小亚细亚沿岸有了自己的稳定根基。腓尼基人对此满怀怨言，可是当时的他们并没有能力，也没有勇气去训斥古希腊人。无奈，他们也只能默默忍下这口气，期待有一天可以为自己报仇。

在我们这本书前面的一章中我曾经说过，一支规模较小的波斯游牧部落向四周发起进攻，并且在极短的时间内就征服了西亚的绝大多数土地。这些还称得上文雅的波斯人，答应被征服地区的大臣们，只要他们可以每年都准时进贡就不会对他们下毒手。然而，波斯人抵达小亚细亚海滨时，也同时强制吕底亚地区的希腊殖民地人民视波斯国王为他们的主人，并和西亚绝大多数地区一样，按照波斯国王的要求向波斯国准时进贡。固执的希腊殖民地人民坚决不同意波斯人的要求，而波斯人也坚决不肯松口。但是这些古希腊人并没有能力与波斯人直接对抗，于是走投无路的他们只能通过向爱琴海对面的宗主国求救来保护自己。希波战争由此拉开序幕。

假设历史的记载是准确无误的，那么我们很容易就可以了解到，曾经的每一位波斯国王都认为古希腊的城邦制度是一种带有太大风险的政治制度，这种政治制度很有可能会被其他民族借鉴引用。而波斯国王的心愿，当然是希望这些民族能一直做他的奴隶。

安居在水势腾涌的爱琴海对岸的希腊国家，借助地理优势安全地生存着。可是，恰在此时，腓尼基人站出来明确表示，他们愿意协助波斯人对抗他们共同的敌人——古希腊人。因此，波斯人与腓尼基人一同签订协议，并协商由波斯人出兵对抗古希腊人，腓尼基人则肩负着供应波斯军队横渡爱琴海的船只的重任。在公元前492年，亚洲的军队已经做好一切准备，争取一次性就打败欧洲的军队。

在战争开始之前，波斯国王就已经下了最后通牒，他派使者传话，只要古希腊人同意给波斯"土和水"，他便默认这就是希腊人认波斯为王的贡品。可是，希腊人并没有接受，反而在谈笑间就把这位使者扔进了水井里面，并解释为水井里面有波斯人想要的"土与水"，从此，战争便开始了。

贤明的奥林匹斯的所有山神们也努力保护着自己的儿女们。当满载着波斯士兵的腓尼基船队驶过阿瑟斯山时，风暴之神气势汹汹地舞动起飓风，将整个亚洲人的船队全部淹没，使得所有波斯士兵无一生还。

两年之后，波斯人再一次发起进攻，这一次他们安全地渡过了爱琴海，并且在希腊半岛马拉松村附近地区顺利上岸。收到情报之后，雅典人立即派了十万大军防守马拉松平原，并挑选一名勇士求助于斯巴达。无奈，一向嫉恨雅典的斯巴达人拒绝出兵，并且希腊其他的城邦也纷纷效仿斯巴达的做法，最后只剩下一个力量特别小的普拉提亚城邦愿意出手相助，不过也只是派了1000名士兵而已。在公元前490年9月12日，米太亚得带领着他的雅典勇士，凭借手中的长矛突破了波斯人设下的箭阵，在敌我力量悬殊的情况下，米太亚得把号称无人能敌的波斯部队打败了。

在开战的当天晚上，急切渴望能收到前线战况的雅典市民们，呆呆地望着被战火映照成红色的天空。最后，雅典的长跑能手费迪皮迪兹终于带着团团尘土从通往北方的道路上赶过来了。这位伟大的英雄努力朝着自己的目标前进，可是当他看到目的地时却再也没了力气，劳累过度的他已经难以坚持下去了。不久前，是他翻山涉水，跑到遥远的斯巴达求救，遭到拒绝之后，他又急忙赶回来参加战争，在战争获得胜利的那一刻，他又强烈要求一定要自己亲自把胜利的消息传达给他心心念念的地方。当雅典人民看到他时，他已经没了力气，倒在了地上。看到急忙跑过去并将他扶起的大家，他拼尽全力说出"我们胜利了"，之后便闭上了眼睛，死在了亲人的怀里。这位光荣的烈士得到了所有人的敬重[1]。

---

[1] 为了表示对费迪皮迪兹的纪念，古希腊人在第一届奥林匹克运动会中加入了马拉松长跑比赛。

波斯人惨败之后，妄图再一次在雅典附近登陆，然而当看到雅典人在海岸线上设立的重重驻兵之后，他们只能放弃计划，偷偷地跑回了亚洲。从此，希腊恢复了从前的安宁。

在此之后的 8 年时间里，波斯人一直在努力增强兵力，试图寻找机会再一次向希腊发起进攻，希腊人也不敢放松警惕。他们知道，波斯人很快就会与自己决一死战。新的危机即将开始，但对于如何应对这一危机，希腊人内部却起了分歧。有的人看重陆军，认为应该积极扩大陆军的实力；然而有的人则认为只有海军变得强大，才能从根本上解决问题。以阿里斯提得斯为首的人主张扩大陆军实力，泰米斯托克利[1] 则是加强海军的代表。这两队人为此争论不休，最后因为阿里斯提得斯的流放，争执才宣告结束。泰米斯托克利也趁机一心一意地制造战船，同时也建立了特别牢固的比雷埃夫斯港作为雅典的海军基地。

公元前 481 年，波斯的军队终于在塞萨利[2] 带着全新的装备露面了，在这个决定整个希腊生死存亡的关键时刻，希腊盟军把军事力量特别强大的斯巴达推举为联军盟主。然而斯巴达人眼里只有他们自己的安全，对北部的军事布局一点儿也不放在心上。

斯巴达只派出了一支队伍，就是列奥尼达[3] 带领的一支小部队，他们负责守住连接塞萨利和南部各省的交通要道。这条交通要道在高山和大海之间夹存，是一条险要的关隘。列奥尼达带着他的士兵们努力守护这条关隘，但没想到队伍之间却出现了一个叛

---

[1] 泰米斯托克利，古代雅典海军将领，后来投靠了波斯人。

[2] 塞萨利，古希腊北部省份。

[3] 列奥尼达，古希腊斯巴达国王，带领古希腊人民抗击波斯。

徒——埃菲阿尔特斯。埃菲阿尔特斯带领一支队伍通过马里斯附近的小路，从后面包围了列奥尼达的部队。双方因此展开激烈的战斗，战争一直持续到深夜。最终，列奥尼达与他的队友们在温泉关口全部壮烈牺牲。

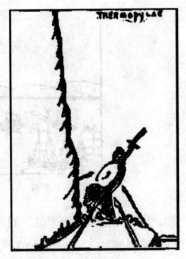

温泉关

险要关隘失守后，波斯军队也因此进入了希腊平原。不久，希腊的很多土地都被波斯侵占。当波斯人也非常顺利地侵入雅典之后，交战成功的他们把整个雅典卫城烧成了平地。有幸存活下来的雅典人见势不妙，仓促地逃跑到萨拉米岛。从表面上看，雅典再也没有复兴的机会了。然而在公元前 480 年 9 月 20 日的那天，由泰米斯托克利带领的雅典海军出现了，机智的雅典人把波斯舰队引到大陆与萨拉米岛之间的狭长海面。激战数小时之后，波斯四分之三的舰队被击垮，从而扭转了雅典的败局。

通过这场战争，雅典人重新夺回了温泉关口，波斯国王薛西斯不得不带着他的部队回到塞萨利地区。波斯与希腊的战争也只能延迟到未知的某年。

斯巴达人也从这场战争中认清了局面的危险性。因此他们搬离了早期建在科林斯地峡 [1] 上的坚固城墙。斯巴达人派出他们的勇士

[1]　科林斯地峡，位于希腊南部。

波斯人火烧希腊

帕萨尼亚斯亲自带领军队，向马尔东带领的波斯军队进攻。另外，分布于雅典 12 个城邦的 10 万大军聚集在普拉提亚附近，主动向波斯的 30 万大军发起进攻。这一次进攻，与之前的马拉松平原战争一样，希腊的步兵占据优势，他们的重兵器又一次破坏了敌军设下的箭阵。惨败的波斯军队落荒而逃。当步兵在普拉提亚大战获得成功的同时，雅典的海军也将波斯的全部舰队彻底击垮在小亚细亚附近的米卡尔海角。

终于，亚欧的第一次战争到此结束了，雅典人获得了数不尽的荣耀，斯巴达人也因为这场战役中英勇的作战行为而声名远播。从大局考虑，假设斯巴达人和雅典人能够联手建设自己的国家，那么他们大概会建立一个统一而强大的希腊共和国。

然而，现实往往如此冷漠，胜利的激情过后，这两个来自希腊顶级的领袖就这样毫无作为，白白地把这个机会错过了。

第十九章
雅典和斯巴达

为了争夺希腊世界的领导权，雅典和斯巴达展开了旷日持久的战争，为此，希腊人遭遇了巨大的灾难。

众所周知，雅典和斯巴达都是古希腊城邦的一部分，然而两个城邦除了语言相同之外，竟再没有任何相似的地方。雅典矗立在平原上，经常受到海风的洗礼。雅典人习惯于用天真烂漫的孩童似的视角去看待这个世界。而坐落在深山里的斯巴达，四面八方都围绕着高山，所形成的天然藩篱令其与外界隔绝，很难获得新思想。雅典是一个商业交流非常发达的繁华都市，而斯巴达却像是一个封闭式管理的军营，每个人都恪守规矩，为成为一名优秀的战士努力奋斗。雅典人喜欢悠闲的生活，经常会一边晒着太阳一边谈论诗词歌赋或者安静地倾听哲人们充满哲理的交流。而斯巴达人却从来不谈论这些风花雪月，他们只关注如何打败对方或者是怎样能够在战争中占据优势，甚至不惜牺牲人类的感情去取得胜利。

这就是严肃的斯巴达人对雅典的强盛感到嫉妒的原因。雅典人为了保卫家园，在战争中展现出了饱满的精力，战后他们又把这些精力都用在了重建家园上。当地人对雅典城进行重建，把雅典建成了一座用来供奉雅典娜女神的大理石神殿，宏伟壮阔。为了使自己的家园更加美丽，对年轻人进行潜移默化的教育，民主制领袖伯里克利[1]邀请了一些知名的雕塑家、画家和科学家共同对雅典城进行建设。同时，他也密切关注着斯巴达的军事动态，修筑了一道巍峨城墙，使雅典能和海洋连接起来，从而让雅典成了全希腊拥有最完善防御的城市。

可是点燃了两个强盛城邦战争导火索的却是一个小小的争端，武力冲突就此开始。两城之间剑拔弩张地战斗了 30 年，最终因为雅典爆发了一场灾难，从而成为战败方。

战争持续到第 3 年时，雅典爆发了恐怖的瘟疫，导致一半以上的雅典人甚至他们优秀的领袖伯里克利都被夺去了生命。灾难过后，雅典人不信任刚接任的城邦领导人。反而有一位充满智慧的年轻人在公民大会表现出色，赢得了民众的信任并获得了支持，他就是亚西比德[2]。他提出了出兵攻打西西里岛上的斯巴达殖民地锡拉库萨的想法，经大家一致同意，雅典大军厉兵秣马、整装待发。不幸的是，亚西比德却在这时因为一场私人恩怨而惨遭追杀，为了逃亡被迫离开了家乡。接任他的军事领导人因为多次指挥失误，不仅导致海军军队的多条战船损毁，而且还导致陆军军队损失惨重。少数被俘虏的雅典军人被敌人驱赶到锡拉库萨的采石场中去当苦力，又累又饿的他们最终因为得不到补给而悲惨地死去。

---

[1] 伯里克利，希腊奴隶主政治的杰出代表，著名政治家。
[2] 亚西比德，雅典著名的将军，政治家。

因这场战争，雅典城内的青壮男子基本上损失殆尽。雅典城被征服的命运已成定局。雅典人经过了最后的挣扎和反抗后，最终在公元前 404 年 4 月宣布投降。斯巴达人把雅典人历尽艰辛建造起来的高墙推倒在地，把所有的军舰也一扫而光。雅典曾在它最强盛的时期肆意扩张并且创建了强大的殖民帝国，但是现在它的地位却一落千丈，失去了帝国中心的位置。即使这样，雅典人对真理和自由的追求与渴望并没有随着城墙和军舰的毁灭而消亡。它依然在雅典人的心中茁壮成长，并且渐渐地散发出动人的光芒。

雅典已经无法再左右整个希腊半岛的政治和经济走向。但是，雅典的文化地位无可取代，毕竟这里诞生了人类历史上第一所高等学府。经过代代渴求智慧的纯净心灵的滋养，它的精神已经冲破希腊半岛的边界，已经深深融入世界文明之中。

第二十章
亚历山大大帝

马其顿人亚历山大能不能实现他的雄心壮志，建立起希腊化的世界帝国呢？

亚加亚人在离开多瑙河，踏上寻找新牧场的旅途时，曾经路过马其顿，并在这山区里住了很长一段时间。从此以后，古希腊人就和这些人有了接触与交流。同时，马其顿人也时刻关注着希腊半岛的局势。

现今，斯巴达和雅典争霸希腊半岛的战争已经结束。这时，是一位叫菲利普[1]的人统治着马其顿，他是一位才能出众的优秀领导人。他深深地痴迷于古希腊的文学艺术，但对他们在政治上的无能却感到不满。这个卓越的民族经常为一些不必要的战争而损兵折将，他对此感到非常的生气。他认为只有自己成了希腊人的统治者，希腊的问题才能够得到解决。说干就干，为了报复150年前薛西斯对希腊的进犯，他带领着已向他投降的希腊子民一起远征

---

[1] 菲利普，即腓力二世，统一了上、下马其顿。

波斯。

菲利普在军队还没出发时就被刺杀了，因此他的儿子亚历山大不得不担起了征讨波斯为希腊人一雪前耻的重担。人人都知道，亚历山大是最博学的哲学大师亚里士多德的学生。

公元前334年的春天，亚历山大离开了欧洲。7年后，他到达了印度。在这段征战的路途中，他不仅消灭了古希腊人的世仇腓尼基人，还把埃及地区收入囊中，还成了尼罗河谷的法老继承者。他消灭了波斯帝国，向人们宣告要重建巴比伦，还率领军队深入喜马拉雅山。他几乎把全世界都变成了马其顿帝国的行政管理区，之后他就停止了战争，提出了一套让人目瞪口呆的伟大计划。

按照这一规划的要求，新帝国的各个行政区都必须弘扬古希腊精神，学习古希腊语言，住在古希腊式的城市里。亚历山大的士兵们突然间放弃学武转而学习文化，纷纷开始传播古希腊文明。一时间，充满杀气的军营变成了文化中心。古希腊的生活方式与精神文明如同潮水一样涌入了亚非欧。可惜的是，年轻有为的亚历山大在此时得了热病，无药可救。公元前323年，这个充满了雄心壮志的帝国统治者在汉谟拉比的巴比伦王宫内去世，真是令人扼腕叹息。

亚历山大的逝世使希腊化的热潮逐渐消退，但希腊的文明种子已经根植于各个地方。亚历山大大帝心怀纯真与雄心大志，为人类文明做出了巨大的贡献。亚历山大大帝死后，对权力虎视眈眈的将领们分占了国家，帝国四分五裂了，但他们谨遵先主遗愿——始终没有放弃实现古希腊文明与亚洲文明的伟大融合。

从马其顿帝国分离出来的小国一直保持着各自的独立，直到很久之后，罗马人侵犯并吞并了西亚与埃及。因此古希腊文明（有古

希腊

希腊的，波斯的，还有埃及与巴比伦的）的精神遗产一脉相承地传
到了罗马人手中。在以后的世纪中，它在罗马大地上广泛传播，一
直影响至今。

第二十一章
小　结

第一章到第二十章的小结。

读到这里，我们的注意力一直都放在世界的东方。但是伴随着世界历史的发展，埃及和两河流域的文明日渐衰落，我们开始展望西方的未来。

进入新的文明世界之前，我们先回顾一下之前发生的事情。

最先映入我们眼帘的是史前人，他们的生活方式简单且不张扬。我以前介绍过，他们是所有的早期生物中身体条件最差的，他们凭借着勤劳、才智和动手能力才在艰苦的环境中存活了下来。

后来世界又经历了持续数百年的寒冷冰川纪。在如此艰难的生存条件下，人类需要更加杰出的创造。因此人类就在这种极度恶劣的天气下绞尽脑汁地思考解决方法，凭借他们的坚强和聪慧，把很多面临死亡的动物从严寒中拯救过来。当地球再一次恢复温暖时，他们早就知道了很多自救的生存法则，这就是他们比他们那粗鲁的邻居越来越卓越的最主要原因。

我后来提到过，人类的祖先突然在尼罗河谷完成了文明的突破，并且发展成了世界上最早的文明中心，但是之前已经在前光明时代蹒跚了很久很久，不过其中的原因到目前为止我们仍然无法知晓。

　　之后，两河流域美索不达米亚的故事进入了人们的视线，这是人类文明进步的第二个堡垒。还有神秘的爱琴海诸岛，它们在年老的东方和年轻的西方之间架起了一座桥梁，完成了文明的对接。

　　后来我们又说到了印欧族的赫愣人，他们早在数百年前就从亚洲消失了，之后在公元前 11 世纪又出现在全是山体和岩石的希腊半岛上，从那以后他们就被叫作古希腊人。然后我们又提到了古希腊城邦，它其实是由许多个单独的小国组建成的，那里聪颖的民众对古代埃及和亚洲的文明进行了改革，进而创造出比以前所有的文明都更加卓越的崭新文化。

　　我想这个时候你可以发现，文明的版图已经发展成了一个半圆，它从埃及开始，途经两河流域、爱琴海诸岛然后一直向西，最后抵达欧洲大陆。在人类追求光明的最早的 4000 年里，埃及人、巴比伦人、腓尼基人还有包含犹太人在内的更多闪族部落，以前都扮演过文明火炬手的角色，然后他们又把文明的圣火传递给了印欧族的古希腊人，在这以后，古希腊人还会把它传递给其他印欧部族罗马人——地中海东部的主宰者。几乎就在这个时候，闪族人从非洲北海岸向西前进，在地中海西部创建起自己的政权。

　　接下来你会看到，这两个各自拥有着悠久历史和辉煌文明的部落之间将会有一场异常惨烈的战斗。罗马人取得了最终的胜利并创建起自己的帝国，把埃及、两河流域、古希腊的文明全都网罗到了欧洲陆地，变成了我们现代社会的精神源泉。

　　或许你对看到的所有一切早已拍案叫绝，但是你只需要厘清头绪，就能够轻松地理解我们即将讲述的新东西。通过地图，你可以了解到很多我无法用语言诉说的事物。现在，在这片刻的梳理之后，让我们再次返回之前驻足的地方，去看看迦太基和罗马之间进行了怎样的惨烈争斗。

第二十二章
罗马和迦太基的对决

在非洲北海岸，闪族开辟了一片迦太基的殖民地。在地中海西部地区的使用权问题上，意大利西海岸的印欧罗马人和闪族人成为仇敌，不久就进行了一场战争。很不幸，迦太基被消灭了。

腓尼基人从一座山上建起了属于他们的商业贸易中心——卡特哈德沙特，山紧靠着阿非利加海[1]，其宽90英里，分隔着亚欧大陆。卡特哈德沙特很成功地发展成了一个商贸中心，在极短的时间内就聚集了大量的财富。公元前6世纪，巴比伦国王尼布甲尼撒[2]攻下了泰尔，趁这个成功的机会，迦太基果断地和宗主国腓尼基断绝了往来，自己创建了一个独立的国家。从那以后，独立的国家就成了迦太基向西方扩张的一个很好的优势。

然而事情的发展并不一帆风顺，腓尼基人身上积攒了千余年

---

[1] 阿非利加海，即现在的突尼斯海峡。

[2] 尼布甲尼撒，古代西亚新巴比伦王国国王，曾经建造"空中花园"。

的坏习性都暴露在这座城市中。它并不知道该如何精致地生活，仅仅只是一个枯燥的商业机构而已。一群唯利主义的商人把包括迦太基在内的每一个城市、农村、远方的殖民地都紧紧地掌控在手中，他们的心里什么都不想，只想着金钱。在古希腊语中，"ploutos"是富人的意思，所以古希腊人把这些由富人组成的政府称作"plutocracy"（财阀政府）。迦太基政府无疑是一个财阀政府，因为它的控制权全部在12个大船主、矿主和商人的手中。他们经常聚集在办公室后面的密室里讨论国家事务，在他们看来，国家就只是一个挣钱的机器而已。不过，他们做事很勤恳，处理事情的方式也算灵活，毕竟他们还是有利可图的。

随着时间的不断推移，迦太基的影响力也越来越大，甚至影响到了非洲北岸的很多地方，就连西班牙和一部分法国地区也都屈服于它，它影响到的国家每年都要给这个位于阿非利加海滨的强大城邦缴纳贡品和税金。

当然，人们的意向也会对"财阀政府"的运营产生一定的影响。

迦太基

毕竟只有当民众对政府提供的工作岗位和酬金感到满意时，才会服从掌权者的指令，好好干活。一旦遇到船不能航行或者缺少冶炼的原材料这种情况而造成码头工人失业，那么民众就会抗议，要求开公民大会。迦太基的管理模式一向如此，当它还只是一个自治共和国的时候就这样了。

财阀们拼尽全力地维持商业发展的高效率，就是为了防止民众抗议，这 500 年中他们一刻也不敢懈怠，保持着高速的生产节奏。可是忽然有一天，财阀们听到了一些从意大利西海岸传来的消息——突然之间，意大利中部所有拉丁民族有了一个能够领导他们的核心，就是在台伯河[1]岸的一个小村落中。更棘手的问题是，这个叫作罗马的村落希望开通一条与西西里[2]和法国南部海岸的贸易通道，并且他们为了这个目标正在努力地建造船只。

迦太基知道后非常气愤，生怕罗马会抢夺他们的利益，取代他们在西地中海贸易区的地位，所以当即下令要立刻根除这个强劲的对手，免得夜长梦多。随后，他们便开始了对敌方的多方面打探，一段时间后，终于摸清了敌方的底细。

意大利西海岸历来就是被文明遗弃的地方。在古希腊，每一个港口城市都凝望着爱琴海上的文明，摄取着它的养分。可是对意大利西海岸来说，他们仅有的印象就是地中海上寒冷的海浪和那片凄凉的海岸。这片土地上只有一小部分原住民平静清闲地住在这片连绵不断的山脉和无边无际的平原上，很少会被文明世界的商人踏足。

---

[1]　台伯河，位于意大利中部的河流。

[2]　西西里，地中海的一个岛屿。

这片土地终于遭受到了第一次战争，那是从北方来的民族挑起的战事。不知道具体是什么时候，一支印欧部族找到并且跨过了阿尔卑斯山的关键隘口，随后便向南继续壮大自己的势力，不久之后，这个靴形半岛[1]上就被他们的牛羊和村庄覆盖了，每一个角落都能证明他们在这里生活过。关于这些最早统治者，我们所知不多，不像希腊，还有荷马用诗歌记录过曾经的历史。荷马没有创作关于他们光辉事迹的诗歌。800多年后，当罗马成长为一个帝国核心时，他们才渐渐开始记录一些有关罗马城建立初期的事情，然而这些记载都是一些神话传说，并没有什么历史根据。在罗马城的建立过程中，也就罗慕路斯[2]或者是瑞摩斯[3]越过了对方城垣的故事略有些意思，其他的都非常的枯燥乏味。罗马最开始能够成为一个城市核心，完全受益于它便利的交通位置，能够让人们在这里很方便地进行粮食、马匹交换，这跟其他著名城市的起源原因是差不多的。罗马地处意大利平原中部，它的内河台伯河注入大海，当地居民可以借助沿河的七座小山保护自己。觊觎这片土地的敌人围绕在四周，他们有的来自山区，有的来自大海。

从山区来的敌人是凶残的萨宾人，他们的主业就是抢劫掠夺。但是他们的装备大多是过时的，一直都是用一些石制刀斧和木头盾牌打仗，根本无法打败有铁制弓箭的罗马人。这样看来，从海上来

---

[1] 指的是意大利所处的亚平宁半岛看起来如同一只靴子。

[2] 罗慕路斯，传说中的战神马尔斯的儿子，建造了罗马城。

[3] 瑞摩斯，罗慕路斯的孪生兄弟。在修建城墙时和罗慕路斯产生争执被杀死。

的伊特鲁里亚[1] 人才是一个比较有威胁的敌人，但是他们的由来一直是历史上的未解之谜，我们只能在意大利海岸遗留下的城市、坟场、水利等地方找到他们存在过的印记。他们也写过一些碑文，但这些碑文并没有起到任何作用，因为到目前为止还没有人能翻译伊特鲁里亚文字。

我们顶多只能做这样的猜想：伊特鲁里亚人最开始住在小亚细亚，战争或者瘟疫迫使他们从小亚细亚离开，去外面寻觅能够生存的地方。无论最终是什么原因让他们迁移到了意大利，我们都不能否认他们在历史上的地位。他们把东方的古代文明传播到了西方，教给罗马人最基础的生活技巧，例如建筑、街道设计、作战方式、艺术、烹调、医术和天文等。

古希腊人一向对传授给他们文化的爱琴海老师持有轻视的态度，与此相同，罗马人对他们的伊特鲁里亚老师也感到不屑，他们一直在等待机会，希望能够一举消灭伊特鲁里亚人。机会终于来了。在与意大利的商业贸易中，希腊商人获益颇丰，所以他们就很单纯地把商船开进了罗马城。就这样，他们稀里糊涂地留了下来，当了罗马人的生活老师，其实他们的本意只是来做生意而已。在不断的接触中，希腊人发现，这些在当时叫作拉丁人的罗马人喜欢用在生活中能够用得到的东西。罗马人渐渐领悟到文字记录带来的方便，因此就通过研究希腊字母创造出了属于他们自己的拉丁文。他们还发现，把货币制度和度量衡体系结合在一起能够促进商业贸易的发展，便也开始模仿了。罗马人一下子抓住了古希腊文明的绳

---

[1] 伊特鲁里亚，位于亚平宁半岛中北部，深刻地影响了古罗马和后世西方文明。

索，紧紧地不肯放手。

他们对古希腊尊崇的神明只是一味地盲目崇拜。希腊人的主神宙斯也被带到了罗马，但是名字改成了朱庇特，其余的希腊古神也一并被他们接受。不同的是，古希腊神明是一直伴随在希腊人日常生活中的，而变成罗马诸神之后一切都变得不同了。罗马的神祇各自忙碌着属于自己的那份工作，就像政府官员一样。他们辛勤工作的回报就是规定信徒要对他们绝对顺从。罗马人在这方面很谨慎，做得也不错。也正是因为这样，罗马人可以与他们的奥林匹斯山诸神维持着很密切的关系，不像古希腊人似的。

罗马人并没有借鉴希腊人的政治制度。也正是这些和希腊人同属欧族的罗马人，他们前期的发展非常类似雅典人及其他希腊人的历史。罗马人也花了不少的时间去打败意大利原住部落酋长，之后他们想尽一切办法约束贵族的权势，并且用了好几个世纪的时间，建立起了一套让全民参与管理城邦事务的民主政治体系。

罗马人在政治上比希腊人有更多的见解，他们在管理国家方面也有自己独特的一套方法。但是罗马人缺少希腊人的那种想象力，所以跟花言巧语比较起来，他们更愿意用实际行动证明自己。他们认为平民议会（plebs）最容易疏于管理，所以专门设立了一个监督和帮助他们工作的机构——元老院。关于这个元老院的管理问题，特意交给两位执行官负责。按照往常传统，同时也考虑到实际情况，元老们一般都是贵族，当然他们的权力只能在一定范围内发挥作用，并且还会受到严格的限制。

我们在前面提到过，雅典人为了缓和穷人跟富人的关系，制定了《德拉古法典》[1]和梭伦法典。公元前5世纪，罗马的穷人与富人之间开始产生矛盾。经过诸多自由民的争辩，制定了严谨的法律条文，从此以后他们终于不用再受贵族法官的欺负，而是用"保民官"制度来维护自己的利益。保民官是由公民选举出来的，身为一个城市的行政长官，他的主要职责就是防止公民的正当权益受到政府官员的不公平行为的伤害。依据罗马法律的规定，执政官有权决定死刑，可是当案件证据不充分时，保民官就可以参与案件，救下这个可能会是被冤枉的倒霉鬼。

当我在讲"罗马"的时候，它仿佛指的仅仅是那个只有几千人口的小城市，其实不然。实际上，罗马实际表达的意思是藏在城墙外面的郊区和村庄。罗马人能够成为一个殖民帝国的潜质已经在统治外省的方式方法上展露无遗。

很久之前，罗马是意大利中部唯一一个坚固营垒。可是它总是很大度，可以为每一个正在蒙受外敌侵扰的拉丁民族提供避难场所。渐渐地，拉丁人开始意识到有罗马这么一个强大的邻居朋友，对他们来说是一本万利，因而他们开始努力地寻找合适的理由来跟罗马联盟。从前的埃及、巴比伦、腓尼基和古希腊，都是用暴力的方法要求那些寻求保护的野蛮民族彻底地屈服于他们。而罗马人的做法跟他们截然不同，他们平等地对待外来民族，谁都能成为罗马共和国合法的公民，不管你是什么血统身份。

"假如你想加入我们，"罗马人说，"那我们一定热烈欢迎，我们会把你像罗马公民一样对待。但是作为答谢，你要在国家需要你时勇敢地站出来。"

外来民族对罗马人的真诚以待心存感恩，总是献出自己所有的忠心来回报国家。

当古希腊城邦受到外敌侵袭时，外来民族总是最早逃跑的那一个，在他们心目中，那里仅仅是一个暂住地而已，自己没有为他们拼命打仗的必要，希腊人之所以接纳他们，仅仅是因为他们交税纳税。可是当罗马面临外敌侵扰的情况时，所有拉丁部族人民都会勇往直前与之决一死战，因为竟然有人敢侵犯他们的母亲。就算是那些已经离开罗马城，一生从未见过罗马圣山和城垣的拉丁人，也会把罗马当作自己永远的家。

就算是失败和灾难也无法改变拉丁人对罗马的浓厚情意。公元前4世纪初，蛮横的高卢人在亚里亚河畔战胜了罗马守卫军之后挺进罗马，入侵意大利。他们在罗马城里静候罗马人来求饶，可是等了很久也没有等到。紧接着高卢人发现，没有人为他们提供生活必需品，并且周围的国家对他们有着满满的敌意。硬撑了7个月后，他们在饥饿的逼迫下，以退兵告终。罗马人友好平等对待外来民族的策略见到了成效，这也是罗马能够越来越强盛的原因之一。

其实罗马人和迦太基人的国家抱负大相径庭，这在罗马早期的历史中就能发现。迦太基人模仿埃及和西亚的国家管理方法，要让外来民族绝对服从他们。假如没有达到他们这样的要求，他们就会动用职业军队对其进行暴力征伐。而罗马人的政治体制是以对外来民族的平等交流为前提的。

现在你能够明白，迦太基人为什么会如此火急火燎地要发动战争了吧，因为这个强盛且充满智慧的敌人对他们太有威胁力了，所以他们要趁这个对手还没有成长起来之前就把它消灭掉。

一艘飞速前行的罗马战船

　　迦太基这些干练圆滑的商人心里很明白，鲁莽并不能达成他们的心愿。于是他们和罗马人商量，在地图上清楚地标注出各自的管辖范围，并一再保证不会夺取不是自己应得的经济利益。然而，双方的协定在达成后不久就被撕毁了。当时的西西里岛经济发达但是政治废弛，对每一个觊觎者来说都十分有诱惑力。迦太基和罗马也不例外，他们都盯上了这块肥肉，想着出兵把它收入囊中。

　　接着，第一次布匿战争[1]爆发了，这场战争一直持续了24年。战争首先在海上打响。刚开始大家都认为，稚嫩的罗马军队会被熟悉战争之道的迦太基人一举降服。迦太基人使用的是最传统的战争方法，用自己最坚硬的战船猛烈碰撞敌船，或者从侧面折断敌船的船桨，之后再用弓箭和火球攻打惊慌中的敌军。但是聪慧的罗马工程师设计出一种带有吊桥的新型战斗船只，可以让罗马士兵登上敌军的战船与之进行面对面的对决。如此一来，在海战中所向披靡的迦太基人再也没有取胜的优势。在米拉战争中，罗马人把迦太基舰队打得落花流水，迦太基人不得不投降，主动放弃对西西里岛的

---

[1] 布匿战争，指的是古迦太基和古罗马之间爆发的三次战争。

争夺。

23 年过去了，双方又产生了新的分歧。迦太基人为了得到银矿，把整个西班牙南部都纳入怀中，而罗马人为了夺取铜矿，严防死守着撒丁岛。就这样，两个敌国之间的地理位置离得更近了，变成了邻居。这使得罗马人十分不满和忧虑，他们派兵穿越比利牛斯山，去监视迦太基的一举一动。

第二次布匿战争一触即发。在这紧要关头，一个古希腊殖民地引发了战争的开端。迦太基迅速向西班牙东海岸的萨贡托进军，萨贡托人立即向罗马人求救。罗马照例答应救援，元老院同意派出一支军队前往增援。但是就在罗马人集结远征军时，萨贡托已经被迦太基人成功攻下并铲为平地。这让罗马人大发雷霆，元老院立刻向迦太基下了战书。罗马军队兵分两路，一支越过阿非利加海在迦太基的领土登岸，另一支去攻打还留在西班牙的迦太基军队，阻止他们回过头来进行增援。每个人都认为按照这一计划行事必定能够获得成功。可是这一次，神明似乎不想让罗马人就这样轻易地胜利。

公元前 218 年秋，原本打算攻击西班牙迦太基部队的罗马士兵向目标地出发，所有的罗马人都仰首企盼着一个取得胜利的好消息。就在这时，波河平原上忽然流传开一个可怕的谣言，很多孤陋寡闻的山区牧民很恐惧地说，他们看见了几十万棕色人忽然浮现在格莱恩山口的云中，还骑着像房子一样大小的庞然大物。在神话故事中，几千年前赫克里斯[1] 曾骑着吉里昂公牛穿过这个山口经过西班牙去往希腊，这让大家产生了骇人的联想。过了没多久，罗马城里陆陆续续来了很多衣衫褴褛的避难者，他们带来了比较可靠的消

---

[1] 赫克里斯，古希腊神话中的大力士。

汉尼拔翻越阿尔卑斯山

息：敌军首领是哈密加尔的儿子汉尼拔，他率领着五万步兵、九千骑兵和三十七头战象，连夜翻越比利牛斯山，在罗讷河畔把西庇阿麾下的罗马士兵打得溃不成军。即使 10 月的北方山区依旧被冰雪覆盖，但汉尼拔还是以不凡的意志力带领军队翻过了阿尔卑斯山。之后他们和高卢人成功会和，把正在渡特蕾比亚河的另一支罗马军队彻底击败。此时汉尼拔已经率领部队把普拉森西亚死死包围住，这是罗马与山区各省的交通枢纽，有很关键的战略地位。

　　元老院感到非常惊异，但是很快也就冷静了下来。他们绞尽脑汁地思考如何掩盖罗马军被打败的这个事实，怎样再组建起两支军队去抗击汉尼拔。然而不幸的事情又发生了，汉尼拔再一次从特拉西梅诺湖旁边的小路上偷袭了罗马新军，把罗马军官和士兵全部赶尽杀绝。罗马人越来越惶恐，只有元老院依旧保持着镇定，他们很快又建立起了第三支军队，交给昆图斯·费边·马克西姆斯[1]领导，并且准许他在迫不得已的时刻可以行使特殊权力。

　　费边知道必须要十分小心才能避免步入以前那些将领的后尘。

―――――――

　　[1]　昆图斯·费边·马克西姆斯，古罗马政治家，军事家。

更棘手的是，他带领的这些士兵都是被临时召集的，没有接受过任何规范的军事训练，很难和汉尼拔久经沙场的精兵勇将交锋。因此费边总是从后面跟随着汉尼拔，从而防止正面交锋，他想办法在盘旋中烧毁敌人的粮食，阻断敌军可能会走的道路，并多次派兵去干扰迦太基人的小支分队，试图用这种方式来扰乱敌军军心，从而一点一点地拖垮汉尼拔。

可是躲在罗马城的人民大众已经无法再继续容忍恐慌，他们已经对费边的这种战斗策略充满了绝望，所以他们奋力抗议，要求选取一种英勇果断的方法打仗。有一个叫维洛的市民在罗马城里吹牛说，他知道有一套战术一定能够打胜仗。维洛很快便获得了民众的信任，从而被推选成新的领导者。于是公元前 216 年，坎尼战争爆发，维洛带领的军队遭受到了重创，七万官兵无一生还，汉尼拔成了意大利唯一的统治者。

汉尼拔在亚平宁半岛上肆意杀戮，呼吁各个地方的群众参与到他们的战队中去，因为他们认为人民需要他们来拯救。此时，罗马又拿出他们最贤明的民族策略，希望再一次彰显出它的威慑力和效用来。除去卡普亚和锡拉库萨这两个边界小省，其他所有的省市对罗马都是肝胆相照。解救者汉尼拔打算假扮成百姓的朋友，结果却发现抗拒的声音远大于应和声，再加上长时间的跋涉和战斗的疲惫，他们的境遇一落千丈。他派兵回迦太基求助，但是很可惜，迦太基已经赤贫如洗，无法再给他提供些什么。

由于海上有罗马的海军吊桥战舰而显现出一种望尘莫及的感觉，汉尼拔只能依靠自己继续往前走了。他逐个战胜了罗马方面派来的一支支接连不断的军队，但是在同一时间，他自己的战斗力也所剩无几。最令人头疼的是那些意大利农民还是对这个自称的人民拯救者保持着敌视态度，这让他很难维持必需的供给。

久而久之，汉尼拔发现自己虽然取得了很多小的胜利，却渐渐地进入了一个高深莫测的包围圈中。曾经也有那么一段时间，迦太基军队似乎有了起色，这是因为汉尼拔的弟兄哈斯德鲁拔 [1] 在西班牙战胜了罗马军队，并且想翻过阿尔卑斯山来提供帮助。他派人到意大利和汉尼拔联系，相约一起到台伯河平原会合。不幸的是，通信员在半路被罗马人劫持，留汉尼拔独自高兴地翘首以盼。直到有一天，罗马人抓到了哈斯德鲁拔，将他的脑袋砍下用篮子装着丢进了汉尼拔的驻地，他才知道迦太基不会再给他们进行支援了。

之后，罗马首领普布利乌斯·西庇阿 [2] 再一次占领了西班牙。四年之后，罗马人准备和迦太基人拼个鱼死网破。迦太基国王匆忙地召回汉尼拔。汉尼拔渡过了阿非利加海，在迦太基城竭尽全力地安排防御工事。公元前 202 年，迦太基军队最终在扎马战争中战败了。汉尼拔成功逃出了泰尔，到了小亚细亚，之后又在小亚细亚兴风作浪，妄图让叙利亚和马其顿对罗马开战。然而他在亚洲一无所得，却为罗马人提供了一个最好的机会，让他们可以冠冕堂皇地把军队势力扩展到东方的爱琴海地区。

汉尼拔不得不辗转在其他城市中继续他的流浪生活。他完全看不到未来，他看作精神支柱的迦太基城在战斗中被毁灭了，海军也被彻底打败。迦太基人和罗马当下就签署了丧失主权的不平等合约，要求迦太基人在没有罗马的准许下不能私自出战，除此之外还

---

[1] 哈斯德鲁拔，迦太基军事将领。
[2] 普布利乌斯·西庇阿，古罗马贵族。

要在很长很长的一段时间里对罗马人进行巨额赔款补偿。汉尼拔没有了活下去的欲望，在公元前 190 年自杀了。

汉尼拔之死

40 年之后，罗马人还是选择了消灭迦太基人。古老的腓尼基殖民地的人们拼命地和新兴的罗马共和国抗击，奋力战斗了 3 年后，实在耐不住饥饿而被迫投降。罗马人把还活着的迦太基人卖了当奴隶，城市则用一把大火烧毁了，粮仓、皇宫、军械厂……所有的这些被大火烧了整整两个星期。罗马士兵边骂边放肆地践踏这片曾带给他们无数仇恨的土地，之后满意地扬起船帆胜利归来。

在之后的一千年中，地中海成了欧洲专属的一个内海。当罗马帝国彻底消亡的时候，亚洲才得以重新占领这片内陆海域。我会在讲穆罕默德的文章中再详细向你讲述这段历史。

第二十三章
罗马帝国崛起

罗马帝国是怎样崛起的。

罗马帝国是在偶然的情况下诞生的，它的形成很是顺其自然，并没有任何人的事先筹划。而且在人群中，任何一个统领、政治家或者刺客也都不曾高喊："作为罗马的公民，我们即将要创立一个强大的帝国，请大家做我的跟从者吧！我们去征服赫丘利大门[1]和托罗斯山脉[2]中间那片辽阔的土地！"

在罗马，有名的统帅、政治家和刺客一批接一批地涌现，他们的军队也是远近闻名。然而，罗马帝国的建成并没有依赖或仿制某个周详的计划，相反，它的成立是顺其自然的。罗马人脚踏实地，普通的老百姓们并不会主动去探讨国家大事，倘若他们碰到有哪个人慷慨激昂地说"我认为罗马的发展趋势应该在东方……"这类言论，那么大家都会离他远远的。实际上，罗马版图的扩大并不是因

---

[1]　赫丘利大门，即直布罗陀海峡。

[2]　托罗斯山脉，位于现在的土耳其南部。

为罗马人的好战和贪婪，而是由于环境的推动。通常情况下，勤劳的罗马人对于用一生的时间来守护自己的温馨小家更情有独钟。不过，当他们受到外来的敌人侵略时，他们便会全力反击，奋勇抗战。即使是来自遥远的地中海的敌人，为了击垮他们，罗马人不惜长途跋涉也要跨海追击。战争结束之后，为了避免野蛮人再次控制这些地方，罗马人会努力思考适合这片地区的管理方式，并付诸行动，以保证对罗马有利。也许你会认为这非常烦琐，可是当时的人却觉得很正常，下面的例子讲的就是如此。

公元前 203 年，罗马军队在西庇阿的带领下渡过阿非利加海，直接占取了非洲。为了对抗攻击，迦太基召回了汉尼拔。因为没有援兵的支持，汉尼拔最终战败于扎马。罗马人对汉尼拔施行劝降政策，但汉尼拔却独自一个人逃向叙利亚和马其顿。这在上一章已经说到过了。

强盛的亚历山大帝国残存了两个部分，即叙利亚和马其顿，那个时候它们的统治者正在筹备将尼罗河谷进行分割的事宜。埃及国王听说了这个消息，急忙向罗马请求支援。一个崭新的舞台已搭建完成，一场充满阴谋诡计的戏剧即将上演。然而，缺乏想象力的罗马人还没等好戏开场就出人意料地把幕布拉上了。马其顿从希腊人那里学来的步兵方阵被罗马士兵出其不意地打垮了。战争就发生在公元前 197 年，地点在塞萨利中部库诺斯克法莱平原上一个叫"狗头山"的地方。

之后罗马人继续向南推进，直奔阿提卡。他们认为希腊人正遭受着马其顿的严酷摧残，而他们就是要把希腊人彻底地解救出来。但是这些因被奴役而显得木讷的希腊人简直是不谙世事，他们不懂自由的珍贵，反而肆意浪费。一座座希腊城邦刚刚获得独立，他们就像以前一样又开始了相互之间的争吵。这个奇怪的民族很是唠叨和吵闹，因此罗马人对此感到十分厌烦，起初他们还稍微控制一下自己，可是不久后终究还是失去了耐心。他们干脆派遣军队向希腊发动进攻，放火把科林斯城烧毁了（以此提醒其他城邦），并向其派遣了总督，这是彻底将希腊变成了自己的一个行省。最后的结果就是，马其顿和希腊彻底变成了守护罗马东侧的两个巨大屏障。

在同一时间，达达尼尔海峡 [1] 对岸广阔的叙利亚王国正处于安条克三世 [2] 的统治之下。安条克三世把本应到处逃亡的汉尼拔收在了麾下，此时的他听信了汉尼拔的花言巧语，认为攻进罗马城实际上是毫不费力的，这个诱惑十足的想法让安条克怦然心动。

西庇阿将军曾经在非洲扎马将汉尼拔击败，他有个弟弟叫鲁修斯·西庇阿，当时正被派遣到小亚细亚开展有关军事方面的行动。公元前 190 年，叙利亚军队在马革尼西亚被小西庇阿打败。不久之后，叙利亚人把安条克三世刺杀了，小亚细亚就这样变成了罗马的附属国。最终，罗马从一个弱小的城邦日渐发展起来，成为整个地中海沿岸的富强统治者。

---

[1] 达达尼尔海峡，位于马尔马拉海和爱琴海之间。

[2] 安条克三世，叙利亚塞琉西王国国王。

第二十四章
罗马帝国的建立

经过几个世纪的社会动乱和政治运动后，罗马帝国是如何建立的。

罗马军队取得胜利的好消息接连传回国内，回国的时候，迎接他们是百姓们的欢呼声。可是，战争胜利的荣耀却没有给百姓的生活状况带来好转。更甚者，百姓们被每年的征兵压得喘不过气。那些在战场上有过功劳的军人才是战争的受益者，他们可以得到丰厚的奖励。

虽然古罗马共和国的领导阶层在过去也像普通百姓一样生活质朴，但如今战争胜利所带来的丰厚的资源和金钱，却让他们再不屑于过原来那种节俭的生活。他们直接丢掉了先祖们流传下来的一切高尚的习惯，使罗马成了一个以金钱和地位为重的贵族共和国。也正是出于这个原因，罗马终究没有好的结局。接下来就容我详细讲述吧！

罗马从一个小城邦发展成为能统治和领导整个地中海沿岸的帝

国，只花了不足 150 年的时间。早些时候，对于那些从战场上抓回来的战俘，罗马人从不留给他们哪怕是一丝一毫的自由，而是毫不犹豫地把他们卖为奴隶。因为罗马人对战争有着极为严格的对待方式，所以他们对俘虏毫不留情。就像我们原来就提到过的迦太基，当它被罗马打败以后，那里的百姓全部都被卖为了奴隶，无论是女人、小孩儿还是佣人。虽然有一些敢于抗争的希腊人、马其顿人、西班牙人、叙利亚人，但是最后的结果也还是被卖为了奴隶。

在过去的两千多年的人类社会中，奴隶是被充当机械使用的。当今社会的富人们会将手中的资金投入到开办工厂中，而与此类似的是，无论哪个阶层的罗马人，无论是元老、将士还是商贩，不论是一夜暴富还是通过其他途径，只要他们手中有了钱，他们就会将钱投入奴隶的购买和土地的投资上。土地的获得途径有两种，一是用金钱购买，二是可以通过战争的抢占来获得。而奴隶的购买就简单多了，他们就是被标价买卖的"商品"，看中后只要花钱买下就行了。罗马在公元前 3 世纪至公元前 2 世纪的时候，奴隶的数量是非常多的。所以假如有奴隶在劳作的过程中死了，买主们就会去贩卖市场再买批科林斯或是迦太基的战俘作为奴隶。

那罗马农民的生活和经历又是怎样的呢？

罗马战争期间，自由农民们全心全意地为国家的需要贡献着自己的力量，虽然战争耗费了 10 年、15 年乃至 20 年的时间，但他们还是对回到家乡充满了憧憬，却不曾想看到的家乡却是一副人烟荒凉的样子。他是一个英勇无畏的男子，立誓要凭借自己的努力去开启全新的生活。然后他辛勤地劳作，耐心地等待作物成熟，就在他满怀希望地把收获的谷物、牲畜等产物带到市场上去卖的时候，却忽然发现这里的价钱低得可怕。其原因就是这些产物全部是由庄园主买来的奴隶种植的，因为没有什么人工成本，所以价钱也就很低。无奈之下，农民只能低价卖掉了自己辛苦种植的产品。没过几年，他再也坚持不下去了，只得被迫去城市谋生。但到了城市之后，他还是过着食不果腹的生活。迎接他们的依旧是悲惨的未来，就因为他们是生活在最底层的一群人。所以他们只能在城外那臭气熏天、脏乱不堪的棚户区内勉强落脚，也因此而落得个病魔缠身的下场。命运的捉弄使得他们开始怨天尤人：曾经自己为了国家的安危而努力奋战，不仅没有受到国家的优待，反过来竟然落到如此下场！于是，那些别有用心的政治家的激情演讲赢得了他们的支持。恰恰是利用了他们的这一心理，这些政治家们得以壮大了自己的势力，为国家的未来制造了危机。

但是处在统治地位的贵族们却毫不担心，他们认为：这些企图叛乱的家伙是斗不过军队和警察的。他们安居在庭院幽深的豪宅中，惬意地看着手中六韵拉丁文体的《荷马史诗》，那是由他的希腊奴隶为他翻译的。

古代罗马人的朴素精神现也仅在几个古老的贵族家庭中延续着。罗马贵族格拉库斯娶了西庇阿的女儿科内莉亚，夫妻俩生了两个儿子，提比略和盖尤斯两兄弟。两人长大后都从事了政治工作，并商量变革的计划。多次考察之后，他们清楚地知道了有2000个贵族把意大利的土地占去了一大部分。一次大选中，提比略·格拉库斯被民众选举为保民官，任职后，他想给悲惨的农民们赢取些权益。所以，他找到了两条早被遗忘的法律条例，以控制每个人所占有的土地面积，如此一来，中下阶层的劳动人民就可以获得土地，可以说这是件利国利民的事情。但是，这件法律条例却遭到了贵族阶层的大力抗议，同时他们还反咬一口，称提比略·格拉库斯为"土匪"，为"国家公敌"。最后，这个为民着想的保民官在一场暴乱中，被受雇于人的暴徒杀害。那时，毫无防备的提比略正准备进入公民议会厅，却忽然受到了攻击而死亡。10年后，他的弟弟盖尤斯为了完成哥哥的心愿，尝试策划一场新的变革来对抗这不公的阶层分化。他公布了"贫民法"，就是为了能够帮助那些贫穷的人，让他们可以摆脱乞讨的生活，但是事情却发展得很糟糕，沦为乞丐的人更多了。

无奈之下，盖尤斯只好在郊外为这些乞讨的人们盖起了收容所，但是效果却没有他预想的那么好。在他打算做出下一步计划的时候，他跟他的哥哥一样也被谋杀了。跟随他的一些人有的遭到暗杀，还有的被流放，下场都很凄惨。后来接替他们兄弟两个的领导者与他们的贵族出身不同，他们都来自军人家庭，同时也拥有众多的拥护者，他们就是马略 [1] 和苏拉 [2]。

苏拉是农场主人的领导者。马略则是被剥夺了权利的自由民的崇拜偶像，这源于他曾经在阿尔卑斯山下打败了条顿人和辛布里人 [3] 的英勇表现。

公元前88年的时候，元老院开始忐忑不安了，因为亚洲的情况有了变化。据说是黑海沿岸的一个国家，其国王是希腊人的后代，名叫米特拉达特斯，他想重新建立亚历山大帝国。为了实现他

---

[1] 马略，古罗马政治家，统帅。

[2] 苏拉，古罗马政治家，统帅。

[3] 辛布里人，即古代奥地利民族。

的宏伟理想，他最先从小亚细亚的罗马公民下手，连同妇女儿童都一并屠杀了。这一举动相当于立下战书。元老院马上筹建了军队要出征讨伐。这时，罗马人内部却因为将军的选择而出现了不同意见，元老院主张："当然是选择现在正任职执政官的苏拉。"可百姓却不这么认为，他们说："肯定是选择已经连任五届执行官的马略担任将军，他才是真正能为我们的利益着想的人。"

但在这种阶层的争执中，起重要作用的是金钱。最后，社会地位较高的苏拉获得了领导权，带领军队出征讨伐米特拉达特斯。而被逼无奈逃亡到了非洲的马略却只能等候新的时机。正当军队行进在征伐亚洲的路上时，马略却回到了意大利，并召集了很多对现实生活充满怨恨的人，向罗马发动了进攻。他们轻而易举地就打进了罗马城内，还对城内的人进行了五天五夜的屠杀，并且铲除了元老院里反对他的党派。这下马略又登上了执政官的位置，然而，乐极生悲的是，由于过分激动，马略突然死亡。

之后的 4 年里，罗马城一直处在动荡中。苏拉在征伐胜利后，发誓要回到罗马报仇，他果然说话算话，回去之后就把城里的改革家们全部屠杀了，这一杀就是几个星期。有一天，一个原来跟随马略的年轻人被苏拉的手下抓获了，正常情况下他应被处以绞刑。周围的百姓看他这么年轻，于是就求情道："他还只是个孩子啊！"行刑的人听到后也就放过了他。这个逃过一劫的孩子叫尤利乌斯·恺撒，再往后我们就该说说他的故事了。

后来，"独裁官"就成了苏拉的自称，这表明了他就是全罗马权力最高的唯一的领导人。但是他只"享受"了 4 年的独裁就去世了。到了暮年之时，他就跟其他罗马统治者们一样了，把大部分的时间用在了浇花和种菜上。

罗马政局动荡的状况愈演愈烈，丝毫没有一点好转的迹象。庞培将军[1]是苏拉生前最好的战友，在米特拉达特斯国王不断制造麻烦的情况下，他只得领导军队再一次向东出发，讨伐这个麻烦。当败仗将这个怀有宏伟理想的国王逼到走投无路的时候，他选择了服毒自杀，因为他清楚地知道成为罗马人的俘虏会是怎样的下场。之后庞培带领部队打败了叙利亚，并在叙利亚重新建立起了罗马的声望，紧接着耶路撒冷也被庞培的部队所攻陷，直到最后，西亚的所有国家都被庞培所带领的部队打败了。公元前62年，庞培带领军队胜利回归，并且带回了十二艘装满战利品和战俘的战船，其中战俘是从各国俘虏的国王、王子和将军。这些曾经辉煌一时的战俘们，被带到罗马人举办的庆功宴会上，供人们毫无尊严地参观嘲笑。军队战争缴获的物品数量令人震惊，每一件物品都是稀世之宝，就连再贪得无厌的人也想象不到它的价值。

当时的罗马政局不稳定，很需要一个有能力的人来整治。就在前几个月，一个道德缺失并且玩物丧志的青年贵族差点就夺取了罗马的执政权。那个贵族叫喀提林，他因为赌博败光了自己的财产，所以想窃取政权，好使自己从中可以获得利益。好在公正的西塞罗律师发现了他的预谋，并且马上把这个情况报告给了元老院，喀提林才识相地逃跑了。虽然罗马躲过了这次政权危机，但是未来还会有很多的危险，因为怀有这种夺权想法的贵族不在少数。

庞培为了更好地稳定和整治罗马的政局，创建了三人小组，自己也就顺理成章地成了小组的领导者。老二是尤利乌斯·恺撒，因

---

[1] 庞培将军，古代罗马共和国末期著名政治家，军事家。

为他在西班牙当总督的时候赢得了很好的声望。小组里的老三是克拉苏，他虽然没有很大的能力和名望，但是他却给军队供应了不少资金。不过，没多久他就在征战帕提亚的时候牺牲了。

三人小组中最有头脑的就数恺撒了。他胸怀大志，而且很明确地知道，要想实现自己理想——成为世人所佩服的英雄，第一步就是要多取得一些战争的胜利，树立威望。于是，恺撒便带领着部队踏上了征战之路，首先他们翻过了阿尔卑斯山，并且战胜了现如今的法国，然后，他们用在莱茵河上架桥的方式打败了条顿人，之后他们更是坐船直奔英格兰，打算攻打英格兰，但是国内突发紧急情况，需要军队立刻赶回罗马，不然还真没人知道英勇的恺撒下一个征战目标会是哪里。这时从罗马传来的消息说，庞培把自己封为了"终身独裁官"，这就表明恺撒要在罗马政权的名单上被除名了。这一点也正是恺撒最担心的。过去与马略一起征战的场景在恺撒的脑海中浮现，他下决心要报复元老院和庞培的所作所为。恺撒率领着军队渡过南阿尔卑斯高卢行省和意大利之间的卢比孔河，指挥着军队直杀向罗马城。意大利百姓们都将他视为英雄一般，在沿路欢呼他的归来。所以恺撒杀进罗马城并没有费什么力气，而且他还发现了庞培往希腊逃亡的踪迹。恺撒在其后紧追不舍，直到庞培的随从军在法萨鲁斯被恺撒军队一举消灭。这时候慌张的庞培准备渡过地中海，继续往埃及逃亡。没想到，他刚一登陆就被埃及国王托勒密的随从杀死了。之后过了没几天，恺撒就带领军队到达了埃及，却中了埃及军队和庞培剩余部队所设下的圈套，受到了两方的一同攻击。

福大命大的恺撒成功烧掉了埃及军队的战船，但是这火却连带

恺撒西征

把岸边的亚历山大图书馆一起烧了，结果让这座历史上有名的宏伟建筑成了一片废墟。

之后，恺撒乘胜追击，把埃及部队逼退到了尼罗河流域，紧接着，埃及国王托勒密也溺水死亡了。随后，托勒密的妹妹克里奥佩特拉就组织建立了埃及新政权。此时，北方前线上派人带回了战况消息，说是米特拉达特斯的儿子法纳塞斯要为他的父亲复仇，并且已经做好了复仇的准备。恺撒听说后，带领着部队直奔北部地区，和法纳塞斯大战了五天五夜，最终战胜了他。他在发送给元老院的战报中，潇洒地写上了他的至理格言"Veni, vidi, vici"，翻译过来就是："我来到了这里，我看到了一切，我赢了！"随后恺撒又一次去了埃及，因为他爱上了埃及女王克里奥佩特拉，对她念念不忘。公元前 46 年，恺撒带着埃及女王克里奥佩特拉回到了罗马，准备一起统治罗马城。恺撒的一生取得过四次震惊世界的胜利，每次胜利回国的时候，他都会高傲地走在队伍的最前列，接受民众的赞扬。

恺撒立了如此大的功劳，元老院当然会给予他奖励，因此，对他佩服至极的元老们赐予了他10年任期的"独裁官"一职。可是，谁也没有想到，就是这个奖励让恺撒丢了生命。

　　恺撒接受任命后，很快就发布了很多治理国家的新条令。第一，他授予了自由公民进入元老院的权利；第二，他恢复了古时候的管理观念，让边远地区的民众同样拥有普通公民的权利；第三，他创新了边远地区的治理方法，以避免贵族垄断边远地区公民的财路。总而言之，恺撒制定了很多有利于平民阶层的条款，也正是因为这样，贵族阶级对他恨之入骨。不久，50多个新兴贵族就谋划了一场刺杀恺撒的诡计，美其名曰一切为了共和国的未来。在那年的3月伊迪斯日，按恺撒规定的新埃及历法来算的话，那天是3月15日，正当恺撒要进入元老院时，有一个刺客冲出来把他杀死了。就这样，罗马的又一位领袖被谋杀了。

　　这时，有两个人在觊觎恺撒的地位，一位是他曾经的助理安东尼，另外一位是他的甥孙兼继承人屋大维。但他们夺权的方式截然不同，屋大维留在了罗马，而安东尼却去了埃及。可能爱情这个东西也会传染吧，要不然安东尼怎么会那么快速地就爱上了克里奥佩特拉女王呢。

　　不久，屋大维和安东尼之间的战争爆发了。在阿克提姆战争中，屋大维战胜了安东尼。此时的安东尼已经四面楚歌，就自杀了，只留下了克里奥佩特拉一个人奋力抵抗。克里奥佩特拉又一次想利用自己的美貌勾引屋大维，让他成为第三个被她征服的罗马首领。可是她失败了，因为屋大维完全不受她的诱惑。没有勾引成功的克里奥佩特拉害怕被俘虏后会被拉去游街示众，所以也选择了结束自己的生命。最终埃及被罗马征服了，成了罗马的一个附属国。

屋大维天资聪颖，没有步他舅公的后尘。他深知树大招风的危害，所以凯旋后，他只是说了一些小小的请求，并没有提出什么过分的要求。他声明自己不想当"独裁者"，只要一个"光荣者"的名誉就好。就这样过了几年，元老院又授予了他"奥古斯都"的荣誉称号，当然，这次他欣然接受了。很多年后，民众们纷纷亲切地喊他"恺撒"，那些一直崇拜着他的士兵也开始尊称他为"元帅"或者"帝王"。共和国就这样在不知不觉中慢慢发展成了帝国，而所有人都没有意识到这一改变。

公元 14 年，屋大维稳固了自己罗马帝王的地位。民众都很崇拜他，他的继承者也就自然而然地变成了"皇帝"——历史上最伟大帝国的至高无上的统领。

事实上，罗马民众已经不想再忍受这种尔虞我诈的场面了，并且政局的动荡不安也很劳民伤财，所以不管接下来是谁统治他们，只要能给他们提供一个稳定的生活空间，其他的事情一切都好说，包括皇权问题。屋大维在任职期间，是真的保障了臣民们安定的生活，虽然这只维持了 40 年，不过也够了。屋大维得到了自己想要的皇位后就不再对外扩张了。不过，在公元 9 年时，他曾派军队去欧洲西北部的蛮荒攻打条顿人，但是结果并不尽如人意，罗马将军瓦卢斯和他的部下遇到了条顿人在条顿堡森林中设下的埋伏，全军覆没。也正是这场战争后，屋大维便放弃了攻打北部地区的想法。

这时的罗马人才想起关心国家的政改，但是却为时已晚。国家在经过 200 多年的政权争夺和四处征伐后，百姓中青年人的比例减少了一大半。农民的劳动能力远不如奴隶，这就使自耕农们失去了生活的来源，以至于农民阶层很快就分崩离析了。难民们只得涌入城内寻找生计，此时城市就像难民集中营。城市中上层的行政部门人员过多，资金紧张，这使职位不高的工作人员入不敷出，所以就利用职位的便利条件赚取外快来维持生活。而当百姓在面对残暴、受伤和别人的悲惨遭遇的时候，那种不以为然是最令人寒心的。

从表面看的话，罗马帝国在公元1世纪的时候，国家昌盛，疆域辽阔，资源丰富，即便是赫赫有名的亚历山大帝国与之相比也是不值一提的。但是在这华丽表象的背后，百姓的生活是苦不堪言的，一辈子都在辛勤耕作的他们，就像是永不能停歇的发动机。虽然他们都做到这个地步了，但是最后的成果还是被人所夺取，到头来还是过着跟牲畜一样的生活，木然地活到生命的最后一刻。

罗马成立的第753年，在帕拉蒂尼山宫殿里，盖尤斯·尤利乌斯·恺撒·屋大维·奥古斯都在处理国家大事。

同一时刻，与之相距遥远的叙利亚的一个小村中，木匠约瑟夫的妻子玛利亚正在全心全意照看他们的宝贝，这个宝贝是个小男孩，他出生在伯利恒马槽里。

世界上一切事物都是妙不可言的。

过不了多久，王宫与马槽会展开一场正面的斗争。

并且马槽最后会散发出胜利的光芒。

第二十五章
约书亚

拿撒勒人约书亚（古希腊人称为耶稣）的故事。

埃斯库拉庇俄斯·库尔特鲁斯是罗马的外科医生，罗马历815年（现代历法的公元62年）的秋天，他给在叙利亚服兵役的外甥写了一封信，信上说：

我亲爱的外甥：

前几天我去给一个人看病，他叫保罗。他大概是一个犹太裔的罗马公民，举止彬彬有礼，很有教养。但是他似乎与一桩刑事诉讼案有什么关系，这是一个由恺撒利亚或者地中海东部某省的省级法院办理的案件。我曾经听别人说保罗是极度"残暴、粗鲁"的，而且曾在各地发表过违法演讲，内容是关于反人民的。我并不这么认为，在我眼里他是一个很聪慧的人，并且值得信任。

我从一位在小亚细亚服过兵役的朋友那里听说了保罗在以弗所传教的故事，他大概是在宣扬一个从未有过的神明。我去找保罗，询问关于他挑唆群众反抗我们伟大的国王这一说法是否是真的。保罗回答说，他所主张的新世界是一个脱离且超过这个世间并存在于彼岸的世界。还有一些奇奇怪怪的令人听不懂的话，这大概是他因为发烧说的胡话吧。

不过，我对他高贵优雅的举止有很深的印象。然而，没过几天我便听到了一个令人难过的消息：他死在了奥斯廷大道上，是被人杀害的。所以我给你写了这封信。如果你还有机会路过耶路撒冷，希望你可以帮我搜罗一些关于保罗的事情，如果有那位犹太先知的消息就更好了，据说保罗称他为老师。我们的奴隶因为听说了这位救世主而变得异常激动，甚至有一些人被政府当局钉上了十字架——只是因为他们在公共场合谈及了"新国度"（无论它有什么确切的意义）。我特别想知道关于这些流言的真相。

你忠诚的舅舅
埃斯库拉庇俄斯·库尔特鲁斯

六个星期后，库尔特鲁斯医生收到了他的外甥格拉迪乌斯·恩萨（驻高卢第七步兵营上尉）给他回的一封信，信上说：

亲爱的舅舅：

我按照您的意愿去了解了这件事的相关信息。

两个星期前，我们部队被派往耶路撒冷执行公务。这座城市因为在上个世纪遭受过战争，导致现在并没有多少古代建筑存留于世。在这里我们住了有一个月，明天要出发去往佩特拉处理一些阿拉伯牧民之间的小冲突。今天晚上有一点时间，就给您回一封信，回答一些关于您关注的问题，但是，请不要对我的回答期望太大。

我在耶路撒冷问了一圈，但是这里的许多老人也都没能给我一些确切的信息。几天前我们军营来了一个卖橄榄的商人，在买他的橄榄的时候，我顺便打听了一下他是否对那个年纪轻轻就被杀害的很出名的弥赛亚[1]有印象。他说他对这件事有很深的记忆，那时他被他的父亲带去各各他[2]参观了弥赛亚被处死的现场，而且被父亲告知这就是违抗法律、成为所有人民敌人的后果。他对我说，如果想要了解更多的信息，可以去找一个叫作约瑟夫的人。据他所说，弥赛亚活着的时候和这位约瑟夫是好朋。商人多次强调这位约瑟夫知道得比较详细。

今天一大早我便去拜访了约瑟夫。他曾经是个淡水湖的渔夫，现在虽然年事已高，但是记忆力却是很好的。从他那里我清楚地了解到在我还未出生的那个动荡的年代里曾经发生了什么。

在荣耀的提比略皇帝执政时期，庞提乌斯·彼拉多是当时犹太与撒玛利亚的总督。约瑟夫只记得庞提乌斯·彼拉多比较正直，在任总督期间声誉不错，其他的就了解不多了。到底是罗马历784年还是783年，约瑟夫有些记不清了，只记得当时的彼拉多被派遣到耶路撒冷去处理一起骚动。当时的传言是，拿撒勒木匠的小儿子在为一场反抗罗马当局的暴乱做准备。其中使人非常难以理解的是：获得消息迅速的情报员却对这件事毫不知情。上级收到的报告内容

---

[1] 弥赛亚，也就是"救世主"。"弥赛亚"的希腊语音译就是"基督"。

[2] 各各他，意思是"骷髅地"，一座山的名字，位于耶路撒冷城外，耶稣就是被钉死在这里的十字架上。

是：这个木匠的儿子年纪不大，确实是个安分守己的公民，并且这个消息是经过仔细地观察才获得的。约瑟夫说犹太长老并不是很满意这份报告。贫困的希伯来热情地迎接了这个木匠儿子的到来。正是因为这样，犹太的多位长老对他很是嫉妒。拿撒勒人在公众面前宣传，不管是什么种族的人，只要满足了品行端正、理想崇高的条件，就可以与那些耗尽一辈子的精力去研究摩西古法律的犹太人一样，拥有上帝的肯定和庇佑。不久彼拉多就收到了关于他们这一活动的举报。刚开始彼拉多对这件事并不是很在意，但是后来事情的发展越来越不受控制。犹太神庙四周聚集了很多人，他们大声呼喊要杀死耶稣和他的信徒们。彼拉多想要保护这个木匠之子，所以只好把他收监。

彼拉多一直没有想明白这件事情的本质。在他数次询问犹太长老们对他们不满意的原因时，只得到了"异类""叛党"等极端言论的答复。约瑟夫对我说，后来约书亚（那个拿撒勒人的名字就叫作约书亚，不过这里的希腊人都叫他耶稣）被请去和彼拉多进行了长达几个小时的谈话，当彼拉多问到他在加利利湖边宣传的"危险教义"时，耶稣回答他说，他在意的是人的思想境界，并不是人身体的行为方式，这与政治无关。所有的人都能够像爱自己的家人一样去爱自己的邻居或者没有血缘关系的人，还要尊敬崇拜我们独一无二的造物主上帝，这才是他的目的。

彼拉多好像对斯多葛学派和其他古希腊哲学了解得很多，所以并没有认为耶稣的行为与叛国有牵连。约瑟夫说，彼拉多很多次想要把先知救下来，而且对他行刑的时间进行了拖延。但是很多犹太人已经在犹太教长老的煽动下开始不受控制了。在这之前耶路撒冷已经发生过很多次动乱，但是并没有足够多的官兵可以用来阻止动乱的发生并维持好秩序。犹太人还向撒玛利亚的罗马政府控告彼拉多总督，说他接纳了他们的危险教义，于是成为皇帝敌人的彼拉多成了全城人的众矢之的，大家要求他回家去。罗马对驻外总督规定，禁止和那里的当地人发生正面冲突，我想你是知道这些的。来自各界的压力和挑起战争这两个因素使彼拉多被迫选择放弃约书亚。约书亚选择原谅所有敌对他的人们，保护自己的尊严。后来，耶路撒冷的人民叫喊着，嘲弄地看着他被钉上十字架。

约瑟夫泪流满面地把故事讲完。临走前我把一枚金币送给了他，他非但没有接受，还请求我把金币送给真正需要的人。你的朋友保罗的事情我也问了，他对此知之甚少。在这之前，保罗大概是在从事制作帐篷的手工活，后来，为了给他仁慈的上帝传播福音，他就放弃了自己的工作。两方所宣扬的上帝和耶和华是两种完全不同的概念，之后保罗就在小亚细亚和西亚传道，他在对奴隶们传播的道学中说过，他们所有人都是那位慈爱和善的天父之子。不论贫穷还是富贵，只要诚实生活并努力帮助面对困难的人，就可以进入美满的天国。

以上是我所给出的解答，不知道能不能帮到您。我觉得这件事与国家安全并没有什么联系，我们罗马人可能很难了解这个地方的人。对于您朋友保罗的被杀我表示很遗憾。但愿我能早些回到家乡。

您永远忠诚的外甥

格拉迪乌斯·恩萨

第二十六章
罗马灭亡

罗马日薄西山。

　　罗马最后一位皇帝于公元 476 年下台，于是古代史书把这一年记载为罗马帝国正式亡国的纪年。然而罗马帝国的消亡却是一个漫长的过程，正如它的建立一样，经历了很多波折，以至于多数罗马人都没有察觉到旧帝国离他们越来越远。在这种复杂的社会环境中，他们抱怨的是不断高涨的物价，越来越低的工资，并且愤怒地指责贵族商人为了聚敛财富而不断垄断稻谷、羊毛、金币的交易。他们偶尔也会反叛那些贪污腐败的地方总督。然而，从整体格局上看，在公元后 4 个世纪里，大多数罗马人过得还是非常安稳的。他们估摸着自己的收入，吃喝不误，依着自己的性子，想做什么便做什么。如果有免费的角斗士表演，他们便兴冲冲地前去观看，可在难民收容所里还是有一些人不幸饿死。即便如此，依旧没有人意识到帝国的余光早已消散，灭亡已近在咫尺。

　　早已被罗马帝国辉煌的外表遮蔽了双眼的罗马人确实没法看

清险情的本质。每个省区之间都有着宽阔的大道，警察也尽职尽责地维护城市治安，惩罚罪犯，因为边疆有英勇的士兵，所以那些北方蛮人也不敢贸然进犯，全球各地的朝圣者熙来攘往。为了恢复共和国建国时的辉煌，一些才华横溢的政客正努力弥补国家过往的失误。

可我已然说过，罗马帝国现在的处境有着深刻的起源，靠局部上的小修小补和一些浅尝辄止的革新根本不能解决问题的本质。

从根本上来说，罗马和希腊、雅典、科林斯这些城邦没有多大区别，对它而言，独自统治意大利半岛是没什么问题的，可如果想统治整个繁杂辽阔的文明世界，从政治上来说可能性微乎其微，即使成功也不会长久。大多数罗马的年轻人都死于战争，农民也被严酷的兵役和繁重的赋税压迫着，对于他们来说，只有两个出路：要么当乞丐，要么为庄园主打工，勉强过活，从此成为贵族的"农奴"。"农奴"自然不是奴隶，但也不是自由公民，他们和一棵树木、一头牲口没什么不一样，早已成为所耕种土地的附属物。

在这个一切都以国家利益为重的帝国，普通民众的权益保障是那么的微不足道。在保罗特别的话语中，奴隶们看到了希望，开始全心全意地听从拿撒勒木匠之子的训诫。他们不仅不反抗，而且越来越顺从。按理来说，如果尘世生活只能这么凄苦地度过，那么世间的一切都不能吸引他们的目光。可事实是，他们宁愿为了进入天堂信仰基督教，都不愿为了满足皇帝的野心去加入对帕提亚、努米底亚和苏格兰的侵略战争。

随着时间的消逝，帝国也逐渐走下坡路。最早的几个皇帝还是继承着全民领袖的习俗，统治着那些属地的地方首脑。到公元2、3

世纪，罗马皇帝几乎全都是军队出身，他们的人身安全完全依赖于那些赤胆忠心的禁卫军才得以保障，他们的皇位都是靠着刺杀前任皇帝而得到的，因此他们时常面临着被下一个篡位者刺杀的风险。每一个具有野心、唯利是图的有钱贵族，都可能贿赂禁卫军，开启篡位之旅。

同一时间，北方蛮族在边境地区蠢蠢欲动。因为，罗马本国的青壮年男子早已是伤的伤、亡的亡，所以，抵御侵略唯一可行的方法就是雇佣外邦军队。可如果雇佣的外邦军恰巧与侵略的外邦军是同一个种族，那就很不幸了，在战斗中他们肯定不会奋力抵抗。最后皇帝束手无策，只得准许一些蛮族到帝国境内居住。于是蛮族部落一批接一批入住罗马帝国，并且没过多久便开始反抗贪婪剥削他们的罗马税务官员。如果他们的反抗被忽略，那么他们便大规模涌入罗马，直接向皇帝示威。

正因为这样，罗马城变得十分混乱，看起来都不适合皇帝居住了。于是君士坦丁皇帝（323—337 年在位）开始找寻新的都城。拜占庭位于商务要道，这正合他的心意，于是他决定迁都此地，并将其改名为君士坦丁堡。在君士坦丁去世后，他的两个儿子为了便于管理，便把帝国分成东西两部分，西部由住在罗马城的哥哥负责，弟弟则统领帝国东部。

罗马

公元 4 世纪，凶残的匈奴人杀到了欧洲。这个马背上的神秘民族纵横欧洲将近 200 年，他们经过的地方民不聊生，直至公元 451 年，他们才在法国马恩河畔的夏龙战役中被消灭殆尽。匈奴人威胁到了多瑙河流域哥特人的生存，哥特人迫于无奈，只好去攻打罗马。公元 378 年，在抵抗哥特人入侵的亚德里亚堡战役中，瓦斯林皇帝战死沙场。西哥特人首领亚拉里克在 22 年后率领军队攻打罗马城，他们并没有大开杀戮，只是纵火焚烧了几处宫殿建筑物。汪达尔人紧随其后，对这座文明之城进行洗劫。之后，勃艮弟人、东哥特人、阿勒曼尼人、法兰克人蜂拥而至。最终，只要谁有野心并组织起一群乌合之众，都能轻而易举地得到它。

公元 402 年，西罗马皇帝被迫从罗马城逃离，辗转到了拉文纳，相对而言这里的城池要坚固一点。公元 475 年，日耳曼雇佣军长官奥多阿塞赶到拉文纳，妄图夺取意大利。他用尽各种手段，把西罗马最后一位皇帝罗慕路斯·奥古斯都赶下皇位，把自己封为罗马新帝。就连东罗马皇帝也必须承认这个事实。奥多阿塞统领西罗马残部的情况也持续了十年之久。

几年后，东哥特首领西奥多里克赶赴拉文纳，在餐桌旁杀死了奥多阿塞，在这片早已经成为废墟的土地上建立起一个哥特王国，然而这个王国的运道并不长久。公元 6 世纪，伦巴底人、萨克森人、斯拉夫人和阿瓦尔人联合消灭了这个短命的王国，而且以帕维亚[1]为首都，重新建立了一个国家。

连绵不断的战争，让罗马城千疮百孔。古老的王宫在被几番洗劫后，只剩下一个空架子。学校和老师都毙命于战火中。野蛮人把

[1] 帕维亚，位于意大利伦巴第大区。

贵族从豪宅中赶走，自己住了进去。帝国引以为荣的宽阔大道和桥梁也变得面目全非，关系国家经济命脉的贸易活动停滞不前。聚集了埃及人、巴比伦人、希腊人和罗马人几千年的文明光辉，眼看着就要在欧洲大陆消失了。

仅有远处的君士坦丁堡维持着东部帝国中心的地位，并坚持了1000年，可它终究不属于欧洲这个大陆。它身上所具有的思想文明渐渐被东方气息所感染，也慢慢褪去了原有的西方色彩。在这个过程中，希腊语替代了罗马语，人们不但抛弃了罗马字母，而且还用希腊的文字重新编制法律，这些法律的解释权归希腊法官。皇帝被当作神明来尊敬，这种景象丝毫不逊色于3000年前尼罗河谷的底比斯王。后来，拜占庭的传教士想要向更遥远的东方传播主的福音，千里迢迢地前往广阔荒芜的俄罗斯大草原，并且为那里带去了拜占庭文明的星星之火。

蛮族人成了西方世界的主宰。整整12代人都生活在杀戮、战争、烧杀抢掠之中。这种时刻，唯有一样东西能使文明不衰落，避免欧洲人倒退回原始的生活现状。

基督教教会就是这唯一的一样东西。在这混乱的几个世纪里，拿撒勒的木匠之子耶稣拥有了越来越多的信徒。众人皆知，耶稣之所以被钉上十字架，就是为了避免强大的罗马帝国在叙利亚边地小城出现暴力。

第二十七章
基督教会的崛起

罗马成为基督教的中心。

处在帝国时期的罗马人对他们的先祖曾经信奉的神明并没有什么认知。为了表示对传统的尊重，他们会每隔一段时间去趟神庙，此举动却无关信仰。即使宗教游行办得很热闹很庄重，他们也不为所动。他们认为崇拜那些被历史遗留下来的残余，如朱庇特、密涅瓦[1]、尼普顿[2]的行为，是很幼稚、愚蠢的。斯多葛学派、伊壁鸠鲁学派以及其他雅典哲学学派对许多有知识的罗马人产生了深刻的理性影响，要是在此时对他们大谈神学是不合适的。

罗马人因此变得极其宽容与大度。按照当地政府的要求，所有罗马人以及受罗马统治的人群、外来民族都只需要稍微对神庙的皇帝像表示一下敬重之意就可以。

而且，这种对神庙皇帝像敬意的表示只是表面化、形式上的，

---

[1] 密涅瓦，罗马神话中的智慧女神。

[2] 尼普顿，罗马神话中的海神。

没有严格的讲究。一般来说，每一个罗马公民都被赋予了自由选择权，他们可以自由地选择自己信奉、爱戴和崇敬的神明。这样做带来的结果就是罗马各个角落里散布着各种各样的神庙，这些被供奉的神明近至埃及、非洲，远至亚洲，无一不备。

因此，最早的一批耶稣门徒来到罗马宣传大同世界和互相关爱的新信仰时，罗马人对此没有任何的异议。充满好奇心的路人会自动停下脚步，来听听这些充满新鲜感、令人奇异的话语。各个地方的宗教人士都会来到罗马这个大都会，宣扬各自的信仰。大多数的宗教都把肉体上的快乐解释为信仰的意义，信誓旦旦地承诺着只要信仰他们的神明，就可以享有无穷无尽的尊荣。这时大家发觉，"基督徒"（即耶稣基督——古老传说中的"受膏者"的信徒）宣扬的教义有些异乎寻常。他们并不在意外在的财富权贵，反而全身心地关注着对待贫困依然自乐、谦逊委婉的内在美德。我们知道，罗马的霸业并不是依靠美德来完成的。这个奇异的宗教试图说服罗马人，让他们相信在世俗上取得的成功并不会对他们未来要享受的幸福有任何助益，这倒是非常有趣。

除此之外，基督的门徒还对人们说，如果谁不接受主的告诫，那他就会有厄运。对民众来说，选择信仰基督教比靠运气生活好得多。有的信众还在信奉罗马的那些旧神明，但那些旧神明是否有充足的能力保护自己的信众，是否能够与从遥远亚洲传过来的新上帝一较高下呢？许多心有疑虑的人连夜前往基督门徒传教的地方一探究竟，想要彻底了解基督教义。于是他们与那些传播基督福音的门徒有了接触，并发现这些门徒与罗马的宗教人士有很大的区别。他们都是些一贫如洗的人，不管是对奴隶还是对动物都十分友善。他们不会处心积虑地去剥夺别人的钱财，相反，他们会用自己最大的能力来帮助处于困难中的人。许多罗马人被这种高尚的生活榜样所吸引，甚至因此放弃了他们原来的信仰，转而去参加基督徒在私人住所或在露天场所所举办的宗教活动。因此，去罗马神庙的人逐渐地减少。

基督徒的人数逐年增加，因此他们要公开选举出一位领导人，如神甫或长老（古希腊语，意为"老年人"），来领导地方的教会组织，再为全省的教会组织推选出一名主教。第一任罗马主教是那位继保罗之后远赴罗马传播教义的彼得，后来人们都敬重地称呼彼得的继任者为"教皇"。

罗马教会的规模不断地扩大。不仅仅是对生活失去希望的那些人，还有许多善于思考的有智慧又有能力的人也同样被基督教吸引。在帝国政府中，这些奇人异士无法施展自己的能力，但到了拿撒勒导师的信徒中，他们却有很多的机会可以大显身手。一段时间过后，帝国政府再也不能对基督教视而不见。我们曾经讲过，罗马政府对宗教所实行的政策是极其宽容、自由的，它要求各个宗教之间和平相处，谨守"共存共生"的原则。

基督教会不但不接受宗教的宽容，反而还宣称宇宙间唯一的主宰是他们的上帝，除此之外的宗教的神明都是骗子和魔鬼。此类说法对其他宗教极为不公，于是政府下令禁止宣传讲解类似的排外言论，但基督教徒在这一点上十分顽固。

一段时间过后，更大的麻烦出现了。基督徒不但拒绝再向皇帝表示敬意，还拒绝服兵役。罗马政府宣布要依法惩治他们，而他们却回应，经历过尘世的痛苦后便会到天国，信仰比此世的生活更重要，放弃了此世的生活没什么大不了。罗马政府对此很无奈，只能在公众愤怒时吊死几个闹事者，但在大部分的时间里听凭他们发展。因有一些小人挑起事端，所以教会在刚刚建立的时候发生过几起教徒被迫害的事件。这些人往自己的基督徒的邻居身上栽赃陷害，说他们身上背负着谋杀、吃小孩、传播瘟疫疾病甚至背叛国家的罪名。

此时，蛮族正在侵犯罗马。在罗马军队节节败退的时候，基督教士挺身而出，勇敢地去向那些野蛮无理的条顿人传递和平的福音。这些拥有坚毅信仰的教士告诉条顿人，假若他们不忏悔自己的罪过，那他们的下场就是被上帝送入地狱，接受最残酷的刑罚，条顿人被这些话语震撼到了。条顿人一向敬重罗马文明，看到这些来自罗马的传教士，就认为他们说的都是对的。于是，在这些野蛮的条顿人和法兰克人中，教会力量迅速蔓延。甚至，六七个传教士的政治功效，就能和一支巨大的队伍相媲美。罗马皇帝瞬间意识到了基督教的好处，就赋予了教会一些特权。不过，直到公元4世纪下半叶，才出现了决定性的转机。

哥特人来了

当时的统治者是君士坦丁皇帝（有人也称他为君士坦丁大帝），性情残暴。不过也可以理解，当时的战争如此频繁，谦和的皇帝是根本无法存活的。君士坦丁在他漫长而又曲折的政治生涯中饱经风霜，经历过无数的大起大落。有一次，他陷入困境，眼看着就要被敌人剿灭了。危急关头，他想到了那个口口相传的亚洲新上帝。他就向上帝发誓，要是可以在这场战役中获胜，他就会从此信仰基督。结果，他真的获得了这场战役的胜利。那之后，君士坦丁对上帝深信不疑，还接受了洗礼。

就这样，基督教会得到了罗马政府的认可，地位也因此迅速地上升。

这时候，基督徒占罗马总人口的比重很少，只有二十分之一左右。为了获取最终的胜利，他们顽强地努力着。他们要求，其他的旧神都应该被摧毁，只留下上帝来主宰世界。朱利安皇帝酷爱希腊文明，所以他在位时，曾经有一段时间尽力拯救异教神庙，使其免遭破坏。但是，在征讨波斯的战役中，他离世了。他的继任者是一个真诚的基督徒：朱维安皇帝。朱维安十分支持基督教会树立威严，还关闭了古异教神庙。再后来是那位在君士坦丁堡修造圣索菲亚大教堂的查士丁尼皇帝，他把柏拉图一手创办的雅典哲学园给关闭了。

这是一个重要的历史时刻，意味着希腊文明就此终结。以前那个每个人都可以自由地思考，规划自己的未来的时代，已经成为历史。古老的文明秩序在野蛮和无知的袭击下，已经支离破碎。古希腊哲学家也放弃了以前的生活准则，无法引领人们向前。此时，人们迫切地需要更积极更具体的信念，而基督教此时就为他们雪中送炭了。

在这个动荡不安的年代，教会坚如磐石地屹立着，追求真理，坚守法则。这种顽强的精神吸引着人们，就算罗马帝国覆灭了，基督教会也依然存活了下来。

不过，基督教的胜利中也包含着一丝运气。自从公元 5 世纪西奥多里克的罗马－哥特王国覆灭，就很少有外族对意大利发动大规模入侵了。继哥特之后，统治意大利的是伦巴底、萨克森、斯拉夫等民族，都没有什么实力，罗马主教也趁机壮大起来。不久，零散地分布在意大利半岛上的各个小国也将罗马大公（罗马主教）视为自己政治和精神上的领导人了。

历史的舞台早已搭建好，等待强者的出现。公元 590 年，这个人终于出现了，他叫格列高利，出身贵族，还担任过罗马的市长。他接触基督教后，就开始信仰基督教，并在极短的时间内成了主教。最后，他又被推举为圣彼得大教堂的教皇，不过他并不太情愿（因为他的心愿是去英格兰，为那里的教徒布道）。他在教皇的位置上坐了 14 年，在他离世的时候，西欧的教众已经把他当成了绝对的领袖。

不过，罗马教会的势力范围仅限于西欧，并没有向东扩展。在君士坦丁堡，皇帝还沿袭古罗马的传统，奥古斯都和提比略的继任者都是身兼两职：政治领袖和教会领袖。1453 年，土耳其人侵占了君士坦丁堡，推翻了东罗马帝国。东罗马帝国的最后一任皇帝——君士坦丁·帕里奥洛格斯，死在了圣索菲亚大教堂的台阶上。

几年之前，俄罗斯的伊凡三世娶了帕里奥洛格斯的兄弟托马斯的女儿佐伊公主。因此君士坦丁的血脉就理所当然地由莫斯科大公继承了。从此以后，俄罗斯的象征就变成了拜占庭古老的双鹰徽记（代表罗马帝国分成东和西两部分）。原本俄罗斯大公只是当地有权有势的贵族，如今骤然变成了沙皇，拥有和罗马皇帝一样崇高的地位。在他面前，不管是贵族还是平民，都只是一个地位卑贱的奴隶。

　　沙皇皇宫的建筑是按照东方的风格修建的，还与亚历山大大帝的王宫类似。据说，这种风格是很久之前东罗马皇帝从亚洲和埃及学成的。谁都不敢想象，日薄西山的拜占庭帝国竟然在俄罗斯的辽阔草原上又存活了6个世纪。沙皇尼古拉二世是最后一个佩戴双鹰徽记皇冠的皇帝，不久之前他被杀害了，凶手还把他的尸体扔进了水井，他的儿女也惨遭杀害。皇室与教会没有了古老特权，教会的社会地位又恢复到了君士坦丁皇帝前的时代地位。

第二十八章
先知穆罕默德

穆罕默德原本是赶骆驼的，后来变成了阿拉伯沙漠的先知。为了维护真主安拉的光荣，他的信徒开始了征服世界的行动。

自从迦太基和汉尼拔之后，我们就没有再说起过闪族人。其实在之前的每一篇文字里都有他们的出现。不仅巴比伦人、腓尼基人、亚述人、犹太人和阿拉密人，就连迦勒底人实际上都是闪族人，西亚受他们的治理长达三四百年之久。之后，他们的统治权被来自东方印欧种族的波斯人和西欧、印欧种族的古希腊人先后抢占。在亚历山大大帝逝世一个世纪后，为了统治地中海，来自非洲殖民地迦太基的闪族腓尼基人和罗马开战，最后迦太基输得惨不忍睹。这之后，罗马称霸世界长达8个多世纪。公元7世纪，阿拉伯人代表闪族部落向西方国家开战。长期以来，闪族部落都是在阿拉伯沙漠以放牧为生，从来没有表露出称霸的迹象。

直到后来，穆罕默德先知带领他们在马背上为真主战斗。在100年不到的时间内，阿拉伯骑兵就占领了欧洲内地，在惊恐的法兰克农民面前宣讲"唯一的真主安拉"和"安拉的先知"穆罕默德。

艾哈迈德的父亲是阿卜杜拉，母亲是阿米娜，他被阿拉伯人称作"穆罕默德"，意思是"会受到称赞的人"。他的事迹就像是《一千零一夜》中的故事。穆罕默德出生在麦加，起初他的工作就是卖骆驼。他经常会梦到天使加百列，在梦里，加百列会向他转达真主的想法。圣书《古兰经》里有对于这些话的记载。那时还担任骆驼队队长的穆罕默德就借工作便利周游了整个阿拉伯半岛。与犹太和基督教商人的相处使他意识到，真主只有一个。那时的阿拉伯人尊敬信仰的都是一些形状不同的石头和树干，与几万年前我们人类的祖先类似。在阿拉伯人的圣城麦加，有一座长方形神庙叫作"天房"，信徒们尊敬信仰的神物就摆放在这里。

成为阿拉伯人的民族领袖是穆罕默德的愿望。他明白他的伟大梦想是不能通过赶骆驼来达成的，所以他在主人死后就娶了主人的遗孀查迪加，由此实现了经济上的独立。之后他跟麦加的邻居说，自己是真主安拉派到人间的先知。邻居们都笑话他。可是穆罕默德十分固执，不停地说，邻居最终被弄得不耐烦了。他们认为穆罕默德是个讨厌且不配让人同情的神经病，不如杀死他一了百了。幸运的是，穆罕默德提前知道了邻居们要杀他的念头，趁着夜晚和

穆罕默德逃走

他的信徒阿布·艾克尔逃到了麦地那。这一年是公元622年，是对伊斯兰教来说很有意义的一年，所以阿拉伯人规定这一年为伊斯兰教纪元的第一年。

穆罕默德在麦地那并不出名。过了一段时间，信教的人渐渐增多，这些信徒把自己叫作穆斯林，意思是"听从神的旨意的可靠的人"。拥有"听从神的旨意"的品质的信徒，才最被穆罕默德欣赏。仅在麦地那的传教，穆罕默德就持续了七年之久，这之后他便带领来自麦地那的军队横跨沙漠，轻而易举地攻进了麦加。

自此之后直至逝世，穆罕默德再也没有遇见过非常大的磨难。

伊斯兰教能够成功的原因有两点，第一条就是，他传播的宗教理念直白易懂。他要求穆斯林一定要信奉以慈悲之心待人的真主安拉，一定要孝顺自己的父母，对待自己周围的人要真诚，要乐于助人，尤其是对贫穷的人和正在与病痛做斗争的人，还要戒掉酗酒和浪费食物的坏习惯。以上这些信条都是信徒应当遵守的，做到这些应该不用牧师来监督，自然也不用信徒出钱养活他们。伊斯兰教的清真寺均是由石头堆成的巨大的屋子，里面什么摆设也没有。只要信教的人愿意，可以在任何时候到这里研读圣书《古兰经》。穆斯林都是发自肺腑地信教，所以没有人会对教会的规定感到不舒服。朝着麦加的方向祷告五次是他们每日的习惯。剩下的时间，他们只需等待安拉安排他们的命运，并无条件接受。

广大信徒受到这种处事原则的影响，自然不热心于参加任何生产活动，例如发明电器、铺建铁路或者是开辟航线等。可是穆斯林可以在这个过程中获得精神上的安慰，让他们用宽容的心态对待他人和自己，所以这也并非是百害而无一利的。

十字架和新月形之间的较量

　　而伊斯兰教可以打败基督教的第二条便是，穆斯林可以在战场上把信仰的力量转化为行动的力量。先知曾经对大家承诺，在击退敌军的战争中，献身的信徒死后可以进入天堂。在很多情况下，两军交战所受到的苦难跟漫长人生中的挫折比起来似乎不值一提。当穆斯林心中充满这种想法时，战斗力自然远超十字军。人死之后的悲惨结局总是萦绕在十字军战士的心头，正因为这样，他们才更加珍惜现实的美好。这也是现今的穆斯林能够拥有大无畏的献身精神的原因，即便面临欧洲人的枪林弹雨，他们也毫不退缩。

　　穆罕默德在顺利建立起伊斯兰教以后，毫无疑问地成了阿拉伯民族的首领。为了可以让有钱人拥护自己，他在原有的规定中加入了一些对有钱人很有诱惑力的规定，比如说他不反对信教的人有四位妻子。先知把宣扬真主当作自己的责任，还经常发明新的生活规则。在公元632年的6月7日这一天，先知死于热病。

　　阿布·艾克尔是穆罕默德的岳父，不久之后，他便接替了穆罕默德的位置。在伊斯兰教创建的时候，他曾跟穆罕默德同甘共苦，因此他被穆斯林们尊称为哈里发（意为领袖）。可是，阿布·艾克尔在两年后也死了，他的继承者是奥马尔·伊比恩·阿尔。不过十年的时间，他就占领了埃及、波斯、腓尼基、叙利亚、巴勒斯坦这些领土，并以此为基石，创建了伊斯兰帝国，首都就设在大马士革。

之后，穆罕默德的女婿阿里替代了哈里发的位置。但是，一场伊斯兰教教义的斗争牵扯到了他，他被杀害了。再往后，世袭制就成为哈里发的传位制度，而一早的传教统领却慢慢开始转变成了帝国统领。他们又重新建立了一个新的首都，名叫巴格达，就位于幼发拉底河畔巴比伦遗址附近。并且他们还组建了一支骑兵部队，主要兵力都是召集当地的阿拉伯牧民，而后他们就踏上了大面积的征伐之路，一边征战，一边宣传着伊斯兰教教义。在公元 700 年的时候，塔里克作为穆斯林的将军，成功地迈过了赫丘利之门，之后攀上欧洲沿海的高山。而后，他用自己的名字命名它为吉布尔·阿尔·塔里克，也叫塔里克山，它现在叫作直布罗陀。

在 11 年后的薛尔斯战争中，塔里克打败了西哥特的部队。之后，骑兵部队按照原来汉尼拔的征战线路，为了向欧洲内部进攻，翻过了比利牛斯山。阿奎塔尼亚领袖曾计划在波尔多攻击骑兵部队，结果以失败告终。接着，穆斯林的骑兵部队朝着巴黎发起了进攻。到公元 732 年（穆罕默德去世后 100 年），在图尔与普瓦提埃之间的欧亚战争中，穆斯林惨败。法兰克人的统领查理·马特[1]，人称"铁锤查理"在这场激烈的战争中，拼尽全力拯救了欧洲，让它逃出了穆斯林的魔爪。虽然穆斯林被打出了法国，但它依旧控制着西班牙。并且科尔多瓦哈里发国在这里由阿布杜勒·拉曼建立

---

[1] 查理·马特，著名军事统帅，他的儿子就是矮子丕平。

起来，因此也成为欧洲在中世纪时期的大规模的科学和艺术中心之一。

　　之后的 700 多年时间里，摩尔王国一直存在。因为它的统领是从摩洛哥的毛里塔尼亚来的，所以叫作摩尔王国。1492 年的时候，欧洲人抢回了本国的格拉纳达，这时穆斯林已经一无所有了。不过，事情在这时有了转机，西班牙王室赞助了哥伦布，于是他便开始了对于地理的探索历程。后来，穆斯林恢复了状态，又继续在亚洲和非洲地区拓展自己的领域。因此，穆罕默德信奉者的数量逐渐增多，直到如今，已经和基督教信奉者的数量不相上下。

第二十九章
查理曼大帝

法兰克人的皇帝查理曼大帝夺取了象征皇权的皇冠后，重现了古老的世界帝国的辉煌，这简直就是一个奇迹。

普瓦提埃战役的胜利使欧洲避免了被穆斯林吞并的命运。然而，始终未摆脱内部危机威胁的欧洲，却在没有了罗马警察维持秩序后，变得越加混乱不堪。北欧的蛮族虽然已经将基督教奉为信仰并发誓效忠于罗马主教，但是主教却始终没有放下对北方的戒备之心。内忧外患中，谁又能够判定某个蛮族不会已蓄势待发，准备在某一天，跨过阿尔卑斯山杀向罗马呢？这种不安就犹如一根刺般，扎在这位新世界的精神领袖——教皇陛下的心上，他觉得立即去寻找一位强大可靠的军事盟友来解这燃眉之急是非常有必要的。

为了早日寻找到强大可靠的军事盟友，尊贵的教皇陛下将他的目光投射到了世界各处。功夫不负有心人，日耳曼部落的一支优秀部队被他挑中了。这支部队全部由法兰克族人组成，他们在罗马帝国灭亡之后，便长期占领了欧洲西北部。在公元451年的加泰罗尼亚战役中，他们的早期领袖墨洛温国王曾助罗马人一臂之力，成功击败匈奴。之后，他们建立起墨洛温王朝，在建国初期的动荡年代里曾对罗马的领土出手。公元486年，国王克洛维（古典法语中的"路易"）认为他所统领的国家已经具有了强大的实力，进军罗马指日可待。可惜，他的子孙却都是昏庸无能之徒，轻易地把国家大权交付给了首相，让首相一跃成了一人之下万人之上的"宫廷管家"。

有名的查理·马特之子矮子丕平继任了他父亲的首相之位，在他执政之初遇到了些困难。当时的国王是基督教信徒，专注于神学，对国家政事毫不上心。丕平向教皇征求意见，教皇答道："政权应掌握在实权人物手中。"丕平充分领悟了这句话的意思，于是便直接劝说墨洛温王朝的末代皇帝——吉尔德里出家，而后，他又得到了其他日耳曼部落的支持，自立为法兰克国王。但是，他的野心让他不甘于仅仅成为一个蛮族部落的首领。于是，北欧最有名望的传教士卜尼法斯受他之邀，主持册封他为"上帝恩赐的国王"的加冕仪式。在之后的1500年间，"上帝恩赐"这个词就这么名正言顺地成了欧洲国王的御用名号。

丕平最后荣登大座，教会功不可没，故而他对教会一直存有感激之心。为此，他前后两次远赴意大利为教皇征战杀敌，夺回了之前被伦巴底人强占的拉文纳等领地。随后，教皇在这些新领地上建立起一个独立国家，即"教皇国"，它的存在，一直延续到了在我写此书的半个世纪之前。

丕平死后，罗马和亚琛、尼姆韦根、英格尔海姆[1]关系并未受

---

[1] 这三个帝国都位于如今的德国境内，都曾经做过法兰克帝国的国都。

到影响，相互之间关系不错（由于没有固定的首都，法兰克的国王和臣子们经常要四处转辗）。最后，在欧洲还发生了一件影响深远的大事件——教皇和国王终于宣布合作。

公元 768 年，被称为查理曼大帝的卡罗勒斯·玛格纳斯·查理曼继承了丕平的位置，成了法兰克国王新的继位者。他先是吞并了德国的东萨克森，后又在北欧建造了城镇和教堂。之后，查理曼应阿布拉尔·拉曼的敌人之邀，进军西班牙与摩尔人交战。可当他途经比利牛斯山区时，却遭到了巴斯克人的拼死抵抗，狼狈溃败。在最危急的时刻，布列塔尼侯爵挺身而出，掩护国王撤退，而他则带领部下奋起抵抗，最终英勇牺牲。罗兰骑士的故事完美地诠释了早期法兰克贵族的忠君精神。

从公元 790 年开始，南部纠纷已经成为查理曼必须解决的烫手山芋。当时的教皇列奥三世在逃到查理曼军营时虽然狼狈不堪，但幸运的是，当他在罗马大街上被一群流氓毒打时，恰好被几个好心人发现并帮助他成功地逃脱了出来。查理曼一边安排士兵将列奥三世护送回拉特兰宫（拉特兰宫是自君士坦丁在位时开始教皇的居住地），一边雷厉风行地派遣了法兰克军队前去平定罗马，时间恰为公元 799 年 12 月。到了第二年，教会在罗马圣彼得大教堂举行圣诞节的祈祷仪式，查理曼赫然在列。仪式完毕之后，正当查理曼起身离开之际，教皇突然来到他身前，给他加戴了皇冠，正式加冕他为罗马皇帝，把搁置了几个世纪的"奥古斯都"的称号重新册封给了他。

在这之后，罗马帝国把北欧再次收入麾下，与之前不同的是，这次光辉帝国的君主是一个野蛮的日耳曼人。可是，他拥有非凡的军事能力，将欧洲治理得井井有条，就连君士坦丁堡的皇帝也在信里称他为"亲爱的兄弟"。

公元814年，伟大的查理曼大帝寿终正寝，为了争夺广阔的领土，他的子孙们掀起了一场腥风血雨。公元843年的《凡尔登条约》和公元870年的《梅尔森条约》先后两次将加洛林王朝瓜分。在签署《梅尔森条约》后，法兰克王国一分为二，包括古罗马高卢行省在内的西部领土被查理占领。在高卢被占领后，它的文化就被法兰克人所吸收，包括他们从拉丁语演化而来的语言，因此，虽然凯尔特人和日耳曼人是法国的两大种族，但是他们的语言依旧属于拉丁语系。

而被日耳曼民族称为日耳曼尼亚的东部领土，被查理曼大帝的另一位孙子占领。在此之前，罗马帝国从未真正掌控过这片荒芜野蛮的土地。奥克斯都（屋大维）倒是曾经对这片东方领土动过心思，但发生在公元9年的条顿堡森林的大败事件，却使得他不得不放弃了这个念头。罗马的高级文明还没有普及到这里，所以，条顿方言依然是日常生活中民众的通用语言。"thiot"在条顿语中是民众的意思，所以，基督教士称他们的语言为"lingua teutiseea"或"lingua teutisea"，即"大众方言"或"通用语"的意思。后来，经过了漫长的语言演变期，"teutisea"被新词"Deutsh"取代，又因此衍生出了"Deutschland"（德意志）一词。

加洛林王朝的继承人丢失的那一顶惹得众人艳羡的帝国皇冠，相传曾在意大利平原出现过。那里的小国怀揣着对皇冠的强烈渴望，在没有得到教皇允许的情况下，就争相出兵抢夺，但转眼间它又落到了更加强大的邻国手中。教皇已无力掌控这混乱的局面，不得不再次向北方发出求救的信号。只是，这一次他并没有求助于西法兰克国王，而是把目光放在了日耳曼各部的统领萨克森亲王奥托身上，随后，他派人翻越阿尔卑斯山，去求见了奥托。

意大利的蓝天白云和善良的人们一直是奥托和他的臣民们憧憬和喜爱的对象。于是，奥托在接到教皇的请托后便立刻决定率领军队赶去支援。战后，教皇列奥八世册封奥托为"皇帝"，作为回报。自此，查理曼王国的东部领土就有了一个新的名字——"日耳曼民族神圣罗马帝国"。

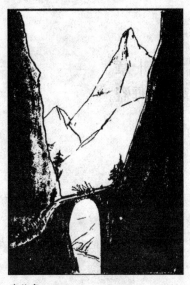

穿越高山

神圣罗马帝国在历史上存在了839年。可是它终究没有逃脱命运的爪牙，于1801年灭亡。一个来自科西嘉岛的公证员之子，凭借其高超的军事才能，在法兰西共和国的战场上屡建奇功，并依靠强大的军事力量成功地摧毁了日耳曼帝国，成为欧洲的统治者。可这并没有让他感到满足，他又请来教皇为自己加冕。在加冕仪式中，教皇心不甘情不愿地看着这个小个子给自己戴上了皇冠，并自称为"查理曼大帝的光荣继承人"。这个小个子就叫拿破仑。历史就犹如命运的齿轮般，总在不断地运转，虽几经变化，却又始终保持着那几种固定的模式。

第三十章
北欧海盗

公元 10 世纪时，所有人都在向上帝祈祷，让他们免遭北欧人的入侵，这到底是什么原因呢？

早在公元 3、4 世纪，位于中欧的日耳曼部族就侵入罗马帝国，疯狂抢夺当地丰富的资源与财产。等到公元 8 世纪时，日耳曼人也被别人抢夺了财产与丰富的资源，借着这个理由，他们更加肆意地掠夺和他们还稍有一点儿血缘关系的居住在丹麦、挪威和雅典的北欧人。

北欧人的故乡

现在的我们恐怕很难探寻北欧水手变成海盗的详细理由吧！我们也只能从表面上看到，作为海盗的他们，会在这个过程中体会到极大的快感，也正因为这样，他们变得肆无忌惮。他们随时都有可能登陆到海岸

北欧人前往俄罗斯

上，肆意清剿生活在入海口的法兰克人或者是弗里西亚人的小村落。海盗们会杀死所有的男人，把他们的女人抢走，最后才乘船离开。听到消息立刻到达的国王军队，早就已经寻不到海盗的身影，只看到厮杀后的一片狼藉。

欧洲开始变得特别动乱，是在查理曼大帝去世以后，北欧的海盗也趁机变得更加放肆。这些海盗们侵掠过欧洲所有靠海的国家，其中，在荷兰、法国、英国、德国的海岸上，他们的水手还建造了很多自己的据点，有的据点还延伸至远在他方的意大利。机灵的北欧海盗，短时间内就能学会他们所侵掠地区的语言文化，从而顺利地摒弃了早期维京人（也就是海盗）粗鲁邋遢的生活习性。

在公元 10 世纪初，维京人罗洛经常侵掠法国沿岸地区。法国国力逐渐衰微，无力的国王没有能力与这些北方的盗寇抗衡，便只能通过行贿海盗的方法来避免侵扰。法国国王愿意送出整个诺曼底来换取整个法国的安宁。聪明的罗洛欣然同意了法国国王的交换，并留下来做了诺曼底的大公。

不过罗洛的后代还是想要更多领地，他们注意到海峡的那边，

北欧人观望海峡对岸

一会儿的航程就可以看到英格兰海岸的富饶山水。英格兰这片绿野命运多舛，从来都是被奴役的，被罗马人征服了两个世纪之后，又被盎格鲁人和撒克逊人这两个来自石勒苏益格的日耳曼部落奴役。最后，丹麦人向英格兰进攻并建立了克努特王国。公元11世纪，撒克逊人"忏悔者"爱德华赶走了丹麦人，自立为王。当看着爱德华即将逝去且没有子孙时，诺曼底大公又心生歹意。

1066年，爱德华逝世。诺曼底大公威廉即刻带领部队穿过海峡，在黑斯廷战役中将威塞克斯的国王哈洛德杀死，于是当了英格兰的国王。

在我们前面的一章中，你们应该已经读到，公元800年时，罗马帝国的国王是一个日耳曼部落的首领。可是现在，1066年，罗马帝国的国王又成了一个北欧海盗的子孙。

历史的本身就足够有趣了，读神话传说岂不就是浪费时间吗？

第三十一章
欧洲封建社会

中欧受到敌人的三面夹击，幸好还有封建军人和官员的存在，不然欧洲就不复存在了。

接着我们去看一看欧洲在公元1000年时发生了什么事情。那时候的欧洲人生活非常艰难，所以他们对关于世界末日的那些言论深信不疑。为了保证自己在世界末日来临之前能够成为上帝的真诚信奉者，他们争先恐后地投入修道院中去真诚忏悔。

不知在何时，日耳曼部落已经从他们的故乡亚洲往西迁徙到了欧洲。由于人口数量过多，他们入侵并霸占了西罗马帝国。而东罗马因为相距日耳曼部落的迁徙路线较遥远，所以未被侵犯，而且还能够得以保持着古罗马大帝国的尊严。

在那以后，世界动荡不安（公元6、7世纪是真正的"黑暗世纪"），归功于基督教士的劝告，日耳曼人归顺了主耶稣，而且认可了罗马教皇作为世界精神领导者的伟大地位。公元9世纪，有杰出能力的查理曼大帝把西欧的一大半地区再次融合了起来，再现了罗马帝国的往日辉煌。到了公元10世纪的时候，帝国的领土又一次被分解成了东、西两部分，一个自主存在的国家在西部地区诞生，即法国；东部地区建立起了对日耳曼民族有特殊意义的罗马帝国，国内的所有诸侯都说自己是恺撒和奥古斯都的接班人。

但糟糕的是，法兰西国王的管辖范围只限在皇城内部，所以本应在国王管辖之下的诸侯却能时不时地与尊贵的罗马帝国皇帝发生争执。

直接影响到了人们正常生活的是西欧，它作为一块三角地带，每一面都受到了侵略者的无情侵犯：南面的西班牙被粗暴的穆斯林侵占；西海岸经常遭到北欧海盗的侵扰；东面在喀尔巴阡山脉[1]之外没有一点能够防御敌人的工程，只能放任匈奴人、匈牙利人、斯拉夫人和鞑靼人在那里猖獗。

罗马已经没有了过去如梦般和平宁静的岁月。现在的欧洲面对着"不进行斗争就得衰亡"的紧张局面，每个人都被迫选择了奋勇战斗。现实迫使欧洲急需一个文武双全的领导者帮助人们打破困境，以改变欧洲被战争搞得混乱不堪的局面。可问题的关键是，国王和皇帝全住在战争波及不到的地方。边疆地区的人们（在公元1000年的欧洲，大多数地区都被称作边疆地区）明白，只有通过战争才能解救自己。所以只要国王派来的地方官员确实是有能力带领他们打败侵略者的人，他们就愿意服从命令。

有很多由某位公爵、伯爵、男爵或主教统辖的小公国在欧洲的中心地区迅速涌现，这些公爵、伯爵、男爵都甘愿对他们"封地"所从属的国王（"封建"这个词就是这样演变而来）唯命是从，不

---

[1] 喀尔巴阡山脉，位于欧洲中部，在多瑙河中游以北。

仅能够在生活安定的时候缴纳贡品，而且还可以在战争来临的时候帮忙打仗。其实事实上，在那个行动不便、信息传播比较慢的时代，这些地方官员实际上都具有非常大的权力。果不其然，他们在各自管理的辖区内，行使着原本该由国王行使的权力。

北欧人来了

实际上，在11世纪的时候，人们并不讨厌这样的政治制度。他们觉得封建制度特别适合在当时实行，而且还起到了非常关键的作用。封地的民众一下子就能看到他们领主所住的地方，因为领主一般不是住在特别崎岖的大山上，就是住在险阻护河间的城堡内。人们全住在离城堡很近的地方，因此每当战争爆发，人们就会跑进城堡内，蹲在城墙下，以便保护自己。长时间之后，这些聚集了一大片民众的城堡就会慢慢繁荣起来，然后变成了欧洲一个又一个的城市。

在欧洲中世纪刚开始的时候，每个骑士都身兼两职，即军人和官员，所以他不仅是当地的法官，也是警察局的局长，既要追踪当地的盗贼和私营小贩，还要一一审查他们。他为了防止洪灾的发生，监视和管理本地水利工程的基础设施，就像当年埃及法老监察尼罗河河堤那样认真。他希望那些到处漂泊还不忘吟唱诗歌的诗人能够无拘无束地颂扬那些令人钦佩的骑士的传奇风采，所以就不断地给他们提供帮助，给他们捐款。除此之外，他也保护着本地的教堂和修道院。虽然他不识字（那时候人们认为看书识字影响男子汉气魄），但是平常都会让一些教士来帮他记录人们在日常生活中发生的琐事。

15世纪的时候，国王因为"君权神授"的观念再次获得了巨大的权力。而那些封建骑士们因为没有了权力，慢慢地变成了当地的乡绅。还有那些没有任何用处的老爷，更是叫人踩在脚底唾骂。但从客观上说，刚好是实行了这些"封建制度"才让欧洲能够在经历过漆黑一片的时代后重见光明。就像现如今这个社会有很多坏人一样，无论那段时间出现了多少品行恶劣的骑士，但总的来说，12、13世纪的骑士们的辛勤努力还是让欧洲社会得到了进步和发展。在当时，那些埃及、希腊、罗马的文化只是昙花一现，之后就逐渐消失在历史长河中。而欧洲文明却能够源远流长，这都离不开那些出色的骑士和诚挚的教会朋友的努力，幸好有他们，我们才不用返回到最初的阶段，重新开始蜕变。

第三十二章
骑士制度

骑士制度。

中世纪时，欧洲的职业军人想要成立一个互帮互助的组织，骑士制度就是在这种协作意识的推动下产生的。

我们不太清楚骑士制度的起源，只能了解到这个制度成了当时欧洲迫切需要的行为规范。自此以后，原本野蛮的民俗渐渐转向文明，人们的生活相比 500 年前的黑暗时期显得稍微舒适一些。边境地区的大多数民众用尽一生来抗击匈奴人、穆斯林、北欧海盗等蛮人。他们经常在早上发誓要温和地对待他人，但夜幕尚未降临时，他们已经杀死了所有抓来的俘虏。然而，进步需要付出长时间的努力。最后，那些桀骜不驯的骑士不得不规规矩矩地按照他们的行为规范来做事。

尽管欧洲各地的骑士准则不尽相同，但是他们有一条不变的宗旨——服从和忠诚。中世纪的人们认为，服从是一种崇高的道德，你只要好好工作、尽忠尽职、服从安排，做一个好仆人并不是一件令人难堪的事。再者，一个时代的持续发展不免需要人们担负一些让人不悦的责任，所以忠诚是骑士们需要的重要品德。

在成为年轻骑士之前，他们必须举行一个重要仪式，那就是立誓永远效忠上帝、效忠国王。同时，骑士还要立下救济穷人的誓言，在众人面前保持谦逊而不自满的态度，和一切与苦难做斗争的人结为朋友——这其中肯定不包括穆斯林，骑士一看到他们就应该置之死地。

骑士立下的誓言只不过是中世纪版的摩西十诫。骑士们以此作为基础，发展了一系列关于礼仪和行为举止的规范准则。在骑士们看来，他们应当学习和效仿的榜样是行吟诗人口中吟咏着的亚瑟王 [1] 的圆桌骑士和查理曼大帝的贵族骑士。于是骑士们一直想要像朗瑟罗一般勇敢无畏，如罗兰一般忠诚坚定。虽然他们穿着简单朴素的衣服，缺乏丰厚的钱财，可是他们自始至终都做到了举止文明、谈吐优雅，丝毫不敢亵渎骑士的名誉。

因此，骑士团队就是极好的文明礼仪学校，学习教养和礼仪可以促进和谐社会的发展。骑士精神就蕴含在他们谦虚恭敬的言行举止中。这种精神感染了身边的人们，使众人懂得怎样的衣着装扮和用餐方式是合适的，如何邀请女士跳舞才符合礼节，怎么样生活才能感到欢乐有趣又典雅精致等。

然而，骑士制度与人类的某些制度一样，如果效用不能与时俱进，就会渐渐失去生命力。

后面的章节将会对十字军做出介绍，十字军东征后，欧洲的商

---

[1] 亚瑟王，不列颠岛上威尔士一带凯尔特族的领袖。他率领凯尔特人抵抗盎格鲁－撒克逊人的入侵，被后人怀念。

业贸易逐步兴盛，繁华的都市渐次出现。市民的生活变得富足，他们招聘一些优秀的教师，许多人接受教育后，言行举止很快就能与骑士风度比肩。同时，手执长矛、身穿铠甲的骑士因为火药的大量使用而屡遭挫折，突然涌现的雇佣兵团使人们在战争中无法如以往一般泰然自若。骑士阶层从此沦为无足轻重的摆设。如果骑士过分执着于自身失去价值的问题，那么他们就和小丑没什么两样。听闻，欧洲最后一位骑士是身份高贵的堂吉诃德先生。他在世时一直很珍惜他的宝剑和铠甲，认为它们和自己的生命一样宝贵。可是在他离世之后，别人把他视若珍宝的东西全卖了，用得到的钱来偿还他生前尚未还清的债务。

不知什么原因使得堂吉诃德的骑士宝剑至今依然流传在世间。华盛顿将军在福奇谷[1]陷入绝境时，也曾经用它来捍卫尊严；戈登将军在喀土穆突围而出、浴血奋战的时候，为了将那些把生命托付给他的人解救出来，光荣地牺牲了，这把宝剑一直伴随他到战争的最后一刻。

可是在不久前画上句号的世界大战中，奇特的骑士宝剑施展出了出人意料的巨大力量。

---

[1] 福奇谷，华盛顿曾经在美国独立战争时被困在这个地方。

第三十三章
教皇和皇帝的矛盾

中世纪，人们需要效忠两个对象，引发了教皇和神圣罗马帝国皇帝之间的诸多矛盾。

想要深入了解古代的人们并非一件容易的事情。尽管你每天都可以看到你年迈的祖父，但是他的行为、思维和穿着打扮都会让你认为他生活在一个奇怪的世界中。我们现在准备讲的故事，与你那25辈之前的祖父有关。我觉得你若是想要明白当中的含义，就得反反复复地阅读。

中世纪时，一般老百姓的生活都十分朴素简单。事实上，能够随心行走在各地的自由民很少出门远行。当时社会上存有的手抄文献资料少之又少，也没有大量印刷出版的书籍。你偶尔能看到的画面是：少许辛勤的教士在教人读书、写字和计算。遗憾的是，随着希腊和罗马的衰亡，历史、地理、科学等学科的知识也被尘封在地底，无人问津。

人们所了解到的过去，大多数都是从口耳相传的传说中得来的。就算是这样，人们依然能出乎意料地凭借这些在一代又一代人口中流传的信息整理出史实的主体内容，只是细节上有出入罢了。2000多年过去了，印度的母亲们依然会用这样的话来吓唬聒噪的孩子，让他们安静下来："不要吵了，要是再吵，伊斯坎达会来抓你的。"此处提到的伊斯坎达可是非常有名的人物，他就是公元前330年侵略印度的亚历山大大帝。尽管这件事发生至今已经有千年之久，可它依然深深地印在人们的脑海中。

中世纪早期的人们非常无知，他们不曾从书中学到任何关于古代罗马的文化知识，以现代人的角度看来，他们连读三年级的小学生都比不上。罗马对我们现代人而言是一个很笼统的概念，然而在当时的人们的眼中却是非常生动活泼且亮丽明晰的，他们还能感受到它的存在。他们坚信教皇这个导师能够在精神上引领他们前进，因为他在罗马居住，是古代帝国伟大而庄重的代表。之后，查理曼大帝与奥托大帝再次复兴宏伟的世界帝国，神圣罗马帝国由此而来。这使人们感到欣喜若狂，因为这和他们梦想中的世界一模一样。

可是在罗马帝国的宗族系统中同时存在着两个继承人，这导致中世纪忠诚的自由民陷入了两难的境地。虽然中世纪本身有一系列明晰的统治原则：皇帝作为世俗的领导者，必须守护民众的物资和肉身；教皇作为精神上的引领者，要守护信徒的魂灵。

其实这个制度一直都无法如愿实行。皇帝总是想方设法插手教会的工作，而教皇一直对皇帝的政治事务指指点点。两者多次警告对方不要逾越各自的职权范围，于是争执在所难免。

民众遇到这种左右为难的情况时，该怎么解决问题呢？听从皇帝的旨意才能被认为是一个合格的公民，忠心耿耿地对待教皇才能被看作一个好的基督教徒，然而此时皇帝和教皇正面对峙，人们在犹豫着到底要成为规规矩矩的公民，还是忠诚的信徒？要怎么选择呢？

二者取其一的选择题实在令人难以下决定。如果当时的皇帝拥有强大的能力、丰厚的资产，那么他便会筹建军队，召集他们翻过阿尔卑斯山向罗马城进发，如果有机会，他们会对教皇的寝宫发动进攻，强迫教皇听命于他们，否则后果自负。

可总体看来，教皇的势力要更强横一些。对于反对教会的皇帝和公民，教皇有权将他们的名字从教会中革除。教籍被开除就说明教堂必须被封闭起来，不可以接受洗礼，将要死去的人在忏悔后也无法听到赦罪的话。总而言之，这表明中世纪政府的功能几乎完全丧失。

更令人震惊的是，当民众向皇帝宣告圣洁的誓言时，教皇有特权宣布这一行为无效，然后指挥民众与皇帝进行斗争。而要是有人想要服从远方教皇的指令，那么他就面临着被眼前的皇帝处死的危险。这可不是开玩笑的事。

民众的生活困苦不堪。最艰难的是生活于公元 11 世纪后半期的人们。那时候，德国皇帝亨利四世与教皇格列高利七世[1]一连掀起两次战争。最后两者都没获得什么好处，反而引起了欧洲人民长达 50 年的灾难。

11 世纪中叶，教廷开始进行内部改革。在这之前，没有明确的条文规定选举教皇的方式。神圣罗马帝国的皇帝理所当然地想，

---

[1] 格列高利七世，克吕尼改革派教皇，是一位杰出人物。

将要选举的教皇必须是一位温和友善、友好对待帝国的神父。因此每每到了选举教皇的重要时刻，皇帝们都会主动到罗马去，千方百计推自己的朋友上台。

1059 年，改革正式开始。教皇尼古拉二世宣布成立红衣主教[1]委员会，这个组织由罗马及其周围教区的主教组成，负责下一任教皇的选举。

红衣主教委员会在 1073 年进行了第一次教皇选举活动，新的教皇由此产生，他就是格列高利七世。新任教皇的原名是希尔德布兰特，来自托斯卡纳的一个普通家庭。他总是精力充沛，同时坚定地相信教皇的权威是最高的。格列高利七世用如同花岗岩那样坚定不移的勇气与执着来坚持这个信念。在他看来，教皇既是基督教会中拥有绝对领导权的人，又是具备最高世俗事务裁判权的人。教皇不仅可以授予某一位日耳曼王公皇位，而且有权弹劾并罢免他。教皇可以随时否定国王、皇帝或大公颁布的法律，宣布它们无效。任何人都要无条件服从教皇的命令，否则就得遭受残忍痛苦的惩罚。

城堡

---

[1] 红衣主教，天主教罗马教廷中最高级的主教。

格列高利吩咐他的部下把他的命令传达到欧洲的各个国家，并要求每一个国王尽所有的能力去施行。"征服者"威廉唯命是从。然而亨利四世也不是什么泛泛之辈，他 6 岁时就常常和别人打架了，以他这样的性格，怎么会服从教皇的命令呢？他召集德国教区的全部主教开会，一一列举格列高利的罪过，接着就以沃尔姆斯会议的名义把罢免教皇的决定公之于众。

格列高利当然不服气，两人不可避免地发生冲突，格列高利开除了亨利四世的教籍，而且还教唆德意志的王公贵族齐心协力把这位不尽职的皇帝拉下台。日耳曼贵族本来就对亨利四世心存怨恨，想要消灭他，于是趁着这次机会把教皇请到奥格斯堡来，让他在王公之中选一个人做新的皇帝。

格列高利愉快地向北进发。聪明的亨利很快就明白自己正处于危险的境地中。他清楚地知道，现在能解除危机的办法只有一个，就是倾尽全力与教皇握手言和。寒冷的冬天里，亨利在暴风雪的肆虐下翻过阿尔卑斯山，快速地向教皇停留的卡诺萨奔去。1077 年 1 月 25 日到 28 日这 3 天里，亨利久久地站在城堡外面，就像一个诚心诚意的教徒（他的长袍包裹着非常温暖的毛衣）。格列高利没多久就心软了，赦免了亨利。然而亨利不过是一时服软，他回到德国之后再次狂妄起来。教皇又一次开除他的教籍，亨利也召开第二次德国主教大会表示罢黜教皇格列高利。这次，亨利做好了万全的准备，他率领一支剽悍的军队翻越阿尔卑斯山，以最快的速度围攻罗马城。格列高利趁着漆黑的夜晚逃向萨勒诺，最后惨死在逃亡的路上。可是流血无法解决根本性问题，亨利返回德国后，新一任教皇又和皇帝产生了矛盾。

不久，霍亨斯陶芬家族就登上了德意志的皇位，与之前的皇帝相比，他们更加蛮横地谋求自主权。那时候的格列高利提出一个观点，他觉得所有世俗的君主的优越性都无法与教皇相比，因为教皇必须要在末日审判之时为自己的羊群承担责任，但是在上帝看来，皇帝只不过是即将接受审判的普通民众而已。

亨利四世在卡诺萨

因此霍亨斯陶芬家族的腓特烈（也有人称他是"红胡子"巴巴罗萨）针对格列高利的观点提出了一个对立的观点。他说，神圣的上帝把神圣罗马帝国赐予他的先辈，这是至高无上的荣耀，他必须为了这"罗马帝国"和上帝的荣誉而战斗，把"失落的罗马行省"收回来。可是世事无常，腓特烈在率领部队参与第二次十字军东征的时候淹死于小亚细亚。他的继承人腓特烈二世非常有能力，年幼时曾经在西西里岛上了学了不少伊斯兰文明。他也和先前的人们一样与教皇对立，还被教皇称作异类。从客观的角度看来，腓特烈对粗鄙庸俗的北方基督徒、狡猾的意大利教士和普普通通的德国骑士有着极大的不满。但是他一直没有说过这些问题，而是全身心投入十字军东征的事业中，把耶路撒冷从异教徒的手中解救出来，因此被人们誉为圣城的王者。可是教皇对他的看法没有因为这些战功而改变。教皇把腓特烈二世的教籍解除后，将意大利的领地赐予安戎的查理，也就是法兰西国王圣路易的弟弟。这个行为导致大量流血事件发生：最后一位属于霍亨斯陶芬家族的皇帝康拉德五世加入夺取意大利领地的战争，可是他失败了，不幸牺牲在那不勒斯。20 年之后，西西里晚祷事件[1]爆发，外来的法国人被当地居民杀个精光。流血事件持续发生。

皇帝和教皇的纷争似乎一直都在进行着。过了很长时间之后，这两个对立的敌人才懂得如何分别按自己的主张处理政务，打消逾越权力界限的念头。

哈布斯堡家族[2]的鲁道夫在 1273 年成为德意志皇帝。他认为，长途跋涉到罗马去接受加冕是一件无趣的事情。教皇也没有强制他一定要去，只是平淡地看待这件事。眼看着欧洲的和平即将到来。但可惜的是，欧洲人在这些没有意义的争斗上耗费了整整 200 年的时间，而这些时间本可以用来建设文明。

好在一切事物都具有两面性。意大利的很多小城市在教皇和皇帝的争斗中摇摆不定，不少势力因此得到发展。他们看到许许多多十字军战士结成队伍向圣地耶路撒冷进发，开始东征运动的时候，便挖空心思想要为军队疏通道路和供给粮食。十字军东征运动画上句点后，这些因征战而暴富的城市已经得到充分的发展，不需要再听从教皇和皇帝的命令。

中世纪的城市能得到发展，教廷与帝国的激烈斗争功不可没。

---

[1] 西西里晚祷事件，是指在 1282 年复活节这一天，西西里岛的人民为了反抗查理一世的统治而发起的暴动。

[2] 哈布斯堡家族，德意志封建统治家族，是欧洲所有的封建家族中统治时间最长的。

第三十四章
十字军东征

耶路撒冷被土耳其人占据，圣地遭到亵渎，东西方的商业贸易因此受到阻隔。欧洲人暂时停止他们的内部争斗，开始了十字军东征。

300 年间，虽然被称作欧洲大门的西班牙和东罗马经常发生争斗，但是基督教徒和穆斯林基本上都能和平共处。穆斯林在公元 7 世纪攻占叙利亚之后便夺得了圣地的控制权。在穆斯林的眼中，耶稣也是一位伟大的预言家，所以他们同意基督教徒在圣海伦娜（君士坦丁大帝之母）圣墓上的教堂中自由地进行祈祷和膜拜。11 世纪时，鞑靼人（又称塞尔柱人或者土耳其人）从亚洲大草原上迁徙而来，成为主宰西亚伊斯兰教国家的人。于是基督教与伊斯兰教不再和平。土耳其人蛮横地占领了原属于东罗马帝国领地的小亚细亚地区，在东西方的交流、贸易之间形成阻隔。

东罗马帝国皇帝埃里克西斯过去几乎不会联络西方的基督教徒，可如今正处于危急时刻，无奈之下只好求助于他们。他告诉这些西方的邻居们，要是土耳其人把君士坦丁堡攻占下来，那么欧洲就会陷入危险的境地。

除此之外，某些意大利城市把贸易殖民地建立在小亚细亚和巴勒斯坦。他们制造了不少谣言，冤枉土耳其人残害基督教徒，他们的目的只不过是保护自己在当地的经济利益不受侵害，行为却使整个欧洲的基督教徒感到愤慨且激动。

教皇乌尔班二世[1]在法国兰斯出生，在克鲁尼修道院学习神学知识，这个地方曾经培养出格列高利七世这样的知名人物。他认为时机已到，该采取一些行动了。那时候的欧洲发展得非常缓慢，原始农耕的方法自罗马时代起就一直满足不了欧洲的粮食需求。如果发生失业或饥荒这样的灾难，也许会引起灾民暴动。他深知西亚是自古以来各方势力都想夺取的地方，那儿一定是一个不错的移民地。

1095 年，法国克莱芒会议召开，乌尔班二世激愤地斥责在圣地做坏事的异教徒，还毫无顾忌地夸奖这片自摩西时代起就一直抚养人们、流淌着奶和蜜的圣地。最终他总结道，全欧洲的真诚基督教徒都应该暂时放下老人、妻子和儿女，把巴勒斯坦从土耳其人的手中解救出来。

于是欧洲大肆兴起宗教的浪潮，所有人都失去了理性。许多男人把手里的锤子锯子放下，走出维系生计的店铺，向东进发，和土耳其人展开斗争。同时，很多未成年的男孩子也从家乡走出来，向远方的巴勒斯坦进发，盼着用自己的青春热血和坚定的信仰来拯救

---

[1] 教皇乌尔班二世，中世纪四大拉丁神父之一，十字军东征就是他发起的。

这个被土耳其人主宰的世界。令人难过的是，大约 90% 的教徒无法去到圣地。这些贫困的教徒没有足够的盘缠支撑他们走完全程，于是他们一路乞讨，还做过一些偷鸡摸狗的事。这使得各地的社会治安遭到严重的破坏，一些乡民难以忍受这样的行为，便一刀杀死他们。

第一支东征军可以说是乌合之众，它是由虔诚的基督教徒、家族衰落的贵族、负债累累的破产人和一些为了逃避法律制裁而逃亡的罪犯组成的。隐修士彼得和穷困的沃特带领着这些有点疯狂的杂牌军，浩浩荡荡地前进，只要见到犹太人就立刻杀死他们，最终他们在匈牙利解散了。

教会深刻地反省了这件事，从中懂得了一个道理：激情澎湃是不能解决问题的。这样说来，欧洲人不仅要拥有坚定不移的信念和无所畏惧的精神，而且要培养严密周全的军事部门。欧洲人迅速地在一年的时间内建立起一支包含 20 万人的正规军队，布永的戈弗雷、诺曼底公爵罗伯特和佛兰德伯爵罗伯特等贵族是军队的首领，都具有丰富的作战经验。

第一次十字军东征

1096年，第二支东征军开始了漫长的征程。骑士们赶赴至君士坦丁堡向皇帝——我说了，传统的力量不容小觑，十分强大，虽然可悲的东罗马皇帝失去了权势，但是他身上还具有极高的尊严——严肃地宣誓。接着，他们越过大海，来到亚洲大陆厮杀，占领了耶路撒冷，杀死了城里所有的穆斯林。所有事情都结束了，他们便虔诚地赶去圣墓，赞美并感激神圣的上帝。可是土耳其人不久后就再次建立新的军队把耶路撒冷夺回来，杀光了基督信徒。

接下来的 200 年时间里，欧洲人陆陆续续掀起了七次十字军东征的运动。十字军士兵渐渐发现了最佳的远征路径。在陆地上行走实在是太不安全了，他们翻过阿尔卑斯山之后，选择走海路，从意大利南面的威尼斯或热那亚下海往东行驶。威尼斯人和热那亚人运送十字军士兵越过地中海，因此获得了不少财富。他们经常把价格抬高，当穷困的十字军无力支付费用时，就装出一副慈悲的模样，对士兵说，可以通过工作来偿还债务。十字军士兵便同意为船主作战，以此来支付从威尼斯横渡至阿卡的费用。凭借着这种赚钱方法，威尼斯在亚得里海岸、塞浦路斯、希腊半岛、克里特岛、罗德岛和雅典建立了许多殖民地。

圣地的问题并没有因为战争而得到解决。欧洲人对宗教的热情逐渐消散，家境较好的青年把十字军远征当作教育自我、锻炼自我的课程。在巴勒斯坦打仗的人数一直都没什么变化，但是已经丧失了当年的热血。十字军刚刚踏上征程时，恨透了穆斯林，而同情帝国和亚美尼亚地区的基督教徒。现在这件事变得不一样了，他们知道了拜占庭的希腊人常常做欺骗和背叛他人的勾当，开始鄙视并嫌弃这些人，他们用同样的眼光来看待亚美尼亚人和地中海东边的其他民族。有趣的是，他们竟然非常欣赏敌人穆斯林豪爽正直的性格。

这种感情肯定不能外露。可是十字军战士返回欧洲的家乡后，立刻向同乡人展示敌人的优雅与高贵。粗鄙的骑士逐渐明白，与东方的异教徒相比起来，他们真是俗气极了。他们当中的某些人把东方的菠菜、桃子等大家前所未见的植物种子带回来，播撒在自家的菜地里，希望下一年能凭借这些果实获得收益。他们脱下沉重粗陋的铠甲，学习穆斯林和土耳其人的衣着打扮，穿上丝绸长衫。我们很容易就能看出，十字军东征最终带来的结果并不如预期所想，违背了当初攻击异教徒的本意，反而成了欧洲年轻人学习文明的途径。

只从军事和政治方面来看，十字军东征是一个全然失败的举动。每一次拼尽全力夺得耶路撒冷和其他城市之后又被别人夺走，土耳其人还逐个攻破了他们在巴勒斯坦、叙利亚和小亚细亚建立的

十字军占领耶路撒冷

十字军的坟墓

小国家。耶路撒冷在 1224 年完全被土耳其人掌控。圣地的情况与 1095 年前比起来，一点进展都没有。

然而十字军东征使欧洲得到了更好的发展。西方人在这一过程中见识了东方璀璨优秀的文明。他们开始厌恶狭小阴暗的城堡生活，希望过上一种更加美好且健康的生活，这并非教会和帝国能够带给他们的。

他们在自己的城市里实现了理想的人生。

第三十五章
处于中世纪的城市

为什么中世纪的人会说"只有在城市才能感受到空气的自由"。

中世纪早期，欧洲人致力于开垦荒地、兴建家园。很早之前，有个新兴民族定居在罗马帝国东边的高山、森林和沼泽地带，之后占据了西欧许多土地。和众多开拓者一样，他们也喜欢冒险，经常充满活力地与同族展开斗争，或与寂静的森林进行厮杀。他们离开城市，过着自由自在的生活。他们喜欢山间清新的空气，热衷于在草原上策马奔腾。要是在某个地方长时间居住而产生倦怠，他们便搬离原地，去寻找新的住处。

经过长期的生存竞争，一些弱小的牧民最终被命运淘汰，强壮的斗士以及跟随丈夫一同开垦荒地的妇女逐渐在困境中存活下来。他们慢慢形成了一个强悍的族群。费力的劳作使他们很少把注意力放在精致的东西上，更别说作诗弹琴了。他们以实干为重，不会夸夸其谈。牧师是村子里唯一有文化的人（我们曾经说过，13世纪前，会读书写字的男人会被人认为有女人味），可以解决人们的精神困惑。此时，法兰克男爵、北欧公爵、日耳曼领袖或是其他名人，都占有原罗马帝国的一小块土地。他们在以往的废墟上建立起一个美丽的新国度。他们心满意足地笑，赞叹这个完美的世界。

他们尽力管理城堡和周边的村庄，和平常人一样遵从教会的旨意，忠于国王或皇帝。他们要求合理妥当地办事，不仅追求公平，而且竭力维护自己的利益。

其实他们知道自己没有生活在一个理想的世界中。农奴和雇工是居民中的大多数，他们和牛羊住在一起，吃在一起，地位和牲畜没什么两样，同属于土地的一部分。这不算是不幸的生活，但也不能说是幸福的生活。他们能怎么做呢？万能的上帝早已安排好了一切。他凭借无穷的智慧判定，既然世界存在骑士，那么也应该有农奴的存在。教会的信徒不应该怀疑他的安排。所以农奴毫无怨言，如果他们被过度奴役，就会像饲养不当的牲畜一般大量死亡。要是出现这种情况，他们的主人会急着想办法改善他们的生活条件。假如时代的进步需要农奴及其封建领主的努力，也许我们现在还过着12世纪时的落后生活。牙疼就念叨着"请求上帝显灵"，企图用咒语来消解疼痛，要是遇到一个用科学方法为我们止痛的牙医，我们会疯狂地抵制，甚至认为他在使用"巫术"——这一定是穆斯林或异教徒做的坏事，不仅没有实际效用，还亵渎了上帝。

你长大后就会明白，世界上有不少人认为历史的发展不算是一种进步。他们会用种种恐怖的事例向你证明世界一直止步不前。我希望你不要太过相信这种言论。你能清晰地看见，我们的先辈经过100万年的努力才学会直立走路，过了几个世纪才把鸟兽的语言发展成方便交流的语言。4000多年前，人类发明了文字，它可以记载人类的思想，能够推动人类文明的进步。"征服自然"曾经在你祖父辈时被人认为是前卫思想，如今已经是最流行、最普遍的观念了。我一直认为人类在不断地发展，而且也在不断地进步。也许现在的我们过于注重物质生活，可是我相信这种情况会在不久的将来发生改变。那时，我们会把更多注意力放在和收入、温饱、管道、机械等不相关的事情上。

因此，你不需要对过去的美好生活耿耿于怀。大多数人只要看到中世纪保留下来的富丽堂皇的教堂和精致的艺术品，就会用它们来对比混乱嘈杂的现代社会。事实上，中世纪时的一些宏伟壮观的教堂附近全是脏乱的贫民屋舍，要是和它们相比，我们现在居住的廉价公寓可以说是华丽的皇宫了。确实，尊贵的朗瑟罗和帕西法尔等在城市中寻找圣杯的年轻英雄从来不用担心汽车排放的尾气。然而当时还有很多可怕的臭味：街道上垃圾腐烂的味道、主教的宫殿附近飘着的猪圈味、人群中充满着难以表述的怪味——因为人们身上穿的衣帽是他们的祖父曾经穿过的，而且他们不曾使用香皂来沐浴。我无意描述出这种倒胃口的画面，可是如果你要研究古代的史书，就真的会读到这样的内容：一位法兰西国王正透过宫殿的窗口望向外面，突然间，一群猪经过巴黎的街道，国王被这冲天的恶臭味熏晕；或是在某个可怕的时期，欧洲大地蔓延着天花或其他瘟疫。一旦你读到这些内容，你就会知道，"进步"一词并非现代独有的广告术语。

城市的兴盛让人们看到了近 60 年来的进步。所以我有必要把这一章写得更加长。它是人类文明发展的关键，无法像说明政治事件那样简单明了地用两三页纸概括。

城市文明在埃及、巴比伦、亚述等古国结成累累硕果。希腊就是一个由城邦组成的国度。腓尼基的历史几乎等同于泰尔和西顿两个城市的历史。罗马帝国占领的广阔疆土事实上成了罗马城的后院。城市几乎创造了一切文明世界的关键元素——文字、艺术、科学、天文、建筑、文学、戏剧等。

4000 多年来，古代的城市如蜂窝般密集，是世界作坊的重要一员。之后，大量日耳曼人从旧的定居点迁移出去，罗马帝国昔日的辉煌湮没在内忧外患中，城市被摧毁，欧洲又回到原来那个充满草原和农庄的大地。接下来便进入无知的黑暗时期，原本快速发展的欧洲文明止步不前。

十字军东征就像是培育欧洲文明的土壤，使文明的种子茁壮成长，随后，文明的果实被中世纪的城市居民收获。

我曾经和你谈过城堡和修道院的事。高墙里住着骑士和教士，分别守护着人们的身体和灵魂。屠夫、面包师、蜡烛匠人等以手工艺为生计的人们接二连三地把家园设置在城堡周围，这不仅符合封建领主的要求，也能给自身提供安全保障。他们的领主偶尔会允许他们在自家的屋子周围建立一道护栏。这位城堡主人对他们的生活水平和保障有着巨大的影响。每当领主走出城堡，手工艺劳动者们都会跪下来亲吻他的手背，表达他们的感激之情。

可是，这个世界因为十字军东征而产生了巨大的变化。很久以前，人们在民族大迁徙运动中从欧洲东北方转移到西方。现在十字军东征正好相反，大多数人们在这个运动的影响下从欧洲迁移到欧洲东南方的文明发达的区域。他们发现此处美丽的风景只有迈出家门才能感受得到，世界并不局限于屋子那四堵墙壁中。他们非常喜欢东方的华丽服饰、舒适的房子、美味的食物、精美的艺术品，就算回到了西方的家乡，也一直惦记着。于是商人们开始购置更多的东方货物。生意不断扩大，他们便购置了一辆货车，还聘请了几个曾经征伐远方的士兵来保护货车，用来应对战争过后欧洲犯罪猖獗的局面。他们的生意就这样越做越好。坦白说，从事商业贸易这个行业非常不容易，他们每到一个新地方做生意，就要给当地的领主交纳税款。好在他们做生意赚到了一些钱，所以不愿意放弃手中的生意。

不久后，一些聪明的商人发现他们可以自行生产那些从远方买来的货物。这种想法促使他们把家里的房间改成生产作坊。商人们从此结束了到处漂泊的商贩生活，成了制造商。他们向当地的城堡主人和修道院院长销售他们制造的产品，还把货物拿到周围的乡镇上售卖。领主和院长们经常用自家庄园收获的农产品来和他们交换，比如葡萄酒、蜂蜜、鸡蛋等。可是普通百姓就得用钱来买这些产品。于是商人们慢慢积累了不少财富，社会地位得到一定的提高。

也许你不知道没有货币的世界会是什么样子的。现代大城市中，没有钱便寸步难行。你得在钱包中存放一些硬币，才能换来报纸、乘坐公共汽车的机会和午餐。可是在中世纪初期，有很多人一生都没见过钱币的样子。古希腊和古罗马的钱币都被埋没在泥土中。欧洲在罗马帝国覆灭后的大迁徙时期彻底转变为农业社会，农民自行耕种农作物、饲养牲畜，不必进行商品交换。

中世纪骑士像乡绅那样很富裕，不需要花钱购物。他的庄园能够满足他与他的家人在所有衣食方面的需求。除此之外，他还可以在河岸周围找石头来修筑城堡，到自家的林子里砍下树木作为大厅的柱子。他们基本上能生产出自己需要的物品，如果有不能生产的，便拿一些鸡蛋、蜂蜜或柴火等物品去换取。

然而十字军东征后，人们抛弃了欧洲农业社会的习俗。我们不妨假设一下，西尔德谢姆公爵打算奔向远在千里的圣地，这趟行程中他需要支出大笔的食宿费用和交通费用。如果他在自己的领地上活动，就可以用农庄的产品去交换。可是他不可能在这次长途旅行中带上一百打鸡蛋和一车火腿作为支付贪心的勃伦纳山口的老板或威尼斯船主的费用。他们只在乎金钱，公爵必须随身携带一些金子。可他怎样才能获得那么多金子呢？第一个方法是借巴比伦人的钱。他们专职放债，悠闲地坐在兑换台后（兑换台称为"banco"，银行这个词就是从这里演变而来的），慷慨地把几百枚金币借给公爵。巴比伦人向公爵提出抵押庄园的条件，若是公爵在行程中遇到意外，他们依然能获得收益。

城堡与城市

但是一般说来，这样的交易对借钱人来说非常不安全，因为巴比伦人会想尽办法夺得他的庄园。骑士被夺走家产后没有选择的余地，只能为一个奸诈强悍的邻居拼命工作。

　　公爵还能选择第二种方法，就是去找城里的犹太人。犹太人借钱十分慷慨，但是借他们钱就必须接受偿还本金加利息的条件，利息是所借款额的一半，这真是太不合理了。可是还有什么办法呢？距离城堡不远的镇上住着几个富裕的市民，他们是公爵幼年时的朋友，他们的祖先也和老公爵是好朋友，借他们的钱应该不用接受不合理的条件。懂得看书写字、为公爵登记账册的教士写了一张字据，请他们借点钱给公爵。市民们收到字据后立刻奔向珠宝和圣杯制造者的家里，大家一同讨论这件事。对于公爵的请求，他们难以拒绝，同时也无法接受他支付的利息。根据基督教精神，收利息是不妥当的行为，况且公爵必定会以农产品作为利息来支付，可是他们不需要农产品。

　　"你们觉得这个方法是否行得通……"安静、极具哲学家气质的裁缝突然说道，"我认为我们可以借钱给他，但是他要回报我们，以此用来偿还借款。比如说我们都喜欢钓鱼，但是公爵大人一直不让我们在他的河里钓鱼。要是我们借100枚金币给他，就让他签署一份允许我们在河里钓鱼的担保书。这不是很好的方法吗？"

　　公爵也认为这是一个好方法，能够轻轻松松获得100枚金币，他没有想过这是侵犯他现有权利的行为。他二话不说便在担保书上按下手印（他不会写自己的名字），随后离开。两年之后，公爵毫无所获地返回家中，看到几个从城镇来的市民在城堡附近的小河里悠闲地钓鱼。他非常生气，立刻吩咐仆人赶走那些大胆的市民。这些人见此情景，默默地离开，然而当天晚上，市民代表来到城堡请求见公爵一面。他们彬彬有礼地问候远道归来的公爵，同时对钓鱼一事向公爵道歉。"大人您还记得吧，"他们突然说道，"是您允许我们这样做的啊。"话刚说完，裁缝便取出那张保证书。公爵离开城堡后，那位珠宝工匠一直小心翼翼地把它存放在保险柜中。

公爵大人火冒三丈，可是突然间想起自己还得要借一笔钱——在意大利，著名的银行家萨尔维斯特罗·德·美弟奇还保存着他按下手印的几张单据。这些单据是商业期票，两个月后就到期，总额高达340镑荷兰金币。一想到这件事，愤怒的公爵大人只好压下心中的火气。他心平气和地请求他们再借给他一笔小钱，市民们你看看我，我看看你，向公爵表示他们要回去讨论讨论。

三天后，他们集体拜访公爵，同意借钱给他。他们提出这样的要求："我们很开心能够解决大人的难题，我们愿意把340镑金币借给大人，可是大人能不能再签署一份担保书，允许我们成立一个由市民选举而成的议会，以后城镇里的大小事务都由市民议会来管理，您就不需要再被打扰了。"

公爵大人听到这番话，愤怒得几乎要跳起来。但是为了借到那笔重要的钱，他只能答应。可是一个星期不到，公爵便后悔了。他命人冲进珠宝工匠的家里拿回那份担保书，他反驳众人，说那份文件是这些坏人骗他签下的，接着便点火烧了担保书。市民们站在一边默不作声。后来，公爵的女儿要出嫁，需要用钱来置办嫁妆，他再次向市民借钱，却被狠狠拒绝。许多人还记得当初珠宝工匠家里发生的那件事，公爵不守信用的行为使他在人们心中的形象大打折扣。公爵无可奈何地决定补偿大家。不幸的公爵终于借钱成功，那份担保书重新回到市民们的手里，同时他们还增加了一份新的担保书，要求公爵允许他们兴建保存担保书的塔楼和市政厅。建造塔楼的目的是避免担保书被毁坏，然而大家都知道，真正的目的是避免公爵大人和他的部下毁灭担保书。

十字军东征结束后的几百年时间里，这样的事情在欧洲时有发生。城市渐渐地夺走城堡的权力。这个过程非常缓慢，同时也会发生矛盾。一些与珠宝工匠和裁缝相似的人在这过程中失去了生命，有几座城堡消失在大火中，可是这些事发生的频率不高。随着时间慢慢过去，封建主和城镇的贫富情况发生了翻天覆地的变化。封建主想要得到金钱，就得签署一些牺牲权力的担保书。城市以最快的速度崛起，很多逃亡的农奴在这里找到了住处。农奴在城镇中工作几年后，就有足够的钱来赎回自由。生活在农村的部分先进人士被城市吸引过来，逐步发展成社会关系的重

钟楼

中世纪的城镇

火药

心。市民们的社会地位得到提高，使他们感到十分满足。他们把教堂和其他公用建筑物建立在历史悠久的物物交换的市场附近，以此来展现他们拥有的权利。他们想要让子女学会更多生存技能，就聘请一些有才识的教士当老师。他们得知有人会绘制版画，便花钱请他把《圣经》故事画到教堂和市政厅的墙壁上。

这时候，公爵大人孤零零地坐在阴暗的城堡中。他看着城镇的发展变化，心中充满悔恨——他不应该在牺牲权力的担保书上按下手印。现在后悔也来不及了。市民们拿着担保书，再也不害怕公爵大人。他们是自由的公民，拥有新的权力。这可是通过几十代人不断奋斗而获得的权力。

第三十六章
中世纪的自治制度

城市里的自由民可以通过什么方式来获得皇家议会的发言权。

每个游牧民都拥有平等的权利和义务，因为他们四处迁徙过生活，所以必须为集体的安全和利益负责任。

他们决定在一个地方定居之后，人群之中便会显现出贫富的差距。富裕的人自然而然地掌握了统治权，他们不需要辛苦地劳动，而且可以全身心地投入政治事务中。

这样的历史曾经也发生在两河流域、埃及、古希腊与罗马等地方。当日耳曼部落在欧洲巩固实力后，也经历了同样的事。最开始时，皇帝由日耳曼民族神圣罗马帝国中七八个比较强盛的诸侯国国君中选举出来，致力于统治西欧。可是皇帝的实际权力慢慢地被侵占，最终有名无实。每个诸侯国国君的权力看起来也不是很大，甚至不能稳稳当当地掌握统治权。事实上，各地紧握实权且能进行日常事务管理的是封建领主。他们有很多农奴可以为他们工作。城市是很少见的，自然也不存在中产阶级。13世纪时，中产阶级（也就是工商阶层的人）隐匿声息将近 10 个世纪后重新出现。我们在上一个章节提到过，工商阶层繁荣之时，便是城堡势力衰退之日。

过去，各个封建国国君只重视主教和贵族的看法，但自从十字军东征后，商业贸易兴旺发展，他们不得不把目光放在中产阶级身上，因为中产阶级的活动能够直接影响国库的富足或空虚。相比之下，君主甘愿向牲畜求助，也不乐意与城市中的自由民交流。可是现实强迫他们选择了后者。他们硬生生地接受了这个事实，尽管他们不会让出手上的任何权力。

十字军在英格兰的君王"狮心"理查[1] 的带领下进行东征，最终在奥地利监狱里消耗了大量时间。这段日子里，约翰接受了理查托付给他的治理国家的重担。和"狮心"理查比起来，约翰的战斗力较低，但说到治理国家的能力，两者真是不分上下。成为统治者后不久，约翰就丢失了诺曼底和大半部分的法国领土。接着他与教皇英诺森三世发生冲突。与霍亨斯陶芬家族为敌的教皇英诺森三世决定把约翰的教籍革除，这与 200 年前格列高利七世对待皇帝亨利四世的做法相同。约翰在 1213 年请求与教皇和解，这也是效仿1077 年亨利四世的做法。

约翰失败的政绩对他利用权势为所欲为的举动并没有产生任何影响。最后，诸侯们再也无法忍受他的做法，只好将他禁锢起来，强迫他发誓要好好治理国家，不要插手管理臣民一直享有的权利。1215 年 6 月 5 日，约翰在泰晤士河上的一个邻近如尼米德村的小岛被迫签下《大宪章》这份文书。文件内容毫无新意，仅仅是对君主的职责做出强调，并厘清了诸侯的权力。它没有提到广大农民的权

[1] "狮心"理查，他主持了第三次十字军东征。

利，只是为新兴工商阶层提供了一些权利保障。

几年过去了，新的君主召开议会，事情产生了新的变化。

无论是能力还是品德，约翰都表现得极其糟糕。他首先诚恳地表示会遵从《大宪章》的条例，后来慢慢废除里面的一些条款。幸好他没有长命百岁，君主的位置由他的儿子亨利三世接任。亨利在沉重的压力下，恢复了《大宪章》的效力。当时，他的叔叔"狮心"理查花了很多钱来筹备十字军东征。亨利不得不选择用借钱这一方法来还清犹太人的债务，但是国内的大主教和大地主都无法给予他足够的钱财来还债。亨利无可奈何地召开了市民代表议会。新兴阶级在 1265 年正式作为代表出席议会，虽然那时候他们没有干预国家政务的权利，只是以提出税收建议的财政顾问一职参加议会。

渐渐地，市民代表针对各种问题提出了不少意见。于是由主教、贵族和市民代表组建而成的议会变成了定期举行的国会。"où l' on parlait"是法语中"国会"一词的表达，意思就是"民众讨论的地方"。

大多数人认为具有行政权的议会最早是由英国人创立的，其实不然。国王和议会一同治理国家的制度在欧洲很多国家皆有实行，不是不列颠诸岛独有的制度。法国国王到了中世纪时便极力压制议会的权力。1302 年，法国市民就享有参加议会的权利了，经过整整5 个世纪后，议会才逐步获得保护中产阶级也就是"第三等级"权利的能力，不再受到皇权的制衡。接下来，他们尽全力争取以往没有获得的东西。法国大革命之后，国王、贵族和教士都被他们逐出政治舞台，普通民众代表成了真正能主宰国家命运的人。自 12 世纪上半期起，西班牙的普通民众就能参加"cortes（国王的议会）"

了。德意志帝国的某些关键城市被冠上"皇家城市"的美名，该城市的市民代表成了皇家议会中不可或缺的一员。

1359 年，瑞典召开第一次全国议会，人民代表得到了参与会议的席位。1314 年，丹麦长期都存在的国家议会重新召开。虽然贵族在国家大权面前经常干些折损别人、攫取利益的事，但是他们无法全然剥夺市民代表参与管理国家的权利。

斯堪的那维亚半岛有一个代议制政府，他们的组织方案特别有意思。冰岛的自由地主组建了一个"冰岛议会"，从公元 9 世纪起存世 1000 年，用来集体管理事务。

瑞士每一个城镇中的自由民都奋勇地向封建领主发起挑战，维护自己在议会中可行使的权利。

13 世纪时，第三等级的代表早已在荷兰这个低地国家[1]参与了各自的公国以及各州的议会。

16 世纪时，荷兰领地内的一些小省份达成合作，联名通过"市

罢免菲利普二世

---

[1] 低地国家，由于荷兰、比利时和卢森堡三个国家曾经多次统一于一个国家，而且海拔较低，所以得名。

民议会"把国王罢免，将教士驱逐出境，对贵族势力进行打击。尼德兰联省共和国在七省联盟的努力下建立起来，拥有高度的自治权。议会由市民代表组成，没有国王、贵族和主教的干涉，这个国家足足存在了两个世纪。城市拥有最高的权力地位，自由民成为国家真正的主人。

第三十七章
中世纪的外部世界

中世纪的人用什么方式来认识周围的世界。

日期是一个伟大的发明，它已经是我们生活中不可或缺的东西了。可是我们要提高警惕，不要轻易被它戏弄，它会影响我们对历史形成过度精确具体的认识。例如我介绍中世纪的时间观念，我的意思不是说，公元 476 年 12 月 31 日，欧洲人欢快地聚在一起呼喊道："啊，罗马时代已然终结，我们将要进入中世纪。实在是太有趣了。"

查理曼大帝的法兰克王宫中依然有不少人坚持着罗马人的生活习惯、行为举止和人生观念。你长大后会发现，世界上的某些人还没有从洞穴人的阶段进化过来。从历史的角度看来，所有的时间和时代都会交叠，人们的思想会一直回流并重新出现。即便如此，我们依然可以了解到中世纪人们的思想观念和对待生活的态度。

请记住最重要的一点，中世纪的人们没想过自己是自由人，也不认为他们可以自由行动，凭借自身努力改变命运。相反，他们认为自己只是一粒微小尘埃，活在由皇帝、教皇、英雄、农奴、异端、地痞、穷人和盗贼等人群组成的庞大社会中。他们从不怀疑上帝的安排，一直都无条件地遵从着。关于这一点，他们与现代人完全不同。现代人对任何事都持怀疑态度，并以此为基础努力奋斗，希望提高自己的经济政治地位。

在13世纪的普通民众看来，美好的天堂和可怕的地狱不是神学家编造出来的神话故事，而是真真切切的现实。中世纪的骑士和农民为死后的世界耗尽大半生，反而是我们现代人在临死时会用古希腊人和罗马人的平静心态来面对这一切。我们回望60年来的风风雨雨，带着祝福后人的心情安心走向死亡。

可中世纪时，人们身边总是环绕着死神发出的阴森笑声。有时候他会用小提琴拉出可怕的声音吓唬人们，有时候他会静坐在用餐的人们身边，有时候他会默默地站在树林深处看着来来往往的男人和女人，然后发出恐怖的笑声。假如你小时候没有听过安徒生和格林的童话，而是听一些坟墓、疾病、棺材之类的鬼故事，那么你一定会长时间沉浸在最终审判和死亡的恐慌中。这正是生活在中世纪的儿童们所经历的现实，他们年幼时就开始听和死神鬼怪有关的故事，很少能听到天使的故事。他们从小就对世界充满恐惧，幼小的心灵变得真诚且谦逊，而这也导致他们变成凶残的杀手。当他们征服一座城市后，就会杀死城中的男女老少，接着举起沾满鲜血的双手，怀着真诚的心奔向圣地，祈求上帝宽恕他们。他们泪流满面、诚心诚意地祷告，可是第二天又重蹈覆辙，全然忘记昨日的誓言，杀死无数穆斯林异教徒。

十字军士兵都是骑士，他们有着与常人不同的行为准则。平常人就像容易受惊的马一样，有一点点动静就会被吓着。他们无条件服从主人的命令，有时执迷不悟，便会像他们的主人那样犯错。

然而我们不能对这些人妄加评论，应该先思考他们所处的恶劣的外部环境。他们有着文明人的外形，但身体里还潜藏着野蛮的基因。尽管查理曼大帝和奥托皇帝都被称为"罗马皇帝"，可是他们和真正的古罗马帝国皇帝（比如奥古斯都或者马可·奥勒利乌斯）比起来还存在着很大的差距，就像刚果河上游部落的头领与接受过优质教育的尊贵的统治者那样存在着极大的差距。他们生来野蛮，住在被其祖先糟蹋的古文明之上，从来不知道真正的文明精神是什么。如今 12 岁小孩都知道的真实历史，他们却对此一无所知。他们获得文化知识的唯一途径是《圣经》。然而《圣经》里有利于人们生活的内容只有《新约》上那几个教育人们要互爱互助的章节。

中世纪的世界

《圣经》中关于天文学、动物学、植物学、几何学和其他学科的知识都不太真实可信。12 世纪时，简朴的中世纪图书馆中增添了一本新书，那是公元前 4 世纪古希腊哲学家亚里士多德编写的实用知识大百科全书。你也许会问，为什么基督教在认为古希腊哲学家是异端的同时推崇亚历山大大帝的老师？我也无法弄懂这个问题。无论如何，亚里士多德在当时被人们称为除了《圣经》

言论之外的最值得信赖的导师，所以基督教徒可以放心地阅读他的作品。

亚里士多德的作品费尽千辛万苦才被传到欧洲大陆。它们最早从希腊传播到亚历山大城。公元 7 世纪，穆斯林攻占了埃及，用阿拉伯语翻译亚里士多德的著作。之后，译作被穆斯林军队带到西班牙，科尔多瓦的摩尔人大学开始向学生讲述这位来自斯塔吉拉的伟人（因为亚里士多德的家乡是马其顿的斯塔吉拉）提出的深奥哲学思想。后来，一些基督教学生从比利牛斯山对面来到这里求学，他们又用拉丁文来翻译这部作品。几经波折，又经历过多次转译，这部著作最终成了欧洲西北地区各所大学的上课教材。虽然无法探查清楚详细的流传过程，但是这种情况反映出它有着特殊的意义和价值。

中世纪时，机智的人们通过《圣经》以及亚里士多德的指引发现了天地万物和人神之间微妙的联系。这些人就是传说中的经院学者。他们有着渊博的知识，机智聪明，可他们太执着于书本中的知识，实践能力不足。例如他们在课堂上要给学生解释何为鲟鱼，或毛毛虫是何物，他们的答案都是从《旧约》《新约》或亚里士多德编著的厚重书籍中找来的，而不是去周边的河里抓条鲟鱼来研究，或是走出书房去花园里找几条毛毛虫来观察，亲自去它们生活的地方了解它们。即便像艾尔伯图斯·麦格努斯 [1] 和托马斯·阿奎那 [2] 这种被认为是中世纪最出名的大学者的人，也从来都没有想过西欧

---

[1]　艾尔伯图斯·麦格努斯，13 世纪哲学家，神学家。

[2]　托马斯·阿奎那，13 世纪经院哲学家，神学家，是艾尔伯图斯·麦格努斯的学生。

的鲟鱼和巴勒斯坦的鲟鱼有什么不同，也没有怀疑过西欧的毛毛虫和马其顿的毛毛虫有何区别。

一次很偶然的机会，罗杰·培根[1]怀着强大的好奇心进入聚集了许多学者的班级中。他走到讲台上，拿出真的鲟鱼和毛毛虫，笨拙地用显微镜和放大镜进行观察，用事实来告诉大家，真正的鲟鱼和毛毛虫并不是《圣经》或亚里士多德所写的那样。思想陈腐的学者不赞同罗杰·培根的观点，默默地摇头。另外，培根还声称，实地考察一小时比辛辛苦苦读十年书更有用，甚至还认为亚里士多德的译著虽然具有很高的价值，但人们还是要到希腊语原著中去寻求它的准确定义。说到这，经院学者再也无法忍受了，他们急忙向警察举报他："这个人说的话严重影响到国家的安全！他竟然要求我们用希腊语来研究亚里士多德的作品，怀疑极具权威的拉丁－阿拉伯译本有问题。许许多多忠诚的信徒从几个世纪前就开始信奉这部译作。不仅如此，他还很好奇鱼类和昆虫的身体结构。也许他就是一个巫师，想要扰乱社会的正常秩序！"学者们严肃地向警察报告此事，警察们立刻采取行动，使培根在10年内都无法发表言论。这一次教训使培根在恢复研究之后开始用别人看不明白的符号来记录自己的观点。之后，人们渐渐对信仰产生怀疑，为了防止教会插足干涉，人们纷纷采用独特的符号来传达信息。

其实教会坚持以保守的方法办事并没有什么恶意。在他们眼里，制止异端思想的人都是纯洁和善的。他们那深深扎根在脑海中的思想使得他们认为现在的生活都是为死后要去的世界做准备。他们一直相信复杂的外界知识会影响人类的心灵，动摇人们的信仰，

---

[1] 罗杰·培根，英格兰哲学家。

最终导致人们无法到达天国。中世纪时，如果老师发现学生进行独立研究，而不是运用《圣经》或亚里士多德的著作，就会感到惶恐，一如母亲看着年幼的儿子走向火炉一般。假如孩子不小心碰触到火炉，那么他肯定会受伤，母亲必然会阻止他，情况危急时更是急切。同时她也真心地爱着她的孩子，如果孩子乖巧，母亲便会温柔以待。同样地，中世纪那些看守人类灵魂的人会严格地看待信仰问题，同时尽心尽责地服务教徒，在他们需要的时候伸出援手。他们认真地教育人们，目的是想让人们更加容易忍耐现世的生活，领导这些虔诚的信徒跨过世间的坎坷。

农奴的身份地位一直不变。尽管慈悲的上帝把辛劳艰苦的命运安排给他，但他的灵魂和权利都受到上帝的保护，最终灵魂得以安息。当他年纪越来越大，身体虚弱而不能继续劳动时，他的领主会对他的下半生负责。农奴过着重复且无趣的生活，但再也不需要担心未来的日子了。他的心中充满安全感，因为他不必担心自己会不会失业，不必害怕头上遮风挡雨的屋顶会离他而去——虽然屋顶可能会漏雨，但是他能通过劳动在世间存活下来。

中世纪时，社会中绝大多数人都有着安稳的生活。为了让人们有稳定的收入，城市中的商人或手工艺人组建了一些行会。行会的目的是保障那些生意惨淡或勉强维持生活的成员能安安心心地过日子。行会的存在使更多劳动人民获得安全感和满足感，相对于我们这个竞争激烈的现代社会而言，这是难以想象的。假如有一个富裕的人买下全部肥皂、粮食和加工鲱鱼，放到市场中以高昂的价格出售（和我们现在的垄断行为有点像），那一定会导致其他人的利益受到损害。中世纪的人们不希望有这样的情况出现，所以政府会严厉地控制批发购买的数量，经常对商品的价格进行限制。

中世纪人不喜欢竞争。为何要竞争？竞争只会导致社会变得更加动荡不安，从而出现更多投机分子。如果人生最终都要走向末日审判，那么财富就没有任何意义。奸诈的骑士会被丢入恐怖的地狱，善良的农奴可以迈入金色的天堂，在这种条件下，竞争有什么好处呢？

总的来说，中世纪的人们会牺牲一些自由或改变思想，以此希望在困境中获得心灵上的安慰，最终使灵魂得以安息。

他们很少会想到要与命运对抗。他们认为自己是一个匆忙来到这个痛苦世界的路人，向美好的来生进发。他们不在意世界的苦难、阴险和不公平，只顾着用窗帘遮挡阳光，专心地沉浸在《启示录》[1]中。他们深信《启示录》中圣洁的言论，相信光明的天堂会使人永远幸福。他们不在乎俗世中的声色犬马，因为末日之后的幸福更加重要。人们在现世生活必须忍受肉体之痛，接着肉体会消失，新的生活即将开始。

古希腊人和古罗马人从来不关心未知的未来，他们认为天堂就是现在的人间。假如他是一个自由的公民，不是奴隶，那他将会拥有充满趣味的生活。但是中世纪的人和他们不一样。他们认为天堂在遥远的天边，现世生活的苦难不可能因为高低贵贱、聪慧愚蠢、贫富而改变。直至某一天，历史的钟摆又向另一边摇去。请看下一个章节的内容。

---

[1] 《启示录》，《圣经·新约》的最后一章。

第三十八章
中世纪的商贸

十字军东征促使地中海地区的贸易中心恢复了往日的繁华，意大利的城市很快便成为欧亚非三地商业贸易的集散中心。

中世纪后期，意大利半岛开始兴旺起来，获得重要地位，再度成为商业中心。我认为这主要包括三个原因。

第一点，很久之前，罗马帝国已经将意大利收入囊中，并在这里建立起比欧洲各国更多的城镇、公路和学校。意大利在蛮族入侵时被严重破坏。那片土地有太多可以被毁坏的东西，幸运的是留下了不少没被毁坏的东西。第二点，意大利是教皇的居住地。教皇几乎领导着整个欧洲，名下有无数土地、城堡、森林、河流和农奴，此外，他通过宗教法庭获得了不少收入。欧洲人需要向教皇进献许多贡品。欧洲西部和北部的人们经常不得已要把禽蛋、马和牛羊等农产品换成钱币，因为他们想要轻便地将贡金送到罗马城。因此，意大利比欧洲其他国家拥有更多的金银储备。第三点我们在前面提到过，十字军东征时，人们把意大利城市设置成远征军往东行船的码头，并借此大赚了一笔钱。

欧洲人到东方打仗后非常依赖那里的东西，十字军东征完结之后，东方的货物进入欧洲大陆必须得经过意大利的城市，所以该地成了商品中转的地方。

威尼斯不仅有水城的美誉，还是意大利著名的商业城市之一。事实上，威尼斯是一个包含了100多个小岛的共和国。蛮族在公元4世纪开始大肆侵略，原本居住在意大利半岛的人们纷纷离开，到这里定居，原因是不想再受到战争的侵袭。人们利用威尼斯岛在海洋资源上的优势发展制盐业。欧洲在中世纪时非常缺盐，所以盐的价格也十分高昂。几百年来，威尼斯长期垄断了这种在饭桌上不可或缺的调味料的供给（我说它不可或缺的原因是，要是食物中缺少必要的盐分，人就容易生病，如同羊羔一样）。威尼斯城市的势力全靠这些垄断生意来壮大。他们有时候还大胆地挑战教皇的权威。很多人倚仗着大量的资金，开始制造大船与东方进行商业交易。十字军东征期间，他们就使用这些船把十字军战士送到圣地去。要是战士无法支付费用，他们就必须要接受威尼斯人提出的条件，去侵略其他地区。因此，威尼斯人在爱琴海、埃及和小亚细亚地区迅速扩大殖民地范围，占有的土地越来越多。

14世纪末期，威尼斯的人口增长至20多万，晋升为中世纪规模最大的城市。少数几个富商掌握了威尼斯的行政管理权力，民众没有任何政治权。以选举的方式选出来的参议院和总督都没有掌握实权，掌控城市实际权力的是十人委员会。在十人委员会的推动下，一个集合了秘密警察和职业杀手的特务机构完成组建，作用是维护十人委员会在政治方面的权力。

特务机构对市民们的一举一动进行严密的监察，要是有人对专权的公共安全委员会感到不满意，就会被逮捕或暗杀。

然而佛罗伦萨的政府体制发生了更加极端的转变——民主政治极不稳定。佛罗伦萨有着险峻的地势，控制了欧洲北部到罗马的交通要道。优越的地理位置使他们更加容易赚得钱财，之后他们把这些钱投入商品制造行业中。佛罗伦萨人的政治习俗是从雅典人那里继承过来的，那儿的教士、贵族和行会会员都热衷于讨论城市政务。每个人所属的政治派别都不一样，经常互相争夺权力。假如有一个派别在议会之中得到大部分人支持，他们就会千方百计流放自己的政敌，顺便把他们的财产侵吞了。这样动荡而又混乱的统治持续了几百年后，终于迎来一件必然发生的事。有一个既富裕又有权势的家族夺取了统治城市的权力，他们运用与古希腊相似的"僭主"法来治理城市与附近的村庄。这个家族名为美弟奇家族[1]，他们先辈的职业是医生（"美弟奇"在拉丁语中是"医生"的意思，这个家族的名字因此而来），之后又逐步转向银行领域。过了一段时间后，他们家族开设的银行覆盖了当时所有关键的商业中心。现在你还可以在美国的银行大厅中见到三个金色圆球，这是由美弟奇家族的族徽图案转化而来的。令人惊讶的是，这个财力雄厚的家族竟能与法国国王联姻，所以其家族成员逝世后可以被埋葬在皇家豪华陵园中，其奢华程度可与罗马皇陵相比。

除了威尼斯，最重要的港口城市便是热那亚了。热那亚商人特意去黑海沿岸的几个粮食产区和非洲突尼斯开展商业交易活动。除了前面提到的三座重要城市，意大利半岛还包含了200多个大大小

---

[1] 美弟奇家族，意大利的一个名门望族。

小的城市，它们的商业都能独立发展，所以彼此之间经常会发生利益冲突，互相结下仇恨的种子。

除此之外，意大利城市获得了东方与非洲的商品后，会转手将它们卖给欧洲北部和西部的人。

热那亚人通过海洋运输把货物送到法国马赛，更换船只之后便把货物卖到罗讷河沿岸的各个城市，从此之后，这些城市就成了法国西部和北部的商品交易市场。

威尼斯人则选择走陆路，向北欧地区输送货物。这条路具有悠久的历史，是多年前蛮族入侵意大利时所走的路，途经阿尔卑斯山的勃伦纳山口。走过山口之后就到了因斯布鲁克[1]，接着经过巴塞尔[2]，再顺着莱茵河一直向西走，最终把货物运至英格兰和北海。另一个途径是运送货物到富格尔家族的奥格斯堡（这个家族从事银行业和制造业，待人苛刻，经常扣除工人的工资，然而他们就是这样积累财富的），然后这个家族的人会把货物分配好，运送到纽伦堡、莱比锡、哥特兰岛的威斯比和波罗的海沿岸的各个地区。威斯比又向波罗的海北部地区贩卖货物，有时候也会到俄罗斯商业中心即诺夫哥罗德城市共和国进行交易（16世纪时，伊凡大帝摧毁了诺夫哥罗德城市共和国）。

欧洲西北部的一些沿海城市发生了不少有趣的事情。中世纪时流行各种各样的斋戒日，人们在那天不得吃肉，于是鱼类就成了非常重要的食物。假如有人倒霉地住在离大海和河流都很遥远的地方，那么他们只能选择食用鸡蛋了。但是这种状况很快被改变。13

---

[1]　因斯布鲁克，位于奥地利西南部的一个城市。

[2]　巴塞尔，瑞士第三大城市。

世纪前期，一个机智的荷兰渔民创造出一种加工鲱鱼的方法，可以使鲱鱼保持新鲜的肉质，因此也能进行长时间和长距离的运输。之后，北海边的鲱鱼捕捞业得到发展，使得这个地区的商业地位迅速上升。但是这个情况并没有持续很久，13世纪时，这些原本生活在北海地区的非常具有商业价值的鲱鱼突然因为物种迁徙而转移到波罗的海，带动了当地的渔业发展。于是全世界的渔民都驾着渔船来波罗的海捕捉鲱鱼。鲱鱼的捕捞期较短，每年只有几个月的时间（其余时间是鲱鱼的繁殖期），所以淡季一来，渔船便有了许多空闲的时间。得空的船只会趁着这个机会将俄罗斯北部和中部生产的农作物运到南欧和西欧，接着在回程中把产自威尼斯和热那亚的丝绸、地毯、香料和东方人编织的挂毯运送到布鲁日[1]、汉堡和不来梅[2]。

欧洲关键的国际贸易网络就这样利用简易的货物运输建立起来了，它的范围包括布鲁日、根特等以制造业为中心的城市（当地的行会与英、法国王展开激烈的斗争，建立了劳工专制制度，这个制度损害了雇主和工人的利益，令他们感到绝望），甚至扩展到地处俄罗斯北部的诺夫哥罗德共和国。诺夫哥罗德共和国原本拥有强盛的商业，但是后来被厌恶商人的沙皇侵袭，他用一个月的时间处死了6万多个市民，只剩极少数人存活下来并以乞讨作为生计。

北方的商人组建了"汉莎同盟"，目的是对抗烦琐的法律条文、高额税款和海盗。它的总部设在吕贝克[3]，由一百多个城市自愿建

---

[1] 布鲁日，比利时的一个城市。

[2] 不来梅，德国西北部城市。

[3] 吕贝克，德国北部城市。

诺夫哥罗德

立。这个联盟还组建了自己的军队，要是英国和丹麦的君主损害他们的利益，他们就会用军事力量来与之抗衡。

商业贸易是一个神奇的事物，它可以跨过大山，越过河流或海洋，每一次旅途都充满惊险。我真的很想再多写点什么，给你说说一些发生在商业旅途中的趣事。要是这样的话，估计可以写好几本书了，所以这个话题就到此为止吧。

我曾认真地向你展示过，中世纪的发展十分缓慢。掌握实权的

汉莎号航船

人们一直认为"进步"是一个坏东西，不能让它摧毁人类世界。这些掌权者可以轻而易举地利用他们的思想影响粗鲁的骑士和温顺的农奴。偶尔也会有一些英勇的斗士无惧危险地闯入科学禁区，最后落得悲惨的下场。假如他们能保住性命，仅仅被判处 20 年监禁，

就可以说是很幸运的了。

国际贸易巨浪在 12 世纪和 13 世纪时席卷欧洲，一如尼罗河水淹没了埃及土地那样。潮水带来了肥沃的泥土，使人们收获了丰厚的财富。拥有的财富越多，闲暇时间也就越多，人们便购买一些手抄稿来学习，从而增强文学、音乐、艺术等方面的鉴赏能力。

此后，人们神圣的好奇心再度被激发。人类曾经因为这种好奇心而比其他哺乳动物进化得更快。我在上一个章节向你讲述了欧洲城市的兴起与发展，一些勇敢的文明先行者打破了原先那些根深蒂固的秩序，城市就如避风港那样佑护他们周全。

现在，神圣的工作正式开展。他们把紧闭多年的窗户打开，封闭已久的书房顿时充满了阳光，驱散了黑暗时代积聚起来的阴郁。

接着他们认真地清理房间，又去修整花园。

他们越过古代留下的断壁残垣，向蓝天白云下的田野走去。他们忍不住赞美道："这真是一个美妙的世界。生活在这个世界上，我感到很幸福。"

现在，中世纪结束了，一个崭新的世界将要出现。

第三十九章
文艺复兴

人们再次赞誉今生今世。他们不断地汲取古希腊、古罗马和古埃及的文明。他们对自己努力的成果感到自豪，骄傲地把这称为复兴人类文明的运动。

文艺复兴没有涉及政治和宗教，它关注的是人类的心灵。

人们在文艺复兴时期仍然默默服从教会、国王、皇帝、公爵。

他们的生活态度发生了巨大的变化。他们的服饰开始变得不一样，对语言进行修饰，他们还改变了房子的风格，在里面开始新的生活。

他们不再把所有精力都用于祈求获得永恒的生命。如今他们的思想开始转变，试图在俗世中建造一座属于他们的天堂。确实，他们获得了突出的成就。

我经常告诫你，过于在乎精准的历史纪年是很危险的行为。大多数人都没有深入了解历史年代，对他们来说，中世纪就是一个无知的黑暗时期，时钟一发出咔嗒的声响，文艺复兴便准时地到来，一夜之间，知识的火光照亮了城市和宫殿。

从历史事实的角度看来，中世纪过渡到文艺复兴时期的准确时间并不存在。绝大多数历史学家认为 13 世纪是中世纪时期，它是不是只有蒙昧与黑暗？那当然不是。人类活动在 13 世纪时已经非常活跃了，许多国家实现独立，快速崛起，不少繁华的商业中心迅速发展起来。哥特式大教堂上耸立着细长优雅的塔尖，向下看着城堡和市政厅的屋顶。欧洲世界蓬勃发展，生机盎然。乡绅聚集在市政厅里，他们用财富获得力量，又将力量转化成权力，所以他们经常和封建领主发生冲突，互相争夺权势与利益。国王的顾问帮助国王趁机获得许多利益。

城市渐渐被夜色覆没，昏暗的街道上，人们暂时不谈政治、经济之类的话题。迷离的夜色中，歌手和行吟诗人出现，向华美的贵妇唱起歌儿，吟诵着浪漫故事、神话传说和英雄事迹。除此之外，年轻人积极进入大学学习，这就开启了另一个新故事的篇章。

国际精神在中世纪的人们身上体现得淋漓尽致。也许你不知道我为什么会这样说，等我慢慢给你解释。生活在现代的我们能清楚地知道自己究竟是美国人、英国人、法国人还是意大利人，说的是英语、法语还是意大利语，就读的是英国、法国还是意大利的大学，这都体现了我们现代人的民族精神。我们只有在接触某一门只有国外某地特有的专业学科时才会学习该国家的语言，接着去请教慕尼黑、莫斯科或马德里当地的专家学者。可是人们在 13 世纪和 14 世纪时很少会说自己是法国人、英国人或者意大利人。假如有人问他们来自何方，他们会做出这样的回答："我是谢菲尔德、波尔多或热那亚的公民。"原因是这些地区的人们同属一个教会，彼此之间存在着兄弟之情。而且当时稍有文化学识的人都能掌握拉丁语，拉丁语作为国际性语言，使当时的人们减少了许多语言差异。语言障碍十分麻烦，它使一些小国家因此错失发展的时机。关于这一点，我可以说一个关于伊拉斯谟[1]的故事。伊拉斯谟是一个有趣且平和的人，他一生创作了很多作品，都是16世纪时写的。他生于荷兰的某个乡村，然而他的书籍一律采用拉丁文写作，所以他拥有来自世界各地的读者。假设他可以活到现在，也许他只能用荷兰的语言来写作，这样看来，全世界能把他的书看明白的只有五六百万人。要是他的出版商打算在美国或欧洲其他国家销售他的书，那就必须用20多种语言来翻译他的书。这个过程非常繁杂，而且要花费很多钱，出版商不乐意这么做。

可是600年前的情况很不一样。当时很多欧洲人既不会读书，也不懂写字。只有极少数人会用鹅毛笔写字，他们被纳入一个国际文人的组织当中。这个组织覆盖了整个欧洲，里面不存在任何国籍、语言或国界限制。组织的基地就是每个国家的大学。现代的大学高墙林立，如同军事驻地一般，但是当时的大学没有围墙的限制。所谓大学，就是几个老师和学生围坐在一块儿。这就是现代社会和当时的区别。建立一所现代大学的程序是：一个富有的人想要给他所在的城市做点善事，或是某宗教派别想要指引信奉它的教徒，或是国家需要大量教师、律师、医生等专业人才，这才会促使人们建立大学。投资人向新学校的账户转入建设大学的资金，学校就能使用这些钱来兴建学校的全部楼舍，比如教学楼、学生宿舍、图书馆、教师宿舍等等。最后向全社会公开招聘教师、招生，一所大学就正式成立了。

---

[1] 伊拉斯谟，尼德兰哲学家。

然而中世纪并非如此。一天，一个学识渊博的人自言自语道："看啊，我发现了一个伟大的真理，我要快点把这个真理告诉年轻人。"然后他邀请了几个青年，激动地向他们阐述他的新观点，这有点像现代的街头演说者。假如他讲得十分有趣，就会吸引更多人来听。假如他讲得单调乏味，众人便会转身离开。这位大师充满智慧的言论渐渐吸引了不少年轻人的注意，他们都会定期来听他演说。一些谦虚好学的人还会携带一本笔记本、一支鹅毛笔和一瓶墨水，记下他们听到的重要内容。突然有一天，天空下起大雨，老师和学生们把演说的地点换到一个被废弃地下室里，有时直接到老师家里去。老师坐在椅子上侃侃而谈，学生们认真地坐着，听老师讲课。这样的小团体就是大学的起源。中世纪时，"university（大学）"就是指老师和学生们组成的集体。最重要的是老师，上课地点不是什么关键的问题。

举一个公元 9 世纪的例子说一说。那不勒斯有一座名为萨勒诺的小城市，城里有很多医术精湛的医生。很多想要学医术的年轻人慕名而来，著名的萨勒诺大学就这样诞生了（它存在于世间约有1000 年，1817 年被关闭），这所大学努力向世人传授希波克拉底流传下来的医术（希波克拉底是古希腊最优秀的医生，生活在公元前5 世纪）。

再举一个例子。阿伯拉尔是一位来自法国布列塔尼的年轻教士，他从 12 世纪早期开始就在巴黎向人讲述他的逻辑学和神学。不少年轻人听说他的事迹后，积极地来到巴黎求学。不久后，一些学生从英国、德国、意大利甚至是更远的瑞典和匈牙利来到巴黎，踊跃参与辩论。世界著名的巴黎大学就是在这样的情况下诞生在塞纳河中的一个小岛上，紧靠着一座历史悠久的教堂。

　　格拉提安是一位来自意大利博洛尼亚的教士，他编写了一本关于基督教会的律法教科书。这本书在欧洲广泛流传，许多年轻教士和普通民众因仰慕其名声，纷纷赶往格拉提安的所在地，听他讲解这本书。他们形成了一个互帮互助、互相传播信息的组织，能够有力地对抗苛刻的房东、店主和女管家。博洛尼亚大学就是由这个组织发展而来的。

　　后来不知道发生了什么事，一场争斗在巴黎大学内部爆发，一群愤懑不平的教师和学生跨过英吉利海峡，在泰晤士河边的牛津小镇停留，放心地开展教学工作，世界闻名的牛津大学从此诞生。1222 年，博洛尼亚大学也有同样的情况出现，追求独立的老师愤怒地离开原先的大学，来到帕都亚教学，一群学生随之而来，这座城市从此也有了知名的大学。同时，西班牙的瓦拉多里、波兰的克拉科夫、法国的普瓦提埃和德国的罗斯托克也发生了类似的事情。

中世纪的实验室

　　我们在现代大学中经常能听到代数、几何等精密学科，但是很难理解早期大学中所讲述的荒诞课程。这不是最重要的问题。我想要说的是，中世纪（尤其是在 13 世纪初期）不是死气沉沉的黑暗时期。当时的年轻人也充满激情，怀着强烈的好奇心腼腆地提问题。文艺复兴就是在这种热血沸腾的情况下兴起的。

中世纪的帷幕慢慢落下之前，上面隐约飘过一个孤独的影子。我觉得你有必要记住他的名字，还要了解更多和他有关的故事。这个人就是但丁，他在 1265 年出生，父亲是佛罗伦萨阿利格里家族的一名律师，他的家族世世代代都住在这座城市中，因此他从小就在这里长大。大画家乔托 [1] 当时正把圣方济各 [2] 的感人事迹刻画在圣十字教堂的墙壁上。之后，但丁经常在上学时看到城中有许多血迹，那是因为当时的教皇派（古尔夫党）与皇帝派（吉伯林党）发生争斗，制造了不少流血事件。

但丁忧虑地向阿尔卑斯山的对面望去，希望来自北方的强悍皇帝可以治理意大利混乱的局面，使社会不再动荡不安。1302 年，皇帝在佛罗伦萨的势力彻底消失。从那时起直至他在拉文纳荒城去世的 1321 年，但丁一直四处漂泊，居无定所，由他的保护人为他提供一些经济来源。后人常常提起这些人，因为如果没有他们帮助落难的诗人，就不会有诗人伟大的作品面世。长期的流浪和苦难使但丁意识到自己必须站出来，澄清昔日的政治行为。除此之外，当初但丁还在故乡居住时，经常在阿诺河边走来走去，只为了能见他心爱的贝尔特丽齐·波提娜丽姑娘一面。可令人悲伤的是，贝尔特丽齐成了别人的新娘，而且"皇帝派"事件还没发生时就告别了人世。

但丁的政治理想早已不复存在。那时候他曾经满怀激情地投身于家乡的政治事业，但是被人在法庭上举报他私吞公款。但丁用诗歌编织了一个想象中的世界，意图向世人表明自己是清白的，并同

---

[1] 乔托，意大利文艺复兴时期画家。

[2] 圣方济各，创立了方济各会，喜欢助人为乐。

但丁

时安慰自己。诗歌根据他的流亡经历展开叙述，还讽刺了意大利上流社会自私自利和贪得无厌的行为。

他的长篇诗歌的开端告诉我们：1300 年复活节前的星期四，他迷失在森林中，此时一只豹子、一头狮子和一匹狼出现在他面前。在这危急的时刻，穿着白衣的古罗马诗人、哲学家维吉尔在他身旁现身。原来身在天堂的圣母玛利亚和他那亡故的初恋情人贝尔特丽齐知道他遇难，便派遣维吉尔下凡解救他。维吉尔领着但丁经过炼狱和地狱的通道向外走。他们到达地狱最深的一层，看到被永远冰封着的撒旦。撒旦四周环绕着许多阴险的罪人、欺世惑众的人和叛徒。走进地狱最深层以前，但丁遇见了佛罗伦萨的很多著名人物，不仅有境遇凄凉的皇帝和教皇，还有悲惨的骑士和高利贷者。

这个故事很神奇，如同百科全书一样把 13 世纪时人们的苦难和希望、行为与思想记载下来。那个很久以前飘浮在痛苦中的佛罗伦萨孤影，依稀显现在这幅画里面。

接下来，这位生活在中世纪的惆怅诗人被死亡牵引到上帝面前，同时文艺复兴先驱的生命之门就此打开。他是弗朗西斯科·彼特拉克 [1]，在意大利阿莱佐小镇出生，父亲是一名公证员。

彼特拉克父亲的经历几乎和但丁一样，都是因为政治问题而遭遇流放，这就是彼特拉克没有出生在佛罗伦萨的原因。彼特拉克15岁时，被父亲送去法国蒙彼利埃 [2] 读书，父亲希望他成为一名律师，让他学习法律。但是年少的彼特拉克不想做律师，甚至讨厌法律。对于世上的一切职业，他只想成为学者或诗人。后来他意志坚定地实现了理想。他曾经四处旅游，去过莱茵河畔、佛兰德的修道院，到列日、罗马和巴黎等地方抄写古代的经典著作。他汲取了丰富的文化知识后，便隐居于静谧的沃克鲁斯山区中，致力于文学创作和哲学研究。很快，他就凭借着渊博的学识和优美的诗句扬名欧洲，差不多在同一时间，他接到那不勒斯国王和巴黎大学的盛情邀请，他们希望他到当地去讲解学术理论。他愉快地答应了，在经过罗马时，罗马人早已熟知彼特拉克的名字，原因是他曾经重新对大量古罗马文献进行研究，做出了巨大贡献。罗马人一直都热衷于把崇高的荣誉授予他人，于是他们兴高采烈地在古罗马帝国的广场上册封彼特拉克为"桂冠诗人"。

自此以后，彼特拉克的人生被荣誉占满。他详细地记录了人们喜闻乐见的事情。当时的人们非常厌恶乏味的宗教辩论。当悲惨的但丁逍遥自在地穿梭在阴森的地狱中时，彼特拉克却高声歌唱着美好的爱情，感叹大自然之美，和太阳打招呼，从来没有说过任何阴

---

[1] 弗朗西斯科·彼特拉克，意大利诗人，擅长写十四行诗。

[2] 蒙彼利埃，法国南部城市。

郁的东西。假如他到某个城市去，城里的人们都会出来迎接他，就像在为凯旋的英雄庆祝那样。当然，要是他可以和正值青年的故事之王薄伽丘 [1] 一起光临这座城市，那就真是太完美了。他们是这个时代的名人，不仅充满激情，怀有强烈的好奇心，容易接纳新的事物，而且常常去图书馆学习，寻找被众人遗忘的维吉尔、奥维德 [2] 和卢克莱修 [3] 等古代拉丁诗人的写作手稿。与其他人一样，他们也是耶稣忠诚的信徒，假如人们因为命中注定要死亡而终日愁眉苦脸、衣衫不整，那可真不值得。为什么不尽情地去享受美好的生命呢？你问我要证据？那请你用铁铲挖掘脚下的泥土认真看一看。你能看到什么？精致的花瓶、华美的雕塑、壮观的建筑物……这些珍贵的遗产都是历史上那强大的帝国给后人留下的。他们曾经统治文明世界 1000 多年。我们可以从奥古斯都大帝的半身像上了解到，古代的人们都是如此富裕、英俊、强壮。虽然异教徒不可能在死后迈入天堂，顶多是在炼狱中忍耐痛苦，就像但丁之前遇见的情景那样。

可那又如何？古时候生活在罗马的愉快日子不就像在天堂一样吗？人一生只能活一次，既然这样，请你尽情享受生活，表达你的愉快和幸福吧。

总而言之，这样的时代精神充满了当时的意大利城市。

你应该听说过"自行车热"和"汽车热"吧？不久之前，第一辆自行车诞生。几十万年来，人们一直用双腿来步行移动。自行

---

[1] 薄伽丘，意大利作家，代表作为《十日谈》。

[2] 奥维德，古罗马诗人，代表作为《变形记》。

[3] 卢克莱修，古罗马诗人、哲学家，代表作为《物性论》。

车的出现使人们能够轻松迅速地到达更加遥远的地方，人们因此欣喜若狂。近来，一个极具天赋的工程师发明了第一辆汽车。不需要脚踏板，你只要舒服地坐下，就可以利用马达和汽油快速行驶在大路上。拥有一辆属于自己的汽车成了人们的梦想。放眼望去，人人都在讨论劳斯莱斯、福特、计油器、里程表和汽油。很多探险家为了开采石油资源而奔向远方未知的国家。苏门答腊和刚果的热带雨林为人们生产出许多橡胶。一夜之间，石油和橡胶跃升为世界上最值钱的东西，引起许多人的争夺，引发了不少暴力事件。几乎全世界的人都沉浸在"汽车热"中，一些正在学说话的孩子还没学会说"爸爸妈妈"，却学会说"汽车"了。

意大利人在 14 世纪时发现了宏伟的古罗马遗迹，并深深陶醉于此。欧洲其他地区的人们很快便受到影响。假如有人发掘出一本来源不明的古代手稿，整个城市就会放假庆祝。假设有人写了一本关于语法的书籍，便会如现在的火花塞发明人一样名声大噪。一些专注研究"人性""人道"的人文主义学者（与探讨"神性""天道"的神学家不同）也获得了巨大的荣誉。探险家征服食人岛后，也会被人们当作英雄一样夸赞和崇拜。

这场知识复兴的运动受到一次政治事件的影响后，更加有利于哲学家研究古代著作，有力地推动作家进行创作。土耳其人再次攻击欧洲，古罗马帝国的残余势力君士坦丁堡因此陷入困境。1393年，东罗马帝国的皇帝曼纽尔·巴里奥洛格派遣伊曼纽尔·克利索罗拉斯去向西欧人求援。然而，西欧人的援军坚决不帮助他们。罗马天主教会非常乐意看到东正教徒 [1] 遭受上帝惩罚的画面，对罗马

---

[1] 东正教、天主教和新教是基督教的三大派别。

人而言，东正教徒被称为希腊世界的异端，这是他们应得的报应。虽然西欧人对拜占庭人的最终命运不感兴趣，但他们很关心古希腊人的存亡。他们一直知道古希腊人在结束特洛伊战争5个世纪后在博斯普鲁斯海峡边建立了拜占庭城。欧洲人如今非常想要研究柏拉图、亚里士多德和荷马的原作，所以他们对希腊语非常感兴趣。他们的学习欲望非常强烈，但遗憾的是他们没有好的书本、语法教科书和教师。就在这时候，佛罗伦萨的官员听说克里索罗拉斯要来，他们立刻发出邀请："我们的市民对希腊语非常感兴趣，您能否来这里教授希腊语呢？"克里索罗拉斯愉快地答应了。于是他成了西欧首位希腊语教授，把阿尔法、贝塔、伽马等希腊字母教给几百个积极学习的学生。许多学生想要早点学会希腊语，更加直接地了解索福克勒斯和荷马，不惜历尽艰难险阻（甚至乞讨）赶到阿诺河边的佛罗伦萨城，有时还住在脏乱的马厩中，或留宿在破烂窄小的阁楼里。

文艺复兴

此时，大学中迂腐的经院学者依然坚守落后的知识理论，把古老的神学和逻辑学传授给学生，为学生详细解读《圣经·旧约》，研究亚里士多德著作的阿拉伯文、拉丁文、西班牙文版本。一开始时他们感到很恐慌，后来变得愤怒：年轻的学生不好好地进入正经的大学上课，偏偏要去听一些人文主义者的文艺复兴怪诞言论，这怎么能行。

经院学者气冲冲地向市政府举报这种情况。可是人们对那些古时候的话题不感兴趣，就算强迫他们去听也不会有什么好结果。经院学者注定要接受失败的结局。其实他们也曾偶然地获得了胜利。他们与一些宗教狂热分子联合起来战斗。佛罗伦萨作为文艺复兴的中心，承受着新旧两大势力的冲击。多明我会[1]的一个僧侣成了中世纪阵营的首领，他满脸愁苦、对一切美好的事物都怀着厌恶之情，他每日都会在圣玛利亚大教堂发出愤怒的嘶吼，警醒大家不要反抗上帝。他大声喊道："忏悔吧！为你们亵渎上帝而忏悔！为你们重视物欲而忏悔！"上帝的声音仿佛在他耳边响起，上帝的长剑似乎出现在他眼前。他经常向孩子们布道，提醒孩子们不要像他们的父亲那样走向堕落。他组织了一个童子军团体，专门为上帝服务，他甚至大言不惭地向世人宣告自己是上帝的使者。民众的心里产生了恐惧，运动开始时的激动之情逐渐消散，他们为追求美、追求欢乐而忏悔。他们高声歌唱赞颂上帝的诗篇，跳着极不神圣的舞蹈（舞蹈是美丽且欢乐的），同时把书籍、画作和雕塑全部搬到集市上堆起来，请多明我会的僧侣萨沃纳罗拉点火烧毁这些珍贵的文化成果。

直到一切烧成冰冷的灰烬后，人们才醒悟过来自己干了什么。他们竟然听从这个宗教狂热分子的话，亲手毁灭了自己热爱的一切。他们愤怒地把这个僧侣关进大牢。萨沃纳罗拉在狱中被刑罚痛苦折磨，但他一直不肯承认罪行。他希望大家和自己一样，做一个正直的人，过神圣纯洁的生活。他难以忍受人们站在他信仰的对

---

[1] 多明我会，天主教托钵修会之一，创立于 1215 年。

立面，只要看到罪恶，他就迫不及待地想要消灭它。他极力效忠教会，对他而言，热爱异教徒的书籍知识和精致的艺术品都是极大的罪恶。可是现在，萨沃纳罗拉孤身一人。他英勇战斗的年代已经逝去。罗马教皇不打算解救他。不但如此，教皇还默许让忠诚的佛罗伦萨民众把萨沃纳罗拉拉到绞刑架上绞死，最后在人们的欢呼声中烧毁他的尸体。

这个悲惨结局是必然的。如果萨沃纳罗拉出生在 11 世纪，也许他会幸运地成为伟人。然而他生活在 15 世纪，他的失败无法避免。在这个特殊的时代中，教皇也变成了支持人文主义的人，梵蒂冈正式成为收藏古希腊和古罗马珍贵文物的博物馆，中世纪已经道尽途穷了。

第四十章
表现时代

通过某种现象表达生存的快乐，是我们内心的一种需求。如通过诗歌、雕塑、建筑、绘画、著作等表达自身幸福感，都是很好的选择。

一位真诚的老者在 1417 年去世了。在他一生的 91 年中，有 72 年是在圣阿格尼斯山修道院度过的。这座修道院位于茨沃勒古城（荷兰的汉莎联盟城市之一）郊区，靠近伊色尔河。这位和蔼的老者是知名的托马斯修士，人们通常叫他坎普滕的托马斯，因为他生于坎普滕村。托马斯 12 岁时前往德文特学习。格哈德·格鲁特在这里创建了"共同生活兄弟会"，他是从巴黎大学、科隆大学和布拉格大学毕业的游方传教士。他创建的兄弟会基本由木工、房屋刷漆师傅、采石工匠等俗人组成，他们都希望能够尽力做好自己的工作，同时加入基督门徒纯洁的生活中。为了让生活穷困的孩子们能够接受耶稣基督的崇高教育，兄弟会在当地创办了一所学校。小托马斯的启蒙教育就是在这所学校完成的，他在这里学习了拉丁文中动词变位的规则，抄写过古代手稿等。在完成所有的教育后，他决心从事神职工作，所以拿着经书几经波折来到了茨沃勒。来到这里的托马斯感到十分轻松，因为他终于摆脱了那个吵闹烦躁浮夸的世界。

托马斯生活在一个喧嚣的时代中，瘟疫横行，社会动乱。约翰尼斯·胡斯（英国宗教改革者约翰·威克利夫的好友及追随者）的忠实信徒们正在中欧的波西米亚发动战争，因为他们敬爱的领导者悲惨死亡了，他们要为他报仇。前不久，胡斯被执行火刑，在火刑柱上活活被烧死了，这是康斯坦茨市议会通过的决议。但是在更久之前，邀请胡斯前来瑞士向共商教会改革的教皇、皇帝、红衣主教（23位）、大主教和主教（33位）、修道院院长（150位）和王公贵族（100多位）讲述其宗教思想的也是康斯坦茨市议会，他们当时许诺保证胡斯的安全，但现在却没有信守诺言。

西欧的法国人正在和侵略国土的英国人决一死战，这场战争十分激烈，持续了近百年。

约翰尼斯·胡斯

圣女贞德[1]在多年前救了法国一命。但是在百年战争结束后，法国又与勃艮第陷入了战乱，目的是夺取西欧霸权。

罗马教皇正在请求万能的上帝帮助他，希望能够对法国南部亚维农地区的另一位教皇加以惩戒。亚维农的教皇也没有坐以待毙，打起精神与之对抗。土耳其人在边远的东方正拼尽全力消灭东罗马帝国的残留势力。俄罗斯人则筹划着十字军东征，这是最后一次了，他们想要完全毁灭鞑靼统治者。

此时的托马斯守在一间简陋的小屋子里，两耳不闻窗外事。他满足于通过思想和古代手稿中蕴含的深奥智慧沟通、交谈。他创作了《效法基督》一书，表达自己对上帝的崇敬之情。这本书后来扬名世界，译本种数达到第二，第一是《圣经》。阅读这本书的人数和阅读《圣经》的人数差不多，这本书改善了很多人的生活状况。作者在这本书中，汇聚了自己全部的梦想，将其演化成一个简单的现实——"一个人宁静地坐在角落中，看着这本书，安度此生。"

托马斯修士代表了中世纪纯洁的梦想。中世纪汇聚了全部剩余力量与激情澎湃的文艺复兴、热情呐喊新时代的人文主义者拼死一战。修道院革新自我，要求众僧控制私欲，改正陋习。很多真诚直率的人以身作则，希望那些误入歧途的世俗之人能够重拾纯洁的信念。但这些付出毫无功效。新时代锐不可当，所向披靡。修身养性的时代已经淹没在历史的潮流中，"表现"的时代到来了。

现在请给我一个道歉的机会，因为书中运用了太多奇怪的词汇。我本想只用一些单音节词汇完成这本历史书的创作，但却发现这不现实。就像要编著一本有关几何的教材，那如"弦""三

---

[1] 圣女贞德，法国女民族英雄。

角""平行六面体"等专有名词就必须出现。学生想要高效学习数学，也必须先弄清楚这些专有名词。想要弄清历史（也包括现实生活），我们必须先明白一些奇怪的词汇，它们都是从拉丁语和希腊语中产生的，这就是我们开展下一阶段工作之前需要完成的任务。现在，我们就开始吧。

我们把文艺复兴称为"表现"时代，是因为相比于只作为听众，聆听皇帝与教皇的命令，文艺复兴时期的人更希望能够站在舞台中央，"表现"自己完美的思维，听众的身份已经难以满足他们的需求了。如果人们热心于政治，就会选择走佛罗伦萨的尼科·马基雅维利[1] 的道路，深刻思考成功国家和成功统治者的含义，并创作一本书"表现"这一思想。喜欢绘画的人会通过绘画完美"表现"自己对柔和线条、鲜艳色泽的爱好，所以乔托、拉斐尔[2]、安吉利科[3]等杰出人士走进了我们的视线，为众人所知。当然，只有艺术家们真正喜欢并欣赏"表现"永久的美，人们才能够接纳他们。

对线条和颜色的沉迷，对机械和水利的迷恋，塑造了伟人——列奥纳多·达·芬奇。达·芬奇既热爱绘画，又对热气球和飞行器实验十分热心，同时，他还致力于伦巴底平原的水利工作，可以说是不可多得的全能型人才。他通过文学、绘画、雕塑、结构精巧的机械装备等，随心所欲地"表现"享受生命精彩的无限欢乐。精力同样充沛的还有米开朗琪罗，他用画笔和调色板塑造了一个多姿多

---

[1] 尼科·马基雅维利，意大利文艺复兴时期政治家、历史学家，著有《君主论》。

[2] 拉斐尔，意大利文艺复兴时期画家。

[3] 安吉利科，意大利文艺复兴时期画家。

彩的世界，但健壮的双手似乎还有无穷的力量，于是他开始投身于建筑与雕塑，以无比结实的大理石为原材料，创造出了一个个温柔雅致的感人作品。同时，圣彼得大教堂的设计也有米开朗琪罗的贡献，他用最具象感性的方法"表现"教会的荣誉和尊严。这样的案例不胜枚举。

大教堂

很快，这群热衷于"表现"自我的人就占据了意大利，甚至全欧洲。他们对生活充满热情，对工作勤勤恳恳，尽心竭力地创造着人类用之不竭的美和智慧。美因茨人约翰·祖姆·甘瑟弗雷希（人们一般叫他约翰·谷登堡）创造了一种复制印刷书籍的新方式。他充分利用了古代木刻法和现有方式的优势，通过随意排列组合单独的软铅字母组成词汇和长篇文章。虽然很快他就身陷印刷机专利官司，难以脱身，甚至为此耗尽家财，落魄身亡，但他发明的"表现"了他天资聪颖的机械却遍布世间，造福人类。

紧接着，威尼斯的埃尔达斯、巴黎的埃提安、安特卫普的普拉丁、巴塞尔的伏罗本等人开始在生产中运用新的印刷方式，提高了印刷效率，大量经典著作产出并普遍上市，这其中包括印着谷登堡版《圣经》中哥特字母的书籍，印着意大利字母的书籍，印着希腊字母甚至希伯来字母的书籍。

总而言之，只要你的"表现"足够完美，大可不必担心没人欣赏。文化被特权阶级垄断的时代已经结束了。人们失去了无知的挡箭牌，因为哈勒姆[1]的厄尔泽维已经印刷出大量通俗易懂的文本。想要和亚里士多德、柏拉图、维吉尔、贺拉斯[2]、普林尼[3]等古代杰出的作家、哲学家、科学家交流，只需要花费几块钱，只要你愿意，他们就能像老师，像朋友一样激发你潜藏的智慧。印刷文字实现了人们追求自由、平等的梦想，使人文主义成了现实。

---

[1]　哈勒姆，荷兰西部城市。

[2]　贺拉斯，古罗马文艺理论家，诗人。

[3]　普林尼，历史上有老普林尼和小普林尼两位作家。老普林尼的代表作为《自然史》，小普林尼以他的书信集最为知名。

第四十一章
大发现

　　摆脱了中世纪的锁链，欧洲人渴望拥有更广阔的生活空间。他们已经不满足于狭窄的欧洲了，希望能够放开手脚，实现雄伟的志向。所以，宏伟的地理大发现顺应时代的潮流到来了。

　　在十字军东征的影响下，很多人掌握了旅行的窍门。但当时提供给人们的选择并不多，只有沿着威尼斯前往雅法[1]的路线，这是众所周知的一条线路，几乎没有人敢开辟一条新的道路。13世纪，威尼斯的波罗兄弟穿越千山万壑，跨过一望无际的蒙古大沙漠，克服艰难险阻来到了神秘的元朝大汗（中国蒙古族的皇帝）的皇宫。波罗家族的马可·波罗[2]在东方度过了20多年，最终创作出一本游记。在这本游记中，他谈天说地，妙语连珠，向我们展现了神秘的东方"持盘"（意大利语中的"日本"）岛上金光闪闪的宝物。对东方一无所知的欧洲人十分向往书中描述的场景。从那时开始，东方

---

[1]　雅法，世界上最古老的港口，以色列第二大城市。

[2]　马可·波罗，13世纪意大利旅行家。

马可·波罗

便被贴上了遍地黄金的标签，这是一个巨大的诱饵，人们都希望能够有机会来到这里，过上无忧无虑的神仙般的生活。但面对陆路旅途的未知阻碍和风险，人们前进的步伐开始踟蹰了。

也许陆路不是我们唯一的选择，从海路一样可以到达东方。但在中世纪，人们对航海并没有兴趣。这主要是因为中世纪的船只都太小了。我们都知道麦哲伦[1]的环球航行，那是一次伟大的航行，历时数年，为世人所知，但他们使用的船只体积还不如现在的普通渡轮。一般每只船上只能容纳20个到50个人；船舱空间很小，舱顶较低，想要在船舱内直起身基本不可能；船上的厨房条件较差，如果天气不好，就无法生火；水手们的饮食条件很差，提供给他们的食物大都还没煮熟。中世纪时期，人们对于腌制鳕鱼、晒鱼干的技术已经掌握得炉火纯青了，但是还没有掌握制作罐头的技术。也就是说，离岸的水手们没有机会品尝新鲜的果蔬。提供给水手们的淡水，事先放在一个木桶中，但是用不了多久，这些水就会变

---

[1] 麦哲伦，人类历史上第一次环球航行的组织者，证明了地球是圆的。

味，我们能闻到烂木头和铁锈混杂的味道，臭烘烘的，而且水会变得黏稠。中世纪的人们对细菌一无所知（13世纪，学识渊博的僧人罗杰·培根通过实验似乎发现了细菌，但是他很聪明，并没有公布这个结果），所以，根本不清楚饮用这些不干净的水有可能引发疾病。这导致不少船员因感染伤寒去世，有些时候甚至整船的人都会全部死亡。如果我们得知人们航海初期船员的死亡率，一定会十分惊讶。1519年，跟随麦哲伦一起从塞维利亚出发的船员有200多名，但最终安全返回的只有18人。17世纪，西欧与印度群岛之间的海上贸易已经很繁荣了，但对于在阿姆斯特丹和巴达维亚[1]之间往返的商船，即便正常情况下死亡率也高达40%。这些水手去世的原因大多和没有新鲜果蔬有关，这会引发人体疾病，导致血液出现问题，最开始表现为牙龈出血，最终会筋疲力尽而亡，这就是我们现在熟知的坏血症。

现实条件就是这么差。所以，欧洲的精英人才都没有选择航海就很容易理解了。跟随麦哲伦、哥伦布、达·伽马[2]等优秀的航海家外出航行的船员大部分都是一些刚刚度过服刑期的罪犯、杀人犯或者没有家的盗窃者，这些人几乎可以说是社会败类了。

当时航海条件的艰难与危险是现如今生活条件优越的我们难以想象的。船员们如果没有顽强的毅力，没有无畏的胆识，根本不可能完成那些堪称奇迹的航行任务。那时候船只质量很差，随时都可

---

[1] 巴达维亚，现在印尼首都雅加达，东南亚第一大城市，世界著名港口。

[2] 达伽马，葡萄牙航海家，开拓了绕过好望角从欧洲到达印度的航海路线。

麦哲伦

能漏水，船上配置的设备也很简单。即便 13 世纪中期，人们开始在船只上配备指南针（从中国传到阿拉伯半岛，十字军引进欧洲），但航海地图却未必精确，也就是说，人们航行的路线多半是看运气。运气好些，也许他们只需要在海上漂泊一年到三年就可以回到欧洲；如果运气不好，他们就可能有去无回，完全消失，或者漂流到荒无人烟的海岸上。但是，也只有他们才称得上是以生命作为代价的真正意义的冒险者，他们把生活当作一场奇幻的冒险之旅。只要他们从远处朦朦胧胧地看见陆地的模样，或者找到一片未知的海域，就会感到所有的付出都是值得的，那些经历过的苦痛、饥饿、疾病都是值得的。

地理大发现太吸引人了，我有种加长这本书篇幅的冲动，将其写成厚重的一卷。但是创作历史书，还是应当秉承伦勃朗[1]蚀刻画的创作方法，简单讲述最接近实际的历史，重点刻画重要的历史事

---

[1] 伦勃朗，17 世纪欧洲最伟大的画家之一，荷兰历史上最伟大的画家。

件、伟大的历史人物、价值非凡的历史节点，而对于一些不太重要的东西则应当简笔带过，或者将其当作背景处理。所以，本章剩余的部分，我们重点介绍一些关键的航海事件。

14、15世纪，几乎每一位航海家都希望能够找到一条通往他们念念不忘的震旦之国（中国）、持盘古岛（日本）和传闻中神奇香料岛的安全航线，这是他们的梦想。其实十字军东征时期，欧洲人就迷上了香料。因为那时候，人们对冷藏保存食物一无所知，在他们眼中，香料能够创造奇迹。只要在食物上撒上一些胡椒或者肉豆蔻[1]粉，食物就可以存放很长时间，绝对安全，即便是那些容易变质的鱼肉也不例外。

威尼斯人和热那亚人创造了地中海航行的奇迹，葡萄牙人则在大西洋探险中传承了一段佳话。西班牙人和葡萄牙人在与摩尔人经历多年战争后，爱国热情越发高涨。这种感情只要产生了，就很难耗尽，即便战争结束了，他们也会将这种热情投入新的领域。13世纪，葡萄牙国王阿方索三世征服了阿尔加维王国，该国位于西班牙半岛的西南部，最终归入葡萄牙。紧接着，葡萄牙人在持续了一个世纪之久的和穆斯林的战争中，渐渐占据优势。然后，葡萄牙人跨过直布罗陀海峡，占领了位于阿拉伯城塔里发（阿拉伯语，原意为"库存"，在经过与西班牙语的交融后，演变为"关税"之意）对面的休达城[2]，继而，葡萄牙人又占领了丹吉尔[3]，将其作为一个抢夺非洲领地的根据地。

---

[1] 肉豆蔻，一种药用植物，重要的热带香料。

[2] 休达城，与摩洛哥毗邻，位于直布罗陀海峡附近的地中海沿岸。

[3] 丹吉尔，摩洛哥港口城市。

葡萄牙人已经做好了所有探险的准备，探险之旅即将开始。

1415 年，一次规模巨大的探险活动，在亨利亲王（他是西班牙约翰一世和冈特的约翰之女菲丽帕的儿子。从莎士比亚的戏剧《理查二世》中我们可以了解到一些与冈特的约翰相关的故事）的领导下开始了，这位亲王被称为"航海家亨利"，对探险热情满满，他们的目的地是非洲西北部荒芜炽热的海滩。腓尼基人和古代北欧人曾经到达过那里，那是很久之前的事情了，他们声称那里是浑身长毛的"野人"的地盘。不过，后来我们得知他们口中的"野人"其实就是大猩猩。在亨利亲王的率领下，船员们开始了这次航行。他们的探险之旅很成功，发现了加纳利群岛和马德拉岛——实际上，大约一个世纪之前，热那亚的一艘商业用船就曾到这里拜访过，他们描绘出了亚速尔群岛的地图（葡萄牙人和西班牙人曾对亚速尔群岛有一定的了解，但并不十分清楚），此外，船队还发现了塞内加尔河的河口，就在非洲的西海岸，他们认为这就是尼罗河的入海口。15 世纪中期，船队到达佛得角（也就是绿角），他们欣赏了这片从非洲海岸前往巴西途中的岛屿群——佛得角群岛。

亨利的探险活动还在继续，且探险领域不断扩大，远远超出了海域。在十字军东征的影响下，葡萄牙诞生了一支基督骑士团，这是圣殿骑士团的拓展。1312 年，圣殿骑士团的制度被教皇克莱门特五世废除。法国国王"美男子菲利普"得偿所愿，迅速对手下全部圣殿骑士施行火刑，并借机剥夺了他们的全部财产。亨利亲王作为基督骑士团的领袖，对骑士团的地产收入合理运用，组织了几支远征队，用于撒哈拉沙漠和几内亚海岸的探险行动。

总体而言，亨利的思维方式还带有鲜明的中世纪特色。他坚信世间存在传说中的"祭司皇帝约翰"，他花费了大量的人力物力，希望能够找到它。这是一个古老的传说，12世纪中叶，人们声称基督传教士约翰建立了一个宏伟的帝国，但却没有人知道它的具体方位，这个传说充满了神秘的色彩。300年来，很多人都深深迷上了这个传说，亨利就是其中一位。但是，当这个传说的真相完全展现在人们面前时，亨利已经离世30年了。

1486年，巴托罗缪·迪亚斯从海路出发，寻找"祭司皇帝约翰"创建的神奇国度，这位探险家最终抵达非洲最南部，被大风围困，向东航行受阻。因此，他将这一地点命名为"风暴角"，但是海员里斯本发现这一地理位置更有利于探索通往印度的航线。因此，这里被称为"好望角"。

时隔一年，佩德洛·德·科维汉姆带着美弟奇家族的介绍信踏上了寻找神秘国度的旅途。他一直向南航行，最终穿过地中海，跨过埃及，抵达亚丁港，船队从这里穿越波斯湾（亚历山大大帝在1800年前抵达过波斯湾，从那以后，欧洲人几乎没有到过这里）。接着，他抵达了果阿和卡利卡特，两地位于印度沿岸，他们在此听到了马达加斯加[1]的传说，它被称为月亮之岛。传说，它位于印度和非洲之间的海域中。随后，科维汉姆开始返航。他从麦加和麦地那悄然路过，跨越红海。1490年，他经历千难万险，终于抵达"祭司皇帝约翰"创建的神秘国度。揭开了这一国度的神秘面纱，"祭司皇帝约翰"其实就是阿比尼西亚（也称作埃塞俄比亚）的"黑王"。公元4世纪时，这里的人们就已经信仰基督教了，也就是说，在基督教传教士抵达斯堪的纳维亚前700年左右，这里的人们就信仰基

---

[1] 马达加斯加，世界第四大岛，位于非洲东南部。

督教了。

通过多次的航海经验，葡萄牙的地理学家和地图绘制者们总结经验，他们更加坚信想要到达印度，就应当沿着海路向东航行，这个方向是正确的，只是过程也许会比较艰难。由此，引发了一场规模宏大的讨论。部分人坚信只要越过好望角，继续向东，终会到达印度；但另一部分人则反对这一观点，他们认为："这些努力都毫无价值，想要到达中国应当向西航行，穿过大西洋。"

在进一步讲述前，我需要先声明一个事实。那个时代的人们，只要懂得一点常识，就理所当然地认为地球是圆的，而非扁平的。公元 2 世纪，克劳狄·托勒密提出了托勒密体系，讲述宇宙的结构，这位埃及的地理学家明确指出地球是方的。导致这一结论的原因和人们有限的感官世界有密切关系，且由于其通俗易懂，被中世纪的人普遍认可了。这一理论在文艺复兴时期才被科学家们推翻，人们开始接受波兰数学家尼古拉·哥白尼的学说，认为地球是圆的。哥白尼在大量观察和试验的基础上，提出了自己的理论：地球不过是一颗小行星，和众多的行星一样，绕着太阳运转。但是，哥白尼为了保护自身免于宗教裁判所的判决，谨慎地将这一伟大的理论埋藏了 36 年。1543 年，哥白尼去世，这一理论公之于世。从本质上来说，宗教裁判所和教皇法庭一样，其目的在于树立罗马教皇的权威，保证其不被打破。13 世纪，法国的阿尔比教派和意大利华尔德教派的异端分子严重威胁着教皇的权威，宗教裁判所由此成立。实质上，我们所说的这些异端分子基本都性格温顺，他们忠诚于自己的信仰，对私有财产不感兴趣，渴望能够和基督一样，过着简单的生活。通过这些闲谈，我们明白了当时的航海家坚信地球是圆的这一理论。他们的分歧在于究竟哪条航线更加方便快捷。

在众多主张向西航行的水手中，有一位热那亚水手，名叫克里斯托弗·哥伦布。他在青年时期曾在帕维亚大学深造，研究数学和几何学，之后继承了父亲的家业，经营羊毛生意。但是不久后，我们就在东地中海的开俄斯岛发现了他的踪迹，他已经开始商务旅行了。后来，我们又在英格兰看到过他，不过他究竟是作为商人做羊毛生意去的，还是作为船长去的，我们就不得而知了。1477年2月，哥伦布前往冰岛（这是他亲口说的）。但也许他去的并非冰岛，而是法罗群岛，因为这些岛屿在2月时特别寒冷，很容易被人们误认为冰岛。哥伦布在那里有幸目睹了古代北欧人骁勇的后代。通过与当地人的交流，他们得知，10世纪时，格陵兰岛就是这些人的家园了。11世纪，这些人因为利夫船长的船被海风攻击，随着海风漂泊到了文兰岛，这是美洲的领地，当然，他们到达的也有可能是美洲的拉布拉多半岛。

至于这些古老的西方殖民地最后究竟结果怎样，我们无法知道。利夫的兄弟托尔斯坦因的妻子在丈夫去世后，嫁给了托芬·卡尔塞夫纳。1003年，托芬·卡尔塞夫纳在美洲建立起殖民地，并把自己的名字作为殖民地的名称。但这一殖民地仅仅持续了3年，这是因纽特人顽强抵抗的结果。1440年起，格陵兰岛上的全部居民都失去了消息。这很有可能与黑死病有关，挪威地区的居民就曾因为黑死病死去了大半，我们有理由相信它同样能够夺去所有格陵兰岛居民的生命。但无论历史怎样，法罗群岛或者冰岛的居民始终相信那些"远方广阔的西方土地"传说。想必哥伦布也对此有所耳闻。之后，他在苏格兰北部群岛的渔民那里又得知了一些信息。最终，他抵达葡萄牙，和一位船长的女儿结婚了，这位船长在亨利亲王的手下做事。

从此（1478年），哥伦布致力于向西航行探索通向印度的航线。经过再三考虑，他详细规划了向西航行的路线，并将计划告诉了葡萄牙王室和西班牙王室。但对于当时的葡萄牙而言，他们执着于探索向东航行的路线，且已经独占这一航线，对此胸有成竹，所以根本没有在意哥伦布的计划。西班牙也没有足够的资金支持这一计划。1469年，阿拉贡的斐迪南大公和卡斯蒂利亚的伊莎贝拉成婚，从此，阿拉贡和卡斯蒂利亚合并为一个王国。两国联合后，将全部的力量投入与摩尔人的战争中，其目的在于争夺格拉纳达领地，这是最后一块领地了。这场战争几乎耗尽了西班牙人所有的资金，面对哥伦布提出的需要承担巨大风险的计划，他们没有能力也没有勇气支持。

哥伦布从未停下过追梦的脚步，为了实现自己的理想，他拼尽全力，从未松懈，称得上是一个难得的英勇坚韧的意大利人。哥伦布的故事想必早已家喻户晓，我不需要再多说什么了。1492年1月2日，格拉纳达被攻陷，摩尔人战败。同年4月，哥伦布快速与西班牙的国王、王后达成协议。8月3日，周五，3艘小船和88名船员组成了一支船队，在哥伦布的带领下船队从帕罗斯出发，踏上了探险之旅。这些船员中很多都是罪犯，他们参与航行的目的是免受刑罚。经过两个多月的航行，10月12日（周五）凌晨两点，哥伦布看到了与陆地相连的海岸线。1493年1月4日，他们准备返回，安排了44名船员（全部身亡）留守在拉纳维达德。2月中旬，哥伦布到达亚速尔群岛，险些被当地葡萄牙人当成不法分子送进监狱。

1493 年 3 月 15 日，哥伦布成功返航，回到了帕罗斯岛。他为自己的胜利兴奋不已，第一时间就带着印第安人（哥伦布一直认为他到达的地方是印度群岛，因此称当地人为红色印第安人，也就是印度人）前往巴塞罗那，希望把这个令人兴奋的消息和西班牙王室共享，他告诉王室人员，他已经找到了通往黄金遍地的中国和日本的路线。

直到哥伦布去世，他也没有发现真正的事实。在他晚年时期，进行了第四次航行，到达了南美大陆。也许，那时的他心中产生了一些疑问。但是，直到他去世，他依然坚信亚洲和欧洲之间没有独立的大陆，他认为自己确实找到了前往中国的路线。

当哥伦布执着于向西探寻海上之路时，葡萄牙人也不断向东寻找航线。和西班牙人相比，他们似乎更受幸运女神的青睐。1498 年，达·伽马凯旋。他到达了马拉贝尔海岸[1]，并从那里带着大量香料，成功返回里斯本。1502 年，达·伽马依照之前的航线继续前进，直达印度。向东探险的显著成果，和向西探险的寥寥收获形成了鲜明的对比，让人感到有些不妙。1497 年和 1498 年，约翰·卡伯特和塞巴斯蒂安·卡伯特兄弟踏上了寻找日本的旅途，他们最终到达纽芬兰岛，看到了一片冰雪世界。实际上，北欧人在 5 个世纪以前就曾到达过纽芬兰岛。佛罗伦萨人亚美利哥·韦斯普奇（他被人们认为是西班牙的领航员，人们把他的名字作为新大陆的名称）一直探索巴西海岸的航线，但并没有到达他梦寐以求的印度群岛。

1513 年，欧洲地理学家发现了真正的事实，此时，哥伦布已经离世 7 年了。瓦斯科·努涅斯·德·巴尔沃亚穿越巴拿马地峡，翻

---

[1] 马拉贝尔海岸，印度西南的沿海地区。

越达连峰，看到了一片一望无际的大海——这是一片全新的海域。

1519 年如约而至，葡萄牙航海家斐迪南·德·麦哲伦踏上了探险之旅。他在西班牙王室的支持下，用 5 艘小船组成了一支船队，向西航行寻找香料之国（除了向西他们没有第二个选择，因为葡萄牙人早已霸占了向东航行的路线，除葡萄牙以外任何国家都无法加入）。麦哲伦成功越过非洲与巴西间的大西洋后，继续南行，到达了一个狭小的海峡——这是巴塔哥尼亚（被称为"大脚人的国家"）和火地岛（某夜，船员们看到了岛上闪烁着火光，这证明当地有人居住，因此，船员将其称为火地岛）之间的一个海峡。麦哲伦的船队在这里遭遇了狂风暴雪的肆虐，恶劣的天气持续了 5 周，状况凶险。船员们因为害怕发动起义，但最终却被麦哲伦武力压制了。天气条件好转，船队重新出发，麦哲伦抛弃了两名船员，声称他们需要在这荒凉的岛上反省。内乱平息，船队继续向前行驶，发现海峡的范围越来越大，他们进入了一片从未到达过的海域。所有的事情都已经平息了，麦哲伦将这片海域命名为"太平洋"，紧接着继续西行。船队在大海上漂泊了 98 天，始终没有看到陆地。生活条件越来越差，船员们食不果腹，甚至开始食用船上的老鼠或者船帆。

1512 年 3 月，船队终于看到了陆地，他们到达拉卓恩群岛（翻译为"盗匪的地盘"）。麦哲伦的船队在抵达海岸时，被当地的居民剥夺了所有的财产，因此麦哲伦称其为拉卓恩群岛。之后，他们继续西行，逐渐靠近梦寐以求的香料之国。

接着，他们又到达了一片陆地，这里荒无人烟。麦哲伦将其称为"菲律宾"群岛，这是君主查理五世之子菲利普二世（历史声誉不好）的名字。开始时，菲律宾的当地居民对麦哲伦及其船员们十分欢迎，态度友善。但麦哲伦强制他们信仰基督教，甚至企图用火炮等武力手段达到目的。这让菲律宾居民十分不满，他们奋勇抵抗，与麦哲伦及其手下对抗到底，最终，麦哲伦和大部分手下都失去了生命。平息了这场战乱后，麦哲伦船队损失惨重，船只只有三艘，但实际上存活下来的船员根本不需要这么多船，两艘已经完全够用了，所以，他们烧毁了其中一只船，继续向西航行。然后，他们找到了向往已久的香料之岛——摩鹿加，欣赏了婆罗洲[1]，抵达蒂多雷岛。但是，到达此处时，却发生了意外，一只船一直漏水，无法使用，所以一部分船员只能留守当地。最终，船长塞巴斯蒂安·戴尔·加诺跟随着"维多利亚"号船回到了西班牙，这是他们仅剩的一艘船，他和船员们跨过印度洋，差点就发现了澳大利亚（17世纪初，荷兰东印度公司的船队发现了这片陆地）。这场耗时长久，路途艰难的探险之旅宣布结束。

在所有的航行中，这次航行最有价值。经过3年时间，耗费了大量的人力物力，这次航行圆满结束，它向世人证明了地球确实是圆的。此外，它还揭开了哥伦布事件的谜底，证明了哥伦布到达的地方不是印度，而是一片新大陆。自此，葡萄牙和西班牙两国开始全心全力投入与西印度群岛和美洲的商业交往中，两国都竭力发挥自身价值，绝不退让。教皇亚历山大六世（他是唯一担任此神圣职位的异教徒）为了避免两国之间的争执，将地球划分为东西两半，把西经50度子午线作为分界线，这就是我们熟知的1494年的托尔德西里亚斯分界约定。约定指出，地球的东部属于葡萄牙人，他们可以在这里自由建立殖民地，而西部则属西班牙人。知道了

---

[1] 婆罗洲，位于印度尼西亚的加里曼丹岛。

新世界

这一点，我们就不难理解一个现象了，南美大陆中，除巴西之外，基本都是西班牙的殖民地，而葡萄牙的殖民地则多位于印度群岛和非洲。这种格局在 17、18 世纪被打破了。后来居上的英国和荷兰依靠自己的实力占领了大部分殖民地，完全不理会教皇的说法。

事实上，当威尼斯的里奥托（中世纪时期的"股票交易所"）得知哥伦布发现了中国和印度后，特别害怕，这甚至导致当时的股票价格下跌了 40% 到 50%。之后，人们得知哥伦布并没有找到到达中国的航线，这才让威尼斯商人从恐慌中走出来，淡定了一些。直到达·伽马和麦哲伦探险成功后，威尼斯和热那亚的统治者们才意识到原来向东航行也是完全可以到达印度群岛的，他们后悔当初对哥伦布的建议置之不理，甚至态度轻蔑。但是现在为时已晚，在中世纪和文艺复兴时期繁荣的商业中心，现在已经开始衰落了，地中海成了内海，人们不再重视到达印度和中国的陆路，这意味着统治者们的财富来源就要中断了。意大利的繁荣如同落日的余晖，马上就要成为历史了，明日之星将是大西洋，它会很快成为商业中心和文化中心。即便发展到现在，大西洋沿岸依然一片繁华之景。

人类文明从尼罗河沿岸的人们用文字记录开始，至今已经有5000年了。接下来，就让我们看看文明的变迁历史吧！尼罗河流域是文明最初开始的地方，接着幼发拉底河和底格里斯河之间的美索不达米亚文明逐渐发展起来。然后，地中海沿岸的文明繁荣昌盛，使其发展成为世界贸易中心。克里特文明、古希腊文明、罗马文明都在这里诞生，这里蕴藏着丰富的艺术、科学、哲学思想。16世纪，地中海文明逐渐衰落，大西洋文明呈现繁荣之势。所以，大西洋沿岸的国家开始成为世界的中心。

　　在世界大战结束后，各地损失惨重，很多人认为大西洋在世界上的地位已经下降了。甚至有人预言跨过美洲大陆看到的太平洋将会成为世界的中心，对此，我不发表观点。

　　在西线航行取得进展后，我们发现：航海家的船只体积不断扩大，他们的视野也越来越广。接下来，我们看一看历史变迁在人们生活中的具体表现。我们用船只作为案例：当平底船被帆船替代后，腓尼基人、爱琴海人、古希腊人、迦太基人和罗马人的文明也逐渐取代了尼罗河和幼发拉底河流域的文明；当横帆航船替代帆船占据海域时，葡萄牙和西班牙人后来居上；当满帆船成为大海的新宠时，英国人和荷兰人主宰了整个世界。

　　发展到今天，我们似乎已经不是特别需要船只了，人们使用飞机的频率越来越高，它将逐步取代帆船和汽船原本的位置。接下来，飞机和水力创建的文明将会主导整个世界。我相信，人类会把海洋归还给大自然，让它为鱼儿提供一个幸福的家，人类和海洋的关系将会重新回到远古时期，我们会像我们的祖先一样和海洋生物和谐共存，还大海一片宁静。

第四十二章
佛陀和孔子

与佛陀和孔子相关的故事。

地理大发现为西欧的基督教徒提供了更多与印度人和中国人交往的机会，他们进入了东方人的视野。基督徒们十分清楚，宗教不是信仰的全部，还有他们早已见识过穆斯林，还有那些受到北非异教部落人们敬仰的原始神灵。但是，走进印度和中国的基督教殖民者们还是有些震惊，他们没有想到原来世界上的异教徒如此之多，他们不仅对基督闻所未闻，甚至对基督教义完全没有兴趣。这些人坚信他们传承了近千年的宗教绝对比西方的宗教更具优势。这本书命名为《人类简史》，如果我们只描述欧洲和西半球的历史，有些欠妥，所以，我们接下来把目光转向东方，聊一聊佛陀和孔子的故事。他们生活的年代距今已经有几千年了，但直到今天，我们依然把他们的思想奉为哲学，依然以他们的行为作为榜样，他们的言谈举止、深奥思想对许多人产生了重大的作用，影响颇深。

佛陀被印度人奉为最崇高的"牧羊人"。他的一生充满了神秘色彩。公元前 6 世纪，佛陀诞生在一个能够看到喜马拉雅山的地方。在这里，雅利安民族（印欧种族东支的自称）的崇高领袖查拉图斯特拉[1]（琐罗亚斯德）400 年前就曾教育他的百姓们，生命就是善与恶的较量，善神奥姆兹德和恶神阿里曼之间的斗争永远不会停止。佛陀是释迦部落首领净饭王和邻国公主摩诃摩耶的儿子，出身尊贵。其母年少时便嫁给了净饭王，但是随着时间流逝，月升月落，年复一年，她一直没能为丈夫孕育子嗣，无人传承王位。直到 50 岁，她才怀有身孕。她兴奋地回到自己的家乡，希望娘家人能够小心照料，让她健康地生下孩子。

公主的家乡与此地相距甚远，她翻山越岭才回到考里延人的部落，旅途十分艰辛。孩子降生的那天夜晚，摩诃摩耶正在蓝毗尼花园乘凉，时间上有些突然。她称孩子为悉达多，不过人们习惯叫他佛陀，有"悟者"之意。

时光飞逝，悉达多已经成年。19 岁时，帅气潇洒的他和表妹雅苏陀罗结为夫妻。接下来的 10 年时间，悉达多的生活领域全部局限于王宫之中，他对外界的苦难一无所知，生活的目标只有一个，那就是安静等候继承王位。

30 岁时，悉达多的生活出现了转机。一次偶然的机会，他出宫的旅途中碰见了一位濒临死亡的老者，老者十分虚弱，几乎没有力气。他对此十分惊讶，于是告诉了车匿[2]，但这并没有引起车匿的惊慌，他反应平淡地说，世界上命苦的人很多，这只是其中的一个，没什么特别的。这次经历让王子有些伤感，但是他并没有表

---

[1] 查拉图斯特拉，公元前 6 世纪伊朗先知，拜火教创始人。

[2] 车匿，佛陀弟子，释迦牟尼仆役，负责为他驾车，后一起出家。

现出来，回到王宫后依然过着自己应有的生活。他试图忘却这段经历，摆脱烦恼。没过多久，王子再次出宫，碰见了一个被疾病困扰的穷苦人。悉达多十分疑惑，询问车匿，为什么这个人这么痛苦呢？车匿回应道，疾病在这个世界上十分普遍，我们对此无计可施。年少的王子对此十分同情，心情沉重，但并没有什么过激的反应，只是再次回到王宫，和家人生活在一起。

几周过后，一天傍晚时分，悉达多出宫前往河边洗澡。一切就好像上帝提前安排好的一样，他坐的马车经过一道水沟时，一具漂浮着的尸体吓到了马匹。他从小就生活在王宫中，从未亲身经历过如此可怕的场景，有些惊慌失措。但是车匿的反应却很从容，只是告诉他，不必太当回事儿，世界上的人都逃不开生老病死，这是生命必须经历的过程，所有的一切都会结束，不可能永远存在。我们都将走向死亡，走进坟墓，这是不可避免的结局。

当天，悉达多回到家已经是晚上了。一进门，他就受到了热烈的欢迎，人们告诉了他一个好消息，他的妻子为他生下了一个小王子。也就是说，王位又有继承人了，这是一件值得庆祝的喜事。但是这种快乐的氛围却没能感染悉达多。看着新生命的诞生，他甚至感到有些恐慌，这是对生存的恐慌。世界上的贫苦和死亡就像是噩梦一样，在他的脑海中挥之不去。

那一晚，月色正好，洁白的月光洒落一地。但悉达多却辗转难眠，所有的问题都萦绕在心头，他需要认真思考。如果这些关于生存的疑惑得不到解答，他将永远失去真正的快乐。所以，他决定离开家人，独自解开内心的疑惑。他来到妻子的卧室，但并没有打扰她休息，只是安静地看了妻儿一眼，也是最后一眼，就离开了。他带着绝对忠心的车匿，离开了生活多年的家。

悉达多和车匿共同消失在黑暗的夜晚中，悉达多此行是为了让灵魂有个落脚之处，而车匿则是为了追随自己的主人，以表忠心。

悉达多开始了流浪的生活，四海为家。当时的印度局势动荡，社会混乱。在历史上，雅利安人（可以说是欧洲人的表亲）个性鲜明，不愿服输，他们毫不费力地打败了印度人的祖先——印度土著居民。自此，雅利安人统治了这些性格温和，体型柔弱的土著人。雅利安人为了方便管理，稳定统治，巩固权威，在印度实行等级制度，将所有人口按照等级划分，最终形成了"种姓"制度，并发展僵化。在等级体系中，身份最为尊贵的是雅利安人，他们是等级最高的"种姓"，包括武士和贵族阶级，第二等级的是祭司，第三等级为农民和商人。土著居民在等级制度中被定义为"吠舍"，也就是身份最低贱的奴隶，所有人都歧视他们，他们就像是生活在黑暗的世界中，永远看不到光明。

种姓制度的发展对宗教信仰也产生了一定的影响。远古时期的印欧人在经历了数千年的漂泊后，亲身经历了很多奇怪的事情。人们把这些事情收集、整理、总结，最后写成了一本书——《吠陀经》。这本书是用梵文书写的。梵文是一种语言，和欧洲的希腊语、拉丁语、俄语、德语等几十种语言十分相似。《吠陀经》被人们称为圣书，但是并不是任何一个人都可以阅读，统治者规定，只有等级较高的 3 个种姓才允许阅读《吠陀经》，至于等级最低的"吠舍"，根本没有机会认识这本书。贵族或僧侣们甚至还明文规定：禁止任何人向"吠舍"透露书籍的相关内容，一旦发现，严惩不贷。

可见，大部分印度人的生活环境都极其恶劣。他们能够从俗世中获得的愉悦感少得可怜，但是，他们的情绪需要发泄，所以，他们开始寻找其他办法，帮助自己脱离苦海。在这种状况下，很多人沉浸在对下一世生活的美好憧憬中，希望能够由此感到一些温暖。

在印度的神话传说中，梵天创造了全部生命，主宰着生命的生存与灭亡，体现着人们崇高的理想。不少人希望能够向梵天学习，像梵天一样对权力、财富无欲无求，认为梵天就是自己一生追求的目标。在他们眼中，纯洁的思想远高于纯洁的行动，所以，他们踏入荒芜的沙漠，食用树叶，折磨肉体，充实灵魂，希望以此领悟梵天真正的聪明才智。

这些远离凡尘，执着于真理的漂泊者深深吸引着悉达多，思虑再三后，他决定像他们一样行动。于是，他选择了剃度，放弃了携带的价值非凡的珠宝，写下诀别信，将其交给车匿，拜托忠心的车匿给家人带去消息。然后，这位青年王子独自踏入了荒芜的沙漠。

悉达多神圣纯洁的行为很快传遍了各地，5位年轻人听到后，十分仰慕，于是决定追随悉达多。悉达多没有拒绝，将5个人收归门下。接着，悉达多带领5位年轻人踏进了深山中。他们在灵鹫山[1]荒芜的山峰中徘徊，隐居了6年，悉达多把自己知道的一切都告诉了徒弟们。但通过这几年的潜心修炼，他发现自己离超脱完美的境界还差很远，面对花花世界，他无法绝情绝欲。所以，悉达多决定再次独自上路，他抛开了5位徒弟，独自在一棵菩提树下打坐，经过了七七四十九天的斋戒。他的劳苦修行终于看到了成果，

---

[1] 灵鹫山，著名的佛陀说法之地，位于中印度摩羯陀国首都王舍城的东北侧。

佛陀进入深山

梵天显现了。自此,人们尊称悉达多为"佛陀",意思是拯救人们走出苦难的"参悟一切的人"。

佛陀尘世中最后的 45 年是在恒河附近的山谷中度过的。他在那里,向众人讲述顺从、温和等质朴的教义。公元前 488 年,佛陀去世了,他在尘世的生命圆满完结。至此,他已经受到了数百万人的热爱。佛陀的教义对待任何人都一律平等,即便是等级最低的"吠舍"也崇拜他。

这种倡导众生一律平等的教义,教导人们憧憬下一世的生活,给予了人们更多的希望,这自然会引起贵族、僧侣和商贾的不满,他们想尽办法试图将这种信仰扼杀在摇篮中。一旦抓住机会,他们就会鼓励印度人信仰历史悠久的婆罗门教 [1],希望所有人都能够斋戒,折磨肉体。不过,他们的目的并没有达到,佛教也没有被扼杀。之后,佛教的众多信徒翻越喜马拉雅山,给中国带来了佛的思

[1] 婆罗门教,印度古代宗教,现在流行的印度教古代形式。

想。他们甚至还将佛的教导传到了黄海对面的日本。佛教的众多信徒绝对信仰佛陀的智慧，他们禁止采取任何暴力手段。发展到现在，佛教的信徒数量达到了空前的高潮，比历史上任何时候都要多，甚至比基督徒和穆斯林的总数还要多得多。

紧接着，我们聊聊中国的圣贤之人孔子，他的故事没有佛陀那么复杂，十分简单。大约公元前550年，孔子诞生，他的一生生活平静、闲适，不为名利困扰。当时的中国社会一片杂乱，势力雄厚的中央集权政府还没建立起来，百姓生活穷困潦倒。到处都是强盗，杀人放火，抢劫掠夺几乎随处可见。即便物资丰厚的中国北部和中部地区，也是遍地难民。

孔子提倡仁政，他希望能帮助百姓摆脱苦难，脱离苦海。他生性温顺，反对暴力，反对依靠严苛的刑法治理国家。他坚信想要安邦立国，必须改变人们内心真正的想法。孔子的做法可谓迎难而上，他花费一生的精力试图改善中原地区数百万人的天性。中国人并不喜欢西方的宗教。他们虽迷信神仙鬼怪，但他们并不懂得先知，更别说"神启"了。在我们知道的所有传说中人类伟大的精神领袖之列，孔子是特别的，他从未说过自己看到过神灵现身，从未说过自己接受了神的旨意，是神派来的使者，更从未暗示过自己在神的启迪下实现了什么，这可以说是空前绝后的。

孔子对他人十分理解宽容，他懂得仁爱，喜欢一个人闲走漫游，没事的时候拿起心爱的笛子吹奏动人伤感的乐曲。他对名利没有太大的欲望，也从未要求人们对其言听计从，仰慕追随。这种行为和古希腊的部分智者很像，特别是斯多葛学派。他们都追求简单真诚的生活，希望能够进行真正有意义、有价值的思考，但从未考虑过收获，他们为心灵守护了一片净土，保持了灵魂的安静祥和。

孔子待人友善宽容。他曾亲自拜访中国另一位伟大的思想家——老子。老子是道家学派的创始者，其倡导的教义和早期基督教倡导的"金律"[1]极为相似。

孔子对待所有人都心存仁善，避免仇恨。他教导人们要学会自律，这是一种美德。根据孔子的思想，如果我们真正有德，就不会怨天尤人，被烦恼困扰，无论命运如何，都是上天的安排，我们应当随遇而安，知足常乐，而不是抱怨唠叨。这些圣贤人明白，看待事物时一定要学会从多个角度考虑，不管什么事情都有好的一面。

孔子开始游学时，几乎没有追随者。但是随着时间的变化，孔子的门徒不断增加。公元前478年，孔子去世，在他晚年时期，很多王公贵族都公开了自己作为孔子弟子的身份。当耶稣出生在伯利恒马槽时，中国人的思想早已受到孔子深远地影响了，百姓的生活也受到了一定程度的影响——只是作用的形式并不是原始的、单纯的方式。岁月流逝，社会变迁，人类的社会也兜兜转转经历了很多，很多宗教顺应时代的潮流做出了一些改变。就像耶稣最原始的教义是教导人们谦逊、顺从、远离尘世的功名利禄。但是在各各他事件[2]发生了15个世纪后，基督教会的领袖们却开始浪费奢侈，挥霍无度，他们投入大量资金兴修土木工程，建起了一座又一座富丽堂皇的教堂。教皇的行为和最开始伯利恒马槽的悲凉状况，实在无法相提并论。

---

[1] 金律，"爱人如己"，出自《圣经》的"诫命"。作者对其有一定误解，其实应该是和孔子的"己所不欲，勿施于人"有一定的相似之处。

[2] 各各他事件，耶稣被钉上十字架的事件。

最初，老子思想的内容和基督教的"金律"十分相似。但是不到几个世纪，老子竟成了一位十分可怕的神。世俗的迷信彻底掩盖了他睿智的思想，平民百姓的生活陷入了紧张不安。

孔子重要的思想之一是孝顺。但是没过多久，人们就不再关注子孙的状况了，而是将自己的全部精神和时间转移到去世的父母身上。他们总是费尽心思回忆过往，但却从未重视过未来，所以对祖先的敬仰开始变得和西方的宗教仪式极为相似。人们在为祖先选择安葬地时，更愿意选择南面的山坡，因为那里光线充足、土壤肥美，但他们可能会选择在缺乏营养，十分阴冷的北面土地上种植稻谷。表现出一副很孝顺的样子，即便饥寒交迫，也不能委屈祖先的英灵。

即便如此，孔子的思想言论还是对越来越多的东亚人产生了深远的影响。儒家思想中一些见解深刻精辟的言论，改变了每一个中国人的思想，让他们对生活的哲学有了一定的了解。它影响着生活中的每一个人，不管你是在环境恶劣的地下室工作的洗衣工，还是在富丽堂皇的宫殿中处理国家大事的王侯将相，都会受到它的影响。

16世纪，激情澎湃霸道无理的基督教徒从西方来到了东方，他们和东方历史悠久的教义相互碰撞。他们看到了安静慈祥的佛陀雕像，看到了温顺祥和的孔子画像，但对西班牙人和葡萄牙人而言，这些都是陌生的，他们有些惊慌失措，因为他们从未见过如此慈眉善目的神人，更不知道该怎么样敬仰他们。他们理所当然地认为，这些慈善的神人和西方的神明相距甚远，西方的神是苦难的预言者，而东方的神则是魔鬼的代言人，根本不值得基督教徒的尊重，他们更像是偶像崇拜或者奇门邪术。当这些思想阻碍了西方人的香料与丝绸贸易时，他们开始思考用武力解决问题，甚至企图用坚船利炮打开东方的大门，迫使东方人接受西方的信仰。这种行为显然是有违道德的，我们必须加以批判，这不仅不利于未来的贸易，也会给我们留下敌对的印象。

第四十三章
宗教改革

墙上的钟摆，前后交替运动，按照规律循环往复，这在某种程度上和人类的发展存在相似之处。文艺复兴时期，人们疯狂地热爱文艺，对宗教置之不理；但是当宗教改革到来时，人们又把宗教当作潮流，反而对文艺毫无兴趣。

一提到"宗教改革"，我们就会想到很多历史上勇敢的清教徒，这个词我们已经很熟悉了。这些清教徒们倡导"宗教信仰自由"，为了实现自己的理想，他们不惜跨洋越海。随着时间的流逝，现在宗教改革一词几乎成了"思想自由"的代名词（特别是那些新教国家），马丁·路德[1]被当作积极的领军人物。但是，我们书写历史并不是为了不断推崇那些值得人们尊重的伟人，所以，这本历史书也不会这么安排。德国历史学家兰克曾说，弄清楚"究竟发生了什么"才是历史研究最重要的部分。只有做到这一点，我们才能够公平客观地看待历史。

---

[1] 马丁·路德，16 世纪德国宗教改革倡导者，新教路德宗创始人。

界限分明的好事和坏事在历史中几乎不存在，我们生活的世界绝非单纯的黑白两色。如果历史学家可以做到绝对真诚，就应当公平客观地评价所有历史事件。但现实却是，历史学家很难绝对抛开个人喜好，所以，想要做到这一点实属不易。但是，我们必须尽力做到，避免在书写历史的过程中掺杂太多的个人情感。

　　就拿我自己来说。由于成长环境的新教特色鲜明，在生长到12岁时，我还从未见过任何天主教徒。因此，当我刚开始碰见他们时，会感到不自在，甚至内心有些恐惧。我曾听到过一些迫害新教徒的传闻，据说艾尔巴公爵为了彻底消灭路德派和加尔文派 [1] 的异类，促使西班牙宗教裁判所残忍杀害了数以万计的新教徒，他们有些死于绞刑，有些死于火刑，有些甚至被五马分尸。我总是觉得这些事情仿佛发生在昨天，一切都历历在目，也许不久的将来历史就会再度重演。也许，圣巴托罗缪之夜 [2] 很快就会再次降临，我将在沉睡中彻底离开，瘦弱的身体被人从窗户中扔出，也许我会和尊贵的科利尼将军 [3] 一样，遭遇极为相似的不幸。

　　多年后，我定居在了一个信奉天主教的国家。在这里生活期间，我发现和我的左邻右舍相比，他们更加开心、包容，同时，他们也富有智慧，这让我有些震惊。直到那时，我才意识到，原来天主教徒们在宗教改革中的行为也有一定的道理。

---

　　[1]　加尔文派，16 世纪法国宗教改革家、神学家约翰·加尔文及其教派其他人的总称，支持马丁·路德"因信称义"学说。

　　[2]　圣巴托罗缪之夜，1572 年 8 月 24 日凌晨，胡格诺派正在庆祝首领婚礼，法国天主教徒亨利·吉斯率军队突袭，杀死胡格诺教徒两千多人。人们把这一夜称为"圣巴托罗缪之夜"。

　　[3]　科利尼将军，法国新教领袖。

不可否认，16、17世纪那些心存善念的人对待问题的态度绝不会和我一样。他们亲身经历了那场复杂的宗教改革，坚信真理和自己同在。这无疑是一场殊死搏斗，对于这一问题，我们无话可说，毕竟选择生存是我们的本能。

1500年，很容易记住的一年。这一年，查理五世出生了。通过研究历史，我们会发现几个高度集权化的国家结束了中世纪封建割据的混乱局势。接着，查理成了多国中最杰出的君主。但是，1500年，他刚刚出生，只是一个婴儿。查理是斐迪南和伊莎贝拉的孙子，也是哈布斯堡王室的马克西米利安（中世纪的最后一位骑士）和玛丽（"勇敢者"查理的女儿，"勇敢者"查理就是我们常说的勃艮第大公，在与法国的战争中完胜，但却死在了一位瑞士农民的手中）的孙子，出身尊贵。这个刚刚出生的婴儿拥有着世界上面积最大的领地，他的父母、祖父母、外祖父母、叔叔舅舅、堂表兄弟、姑妈阿姨在德国、奥地利、荷兰、比利时、意大利和西班牙的所有领土，以及他们在亚洲、非洲、美洲的全部殖民地都属于查理。他出生在根特的佛德兰伯爵的城堡中，这个地方曾是德国人的监狱，这好像是上帝故意安排的一个巧合。但更加神奇的是，作为德意志和西班牙的君主，查理从小却接受佛德兰的教育教导。

查理的父亲在查理很小的时候就去世了（传说是被人毒害的，但我们无法查证），父亲去世后，母亲悲痛欲绝，精神失常（带着丈夫的棺材各地奔走），因此，姑妈玛格丽特一直抚养小查理成长。待查理成人后，就统治了德国、意大利、西班牙等几百个大大小小的奇特民族，他没有第二个选择。但查理从小受到的是佛德兰教育，对天主教尤为忠心，反对一切宗教歧视。查理从小就很闲散。

但是上天偏偏不给他悠闲的机会，他生在了人们被宗教冲昏头脑的混乱时代。一生都在各大城市间游走奔波，忙忙碌碌，根本无法安定。他内心极其渴望和平与稳定，但一辈子都处于战乱中。55岁时，他再难承受人类的厌烦和仇恨，接近崩溃。他放弃了所有尘世间的事务。3年后，他深感疲劳，内心绝望，离开了这个世界。

对于皇帝查理，我们到此为止。下面我们开始谈论教会，这可以说是当时社会中的第二股强大的势力，关于它的故事有哪些呢？中世纪早期，教会费尽心思期望能够使异教徒归顺。教会的改变也是从那时开始的。教会的经济实力越来越雄厚，教皇早已不是贫困的基督徒的牧羊人，这是我们能够看到的最明显也是最重要的变化。教皇一般都住在富丽堂皇的宫殿中，总有一大群艺术家、音乐家和著名文人围绕着他。教皇的教堂、礼拜堂中装饰华贵，随处可见全新的圣像，就像是古希腊的神祇[1]。他对艺术品的重视程度远远高于对教务的重视：一般来说，教皇十分之九的时间和精力都在古罗马雕像、新出土的古希腊花瓶、新夏宫设计、新剧首演等悠闲自得的事情上，只有十分之一的时间用来处理教务。大主教和红衣主教们争相模仿教皇的生活方式，教皇又反过来把他们当作行动的榜样。在这种环境中，尽职尽责的只有乡村牧师了，他们避免尘世丑恶的干扰，避免追逐异教徒迷恋的美和享受，同时也和修道院保持距离。修道院中的僧侣们和以前大不一样了，他们早把那些勤俭质朴的信仰抛在了脑后，一心追求舒适，只要相安无事，他们就会放肆地追求听觉与视觉的享受。

[1] 古希腊的神祇，最初基督教反对古希腊的偶像崇拜，认为是异类行为。

最后，我们说一说平民百姓。和过去相比，他们的生活状况改变了很多：生活条件越来越好，房屋越来越舒适，孩子们有条件接受好的教育，城市环境整洁美观。百姓们手中有火枪，一旦受到欺压，可以奋起抵抗，这帮助他们彻底摆脱了负担了几百年的沉重赋税。到此为止，宗教改革的主人公们都已登上了历史的舞台。

下面，我们谈一谈文艺复兴对欧洲产生了哪些影响。这有助于我们进一步了解为什么文艺复兴之后，欧洲会重新掀起疯狂热衷宗教的浪潮。意大利是文艺复兴的发源地，后来文艺复兴蔓延到法国。在西班牙，文艺复兴并没有产生巨大的影响，因为西班牙人和摩尔人间的战争持续了 500 年，这使西班牙人越来越狭隘，难以接受新事物，他们痴迷于宗教。文艺复兴的影响范围越来越大，但跨越阿尔卑斯山之后，它的性质却有了很大的变化。

欧洲南北方气候的巨大反差，影响着两地人的生活习惯，北欧人和南欧人生活习惯差别很大。意大利的光照充分，人们更喜欢从事户外锻炼，喜欢把酒言欢，喜欢感受生活的美。而德国、荷兰、英国、瑞典等地则处于北欧，气候寒冷，人们更希望能够在暖和的屋子里待着，他们很严肃，不喜欢玩笑，很在乎内心的灵魂，绝不用神灵逗乐。所以，北欧人把全部的注意力放在了文艺复兴时期的"人文"上，书籍、古代作家的研究、语法、教科书等深受他们的喜爱。但他们却对全面复苏古希腊、古罗马文明的号召置之不理，他们没有接受的勇气，而这正是意大利文艺复兴最重要的成果。

但是，担任教皇和红衣主教的基本都是意大利人。他们把教会变成了娱乐的场所，在这里大张旗鼓地讨论艺术、音乐、戏剧，但却从来不谈论信仰。由此，个性严谨的北欧人和随意乐天的南欧人之间出现了裂痕，这条裂痕越来越宽。但没有人预测到这会对教会产生不利的影响。

此外，还有一些因素导致了宗教改革运动在德国爆发，而非瑞典，更不是英国，当然，这都不是主要的原因。德国人对罗马没有好感，日耳曼皇帝和教皇积怨已久，他们之间的争斗从未停止过。在欧洲的其他国家中，国王通常利用手中强大的权力掌握政权，能够保护百姓不被教士们剥削。但是，德国属于例外，这里的皇帝有名无实，没有掌握实际权力，王公贵族们的人品参差不齐，市民们大多忠厚老实，国家却没有能力保护他们不被主教或者教士们欺压，百姓的财富大多被主教和教士们掠夺了。教士们把搜刮来的钱财投入教堂的修建上，很多富丽堂皇的教堂拔地而起，教士以此讨好教皇（文艺复兴期间，教皇尤其钟爱富丽堂皇的教堂）。德国人对这种现象十分不满，觉得利益亏损。

除此之外，还有一个鲜为人知的原因。印刷机是德国发明的，所以在北欧地区，书籍十分廉价。《圣经》本是手抄本，教士负责解释，几乎没有例外。但是现在《圣经》却走进了寻常百姓家，只要人们略懂拉丁文，就完全可以自读《圣经》。这和教规不符。人们亲自阅读后，发现教士告诉他们的很多内容和《圣经》本来的记载并不相同。这使人们内心感到疑惑，并开始发问。而且，这些问题必须得到合理的解答，否则会造成更大的问题。

矛盾不断加剧，北方的人文主义者终于无法忍受了，他们开始攻击僧侣。但他们内心仍然畏惧教皇，所以尽量避免对教皇的直接攻击。开始时，他们总是把修道院中懒散愚昧的僧侣作为攻击的对象。

让人惊讶的是，领导这场运动的竟是忠诚于教会的百姓。此人是荷兰鹿特丹人，一般大家都叫他伊拉斯谟。他出生在一个贫困的家庭中，曾求学于德文特的拉丁学校（坎普滕的托马斯修士也曾在这所学校读书），后来成了一名教士。之后，他从一直居住的修道院走出来，前往欧洲各地游学，并把自己的所见所闻记录下来。完成这段旅程后，伊拉斯谟开始创作（如果放在现代社会，人们一般会将其划分为社论作家）。他的著作《蒙昧者书简》中包含很多诙谐搞笑的匿名信，给读者带来了无穷的快乐。这本书形式新颖，作者采用独具特色的德语－拉丁语的打油诗形式，让我们鲜明地感受到了中世纪晚期僧侣的愚昧和自大。伊拉斯谟学富五车，思维缜密，熟练掌握了拉丁语和希腊语。他仔细校对了希腊文的《圣经·新约》，同时把这本书翻译成了拉丁文。可以说，这是第一本值得人们信赖的拉丁文版《圣经·新约》。他坚信"笑容能够证明真理"，并沿用这一创作方式，具有很强的说服力，这一点和罗马诗人贺拉斯十分相似。

1500 年，伊拉斯谟拜访了托马斯·摩尔爵士。紧接着的几周时间，他创作了《愚人颂》。这本书诙谐幽默，以幽默作为最尖锐的利器攻击僧侣和其追随者，可以说是 16 世纪的畅销书之一，后被翻译成各国语言。这本书影响力中最重要的一点是，它使伊拉斯谟的全部宗教改革著作走进了欧洲各国人的视野中。他的这些书，揭示了教会存在的问题，倡导人们进行改革，呼吁人们帮助他复兴基督的信仰，这是一个伟大而艰巨的任务。

这一规划规模巨大，包含着对未来的憧憬，但最终却没有取得有效的成果。伊拉斯谟是一个理智包容的人，对于大部分教会的敌对者提出的要求，他没有办法满足。所以，这些人只能静候时机，希望历史的舞台上能够出现一位更加刚强的领导人物。

这位领导人出现了，他就是马丁·路德。

路德出生在德国北部的一个农村，聪慧异常，英勇果敢。他曾就读于爱尔福特大学，并在该校取得了艺术学硕士学位，完成高等教育后，他在一家多明我会修道院中修行，之后进入威登堡神学院，成了一名大学教授，他不喜欢对着农夫们阐述《圣经》。在闲暇时间，路德致力于《旧约》和《新约》的原文研究。不久后，他发现耶稣基督本人的教导并非教皇和主教们所说的那样，两者之间的差别太大了。

1511年，路德因为公事前往罗马。此时，尤里乌斯二世刚刚登上教皇的宝座，因为博尔吉亚家族的亚历山大六世（他曾搜刮了很多钱财，以期为子女谋取利益）离世了。新上任的教皇作风正派，但唯独对征战和兴修土木十分迷恋。这个人十分真诚，但是稳重的德国神学家路德却不敢苟同。他对此十分绝望，决定返回威登堡。但没想到之后的情况更加糟糕。

路德翻译圣经

尤里乌斯临死时，留下遗言，要求继承者扩建圣彼得大教堂。这一工程十分浩大，圣彼得大教堂也许还没有修建完成就已经需要开始维修了。但是，教皇的府库早就空了，这是老教皇亚历山大六世的杰作，1513 年，利奥十世接任教皇一职时，教廷已经快要破产了。为了能够获得资金，他开始出售"赎罪券"，这是一个历史悠久的办法。赎罪券实质上是一张羊皮纸，只是我们需要付出一定的金钱才能够换取，教会声称获得赎罪券的人能够减少在炼狱中度过的时间。按照中世纪晚期的教义，这是合情合理的。教会本就可以宽恕那些在去世前真诚悔过的人，自然也可以减少他们的灵魂在炼狱中的时间。

但是人们必须用金钱换取赎罪券，这实在太可怜了，不过这是教廷获取收入最简便的方式。而且那些生活极度贫困的人可以免费得到赎罪券。

1517 年，德国萨克森地区的赎罪券全部掌握在一个多明我会修士的手中，他叫约翰·特泽尔，只有他才拥有这地区赎罪券的销售权。他是一个好高骛远的销售员。他希望能够快速获得利润，经常采取一些比较强制的销售方式，这引起了当地真诚信徒们的不满。路德是一个老实人，面对众怒，他冲动地做出了一个决定。1517 年 10 月 31 日，路德亲自在萨克森宫廷教堂门前张贴了九十五条声明，这些都是他写的。声明使用拉丁文，强烈批判了教会出售赎罪券的行为。当然，路德并非革命者，更没有企图引发暴乱，他这么做只是表达自己对出售赎罪券行为的不满，希望神职同事们能够清楚他的立场。这一做法本来是神职人员和教授之间的私人行为，其目的并非是要把教会的错误展现在众人面前。

但是，比较可惜的是，那时候人们的关注点全部在宗教事务上。讨论任何事情，都可能会引发剧烈的思想波动。萨克森的九十五条声明，不到两个月就众人皆知了，它几乎成了欧洲所有地方谈论的话题，讨论十分激烈。面对这件事，每个人都必须选择队伍，每位神职人员都必须表态。教廷终于感到了不妙，他们马上向这位威登堡神学院教授发出邀请，希望他能够前往罗马，发表演讲，向众人阐述自己的观点。路德想到了胡斯，他必须接受教训，理智回绝。于是罗马教会以路德蔑视教廷权威为由，革除了他的教籍。但是，路德当着众多支持者的面，亲自烧毁了教皇的敕令。这意味着，路德和教皇之间再没有缓和的余地了。

路德成了那些对罗马教会不满的基督徒们的领导人，虽然这不是他的本意。诸如乌里奇·冯·胡登等德意志爱国者纷纷赶到，希望能够保护路德。紧接着，威登堡、爱尔福特、莱比锡大学的学生们也公开表示，一旦路德被抓捕，他们一定会拼死保护路德的安全。萨克森选帝侯 [1] 对此事态度明确，他向激情澎湃的年轻人声明只要路德在萨克森，就一定会尽全力保护他不被伤害。

这些事情发生在 1520 年。这一年，查理五世 20 岁，他统治着半个世界，必须与教皇互帮互助。所以，他决定召开一次宗教大会，地点定在了莱茵河畔的沃尔姆斯，他要求路德参加，并在会议上对自己的出格行为做出合理的解释。这时候，路德早已成了德意志的民族英雄，他毫不犹豫就答应了。但是到达沃尔姆斯后，路德却坚决维护他所写的声明，守护自己的每一句话，绝不更改。他忠心于上帝，不在乎生死。

沃尔姆斯会议对这件事的讨论持续了很久，他们得出的结论是路德是罪人，他引起了公愤，他们禁止所有德国人向路德提供住

---

[1] 萨克森选帝侯，指那些有选举德意志国王和罗马帝国皇帝权利的诸侯。

所和食物，禁止任何人翻看路德的著作，但是路德的生命却没有任何危险。在大部分德国人眼中，沃尔姆斯敕令很不公平，遭到了嫌弃。为了保证路德的安全，人们让他躲藏在了威登堡的城堡中，这座城堡的所有者是萨克森选帝侯。即便路德落到了这般田地，还是坚强地和教廷对抗，他把《旧约》和《新约》翻译成德语，让所有人都能够亲自得到上帝的教诲。

事情发展到这种状况，宗教改革已经不只是宗教和信仰的问题了。社会混乱不堪，很多人开始趁机惹是生非：不懂现代大教堂建筑之美，甚至厌恶这种美的民众，开始破坏这些东西，甚至直接毁灭；落魄的骑士们企图拿回自己失去的一切，他们占领了本属于修道院的大片土地；内心愤懑的王公们抓住机会扩大势力；鼓动大家带领灾民们疯狂攻击城堡，抢劫掳掠，和发疯的十字军一般无二。

帝国内暴乱已成现实。部分王公加入新教，成了新教徒（也就是路德口中的"对抗教廷者"），他们残忍地杀害了统治区内的天主教徒。还有一部分忠诚于天主教的王公们，他们对自己的子民中信仰新教的百姓施加残酷的绞刑。1526 年，斯贝雅会议明确指出"臣民必须跟随领主的信仰，归属于领主的教派"，希望能够有效解决百姓的宗教信仰问题。这一规定导致德意志联邦数千个小公国开始处于敌对状态，妨碍了德国的正常发展，使其落后了几百年。

1546 年 2 月，路德去世了。人们把他埋葬在他反对出售赎罪券的教堂中，那件事已经过去 29 年了。不到 30 年的时间，文艺复兴时期人们无视宗教、注重尘世享乐的思想不见了踪迹，现在世界的关注点全部在宗教改革上，人们不是争执，就是谈论。多年来一直统一的宗教帝国在一夜之间灰飞烟灭。天主教徒和新教徒们为了宣传某些神学教义，进行了殊死搏斗，战火甚至蔓延到整个西欧世界。但是，如果用现代人的眼光审视这些神学教义，就会发现它们毫无道理可言，就像是古代伊特鲁里亚充满神奇色彩的铭文一样。

第四十四章
宗教战争

一个宗教大争论的年代。

欧洲在 16、17 世纪时，处于宗教大争论的年代。

如果我们认真观察现代社会，就会发现，有关"经济"的讨论是我们话题的中心，几乎每个人都在谈论，比如工作报酬、工作时间、罢工、财富在社会生活中的作用等话题。这是我们生活的年代人们最关心的话题。

但在 1600 年到 1650 年期间，孩子们的处境却非常艰难。在那段时间内，不管是天主教徒还是新教徒，他们整日听到的都是与"宗教"相关的话题，满脑子都是"命中注定""圣餐变体论[1]""自由意志[2]"等偏僻冷门的词汇，从他们口中说出来的也都是一些和"真正信仰"相关的论调。孩子在幼年时期，就在父母的愿望下经

---

[1] 圣餐变体论，早期天主教认为，在圣餐中，经过祝福的面包和红酒可变成基督的身体和血液。

[2] 自由意志，伊拉斯谟的主张。

过洗礼，成了天主教、路德教、加尔文教、茨温利教[1]、再洗礼教[2]等教派的教徒。他们只能阅读部分书籍，如路德编写的《奥格斯堡教理问答》，加尔文编写的《基督教原理》，或是《英国公祷书》[3]中三十九条信条等，因为只有这些书才能代表"真正的信仰"，才能提升他们的神学修为。

亨利八世的故事时常在他们的耳畔响起：传说亨利八世有过好几段婚姻，他曾称自己是英格兰圣公会的最高首脑，他掠夺了教会的全部财产，剥夺了教皇对主教和教士的任命权，虽然这一权力已经维持了很多年。一提到宗教裁判所，人们就会想到一些惊悚的画面，如令人害怕的地牢或者行刑室，总会让人陷入噩梦中。恐怖的故事还在继续，一群像疯子一样的荷兰新教徒为了体会残杀信仰不同的人的趣味，竟然抓捕并绞死了十几个手无缚鸡之力的老教士。最糟糕的是，处于敌对的双方实力差不多。这使本来可以快速解决的冲突，延续了八代人左右，事情的发展更加扑朔迷离。在本书中，我只选取一些比

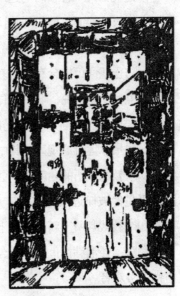

宗教裁判所

---

[1] 茨温利教，瑞士宗教改革家茨温利创办的新教。

[2] 再洗礼教，宗教改革时期一些主张成人洗礼教派的总称。

[3] 《英国公祷书》，英国国教信守的教条。

较重要的事件简单概述，如果你对这一时期的其他事件有兴趣，不妨找一本专门讲述宗教改革的历史专著阅读，里面的记录一定会十分清楚。

在新教徒进行改革变迁时，天主教内部也进行了彻底的改革。那些曾经活跃在历史上，同时兼任业余人文主义者和希腊罗马古董交易商的教皇，已经不见了踪影，现在隆重登场的是那些十分严肃、一丝不苟的新教皇，他们对待工作十分认真，压力巨大，每天用20个小时处理工作。

修道院曾经风靡一时的追逐享乐的生活现在已经结束了。教士和修女们改头换面，他们开始认真上早课，努力学习教义教规，帮助照料生病的人，抚慰那些濒临死亡的人。宗教裁判所没日没夜地工作，防止任何可能含有危险教义的印刷品在民众中流传。故事叙述到这里，一般来说，下面我们会开始讲述不幸的伽利略[1]的故事。伽利略酷爱天文，他利用自己的小望远镜观察宇宙，通过观察提出了一些星体运行的规律，其中有些规律和官方的结论有着天壤之别。从宗教裁判所的角度看，伽利略的行为有些匪夷所思，十分危险，于是他被抓进了地牢。其实，我们应当更加客观地看待教皇、主教和宗教裁判所。新教徒身上也存在无知和狭隘的一面，他们对科学和医学经常满怀仇恨，认为在这些领域积极研究的人是具有危害性的敌对者。

我们以众所周知的加尔文为例。我们都知道，加尔文是法国著名的宗教改革家，但实际上他还有一个身份——日内瓦地区政治和宗教事务的双重暴君。在法国政府准备对迈克尔·赛尔维特（西班

---

[1] 伽利略，意大利物理学家，数学家，天文学家和哲学家。

牙的神学家和外科医生，同时还担任第一位著名的解剖学家维萨里的助手）施以绞刑时，加尔文提供了有效的帮助。之后，赛尔维特逃离法国监狱，前往日内瓦躲避灾难。但出乎意料的是，加尔文又亲手把他送进了监狱，通过长时间的审讯，认定赛尔维特的理论属于有害的学说，决定对其施加火刑，他们根本不理会赛尔维特杰出科学家的显赫身份和荣誉。

事情的发展越来越糟糕。但是对于这一事件，我并没有收集到更多值得信赖的历史数据和材料，所以我无法谈论更多。总而言之，与天主教徒相比，新教徒对这场争斗的厌恶感产生得更早。那些被施加火刑、绞刑的群众，基本都是平凡善良的民众。他们因为生不逢时，被宗教信仰连累，成了教会的无辜受害者。

过了很多年，宗教宽容一词才出现在我们的视野中（随着年龄的增加，你们一定要记住这一点），即便我们生活在"现代社会"中，我们的宽容也只局限在一些微不足道的小事上。比如，我们对非洲土著居民的容忍度很高，他们是佛教徒还是伊斯兰教徒，根本没什么人关心。但如果换作身边的邻居，就不一样了。假设邻居本是一位自由贸易者，坚决反对征收高额保护性关税，但却毫无预兆地加入了某个关税改革政党，于是开始倡导对部分进口商品征收高额税费，这种情况下，人们的容忍度就会很低，甚至会恶语相向。17 世纪仁善的天主教徒或者新教徒与此类似，如果他们听闻自己的好友竟然信仰了某种有害的学说，一定会破口大骂。

那一时期，人们把"异端"当作一种恐怖的疾病。在现代社会中，如果身边有人不注重卫生，就会患上伤寒症等一些恐怖的传染性疾病。这种情况下，我们需要立刻汇报给卫生部门，请求他们将病人带走隔离，以保证整个社区的安全。同样，在16、17世纪，人们经常把异端分子（指一些公开怀疑天主教和新教信仰的人们）当作恐怖的存在，这比携带伤寒病菌的患者更加可怕。因为在他们眼中，伤寒造成的伤害也只可能（的确概率很大）局限于我们的身体，但异端却可能摧毁我们永恒的心灵。所以，那些理智仁善的民众一旦发现异端，就会立刻向警察汇报，把这当成自己义不容辞的责任。不然，他就可能犯下错误，就像生活在现代社会中人们发现天花或者霍乱等疾病时，隐瞒医生。

在我们成长的过程中，总会听到一些关于预防性治疗的话题。那么，究竟预防性治疗是什么呢？众所周知，一般情况下，患者都是在发病后进入医院治疗的。而我们所说的预防性治疗，指的是我们应当防患于未然。在我们身体健康的状况下，医生通过观察我们的日常生活习惯，指引我们按时清理身体中的垃圾，平衡饮食，做好个人卫生工作，有效预防一切可能引发疾病的因素。也许这还远远不够，一些医生甚至会特地前往学校，告诉孩子们应该怎样科学刷牙，正确防止感冒等疾病。

16世纪，和生理上潜在的威胁相比，人们更加看重心灵潜藏的威胁（这就是我尽力期望大家明白的）。所以，人们构建了一套完整的体系，防止灵魂疾病的发生。在孩子刚开始能够认字时，长辈应当用真正的（仅存的独一无二的"真正"的）信仰教导他。这种方式并非毫无作用，最起码它客观上间接推动了欧洲整个社会的发展。在新教国家中，各大高校拔地而起，纷纷建立，其目的是宣传教理。虽然它们最重要的任务是教授神学，但或多或少总会传授给孩子们一些其他方面的知识，这有利于培养人们的阅读习惯。同时，这也确实促进了印刷业的进一步发展。

天主教徒当然也不会束手就擒，他们对教育的关注度很高，并且为此花费了大量的时间和精力。对于这件事，罗马天主教会在新成立的耶稣会中找到了共鸣。西班牙的一名战士创建了耶稣会。他曾长期生活放荡，但却瞬间幡然醒悟。因此，为了惩戒自己曾经犯下的错误，他积极主动地担负起了为教会效劳的责任。这一行为和古代的罪犯很像，他们因为偶然的机会受到了救世主的点拨，然后甘愿为他人服务一生。

这位西班牙的战士就是伊格纳修·德·罗耀拉，他出生时，距离发现新大陆还有一年的时间。他因战争受伤，医生诊断为腿部终身残疾。根据他自己的描述，他就是在住院期间，得到了圣母和圣子的开导，接受命令，抛弃之前的放荡生活方式。在康复出院后，罗耀拉决定前往圣地，继续十字军没有完成的神圣任务。但是，他到达耶路撒冷之后，才发现这个任务几乎不可能完成。所以，他返回欧洲，加入了对抗路德教派的斗争中。

1534年，罗耀拉前往巴黎大学的索邦神学院求学，和其他7名学生联合组成了一个兄弟会。8位兄弟一起发誓，从今天起，一定要采取纯洁的生活方式，真诚老实，不求富贵，全心全意地为教会服务。经过几年后，这个规模很小的兄弟会快速发展，已经成了一个正规组织，教皇保罗三世为其命名，称为"耶稣会"。

罗耀拉本就是一名士兵，十分注重纪律，严格遵守下级服从上级的原则，这在很大程度上促进了耶稣会的成功。耶稣会主要投身于教育事业，每位老师在开始授课前都会接受正式的培训。老师要让学生在接受教育的同时感到快乐，注重学生的思想和心灵，体贴入微地照顾他们。在这种教育模式下，一批忠诚的天主教徒诞生了，他们和中世纪早期的人们很像，严格恪守自己的信仰，绝对忠诚。

耶稣会从没有绝对专注于穷人的教育，这一点是明智的。他们偶尔也会担任未来帝王的家庭老师，踏入权贵们的住所。那么耶稣会的这一行为代表了什么呢？在之后讲述三十年战争时，你就会理解了。不过，在那次疯狂的宗教战争全面爆发之前，还发生了很多事情。

查理五世去世后，德国和奥地利由他的兄弟斐迪南接管，而包括西班牙、荷兰、西印度群岛和美洲在内的其余领土均由其子菲利普接管。菲利普是查理五世和葡萄牙公主（查理的堂妹）之子，近亲结合导致菲利普举止怪诞。他的亲生儿子——唐·卡洛斯就是疯子，在他的默许下，这个可怜的孩子被残忍杀害了。菲利普本人倒没有发展成一个疯子，但是他狂热地热衷于教会，这太过疯狂了。他对自己上帝代言人的身份深信不疑，认为自己就是上帝派往人间的救世主，所以只要有人反对他的观点，他就会宣布此人为人类的公敌，并将其肉体毁灭，并对这些人的邻居加以教导，净化其真诚的灵魂。

卡斯蒂利亚[1]和阿拉贡[2]的国库不断接收着来自新大陆的财富，这使西班牙在那一时期十分富裕。但倒霉的是，西班牙当时存在一种经济怪象。西班牙的农民，不分性别，都很勤快，但是上层社会却看不起所有的劳动（不包括陆军、海军和公共机关）。尽职尽责

---

[1]　卡斯蒂利亚，伊比利亚半岛中部卡斯蒂利亚地区的封建王国。

[2]　阿拉贡，11 至 15 世纪伊比利亚半岛东北部的王国。

的摩尔工匠们，已经被驱逐出西班牙了。所以，西班牙人只能把全部金钱送往国外，换取本国需要的粮食等生活必需品，谁让他们不屑于生产呢？也就是说，西班牙的世界金库称号只是一个虚名，现实是他们很穷。

16世纪，西班牙可以说是最强大的国家，但拥有其统治权的菲利普却只能依靠尼德兰缴纳的税款维持其收入，这是当时的商业中心。不过，尼德兰人和荷兰人是路德教与加尔文教的信徒，当地教堂中全部圣像都已经被他们销毁了，他们甚至否定了教皇牧羊人的身份，奉行新译《圣经》的教导，遵从内心办事。

这种状况使国王菲利普左右为难。他不愿包容荷兰子民的异端思想，但却无法摆脱对当地税收的依赖，国王出于对上帝的忠诚，认为有必要对荷兰人信仰新教的灵魂加以约束；但同时他也明白，一旦将宗教裁判所设在尼德兰，对异端分子施加火刑，夺取他们的生命，他就会失去大部分收入来源。

菲利普是个做事拖泥带水的人，特别是处理这件事情时，他态度摇摆不定，有时温和，有时严厉，有时承诺，有时威胁。但不管他态度如何，荷兰人却一直无动于衷。他们吟唱赞美诗的同时，接受着路德派和加尔文派牧师的教义宣传。菲利普对此毫无办法，无奈之下只能派号称"铁腕人物"的艾尔巴公爵前往荷兰，企图制服这些屡教不改的罪犯。艾尔巴到达荷兰后，立刻下令斩杀宗教首领，这是他到达此地后做的第一件事，但当地人并没有感觉到危险正在逼近，他们没有马上离开。紧接着，1572年来临了，这一年，法国新教领袖在圣巴托罗缪之夜遇难了，艾尔巴在已经占领的几座荷兰城中展开了大屠杀。次年，他带兵攻打莱顿城，这是荷兰的制

圣巴托罗缪之夜

造中心。

同时，防御性联盟乌得勒支同盟成立，这一联盟由尼德兰北部的 7 个省组成。担任海陆军总司令（众所周知，荷兰水军曾被称为"海上乞丐"）的是德国大公、奥兰治的威廉，他曾担任过查理五世的私人秘书。威廉挖开海防大坝，海水倒灌形成了一片较浅的内海，包围了莱顿城，威廉试图通过这个办法拯救这座城市。他带领了一支奇特海军前往莱顿城，驳船与平底船组成的海军一会儿划，一会儿推，一会儿拉，拼尽全力终于穿过泥沼，帮助莱顿人摆脱了苦难。

西班牙无敌舰队惨败，这在历史上从未发生过。这一事件震惊了整个世界，绝不亚于俄军在沈阳被日本打败引起的反响。从这一事件开始，新教徒受到了很大的鼓舞。菲利普毫无办法，只能重新制订计划，他决定雇用一位宗教狂热分子刺杀奥兰治的威廉，刺杀成功了。但是，领袖惨死事件并没有挫败七省人民的锐气，反而激发了他们的斗志。1581 年，海牙大会由七省代表召开，会议正式宣布他们将废除"万恶的国王菲利普"，自己行使主权。在此之前，国家的主权向来遵守"君权神授"的原则。

这一事件具有里程碑式的意义，和英国贵族起义签订《大宪章》相比，这一事件代表着人们在争取政治自由的道路上又取得了新的进展。荷兰人民依然单纯地以为："国王和臣民之间存在一份无须言明的契约，双方理应主动承认责任，履行义务。只要有一方有违契约内容，另一方可以随时终止契约关系。"1776 年，被英国国王乔治三世统治的北美臣民也曾做出过类似声明，但是这一地区的人们和统治者之间隔着三千英里的大洋，也就是说，

刺杀威廉

他们所处的环境还比较安全。但是荷兰七省联盟会议在发表这一决定生死（如果不慎失败，他们面临的就是冷酷的煎熬）的声明时，西班牙的海军正在开展残忍的复仇行动，枪炮声就在不远处接连不断地响起。

伊丽莎白是新教的信仰者，自从她继承了"血腥玛丽"的王位，一支强大的西班牙舰队即将对荷兰和英国发起进攻的传言就沸腾了。实际上，这个传言已经有很长时间了，海滨地区的水手们对此也十分熟悉。16 世纪 80 年代，这些传闻全部兑现了。曾经到过里斯本的一位海员说，在西班牙和葡萄牙的所有码头上，我们都能够看到人们在制造战船。此时，帕尔马公爵正在尼德兰南部（在现在比利时境内）组建一支强大的远征军，只要碰见西班牙的军队，就一定会把他们从比利时港口奥斯坦德运到伦敦和阿姆斯特丹。

1586 年，西班牙无敌舰队已经做好了准备，他们即将向北前

无敌舰队来了

进远行。但是，大量军队驻守在荷兰的弗兰德沿岸港口，英吉利海峡早已被控制了。西班牙舰队向来都是在南方平静的海域上作战的，现在面对北方海域极为恶劣的气候条件，他们有些不知所措，这是他们从未遇到过的情况，最终的结果也毫无疑问，在敌人舰队的攻击和暴风雨的袭击下，他们失败了。对于当时的具体状况，我就不再详细描述了，只有一点需要告诉大家，西班牙的大部分战船沉在了北海的海底，幸存的几艘战船经过冰岛返回了西班牙，向人们讲述了那段恐怖的历程。

从此，英国与荷兰迅速发展起来，成为强国。16世纪末，霍特曼读了林硕顿（荷兰人，曾效力于葡萄牙）撰写的一本小书，在这本书的帮助下，他找到了前往印度的航线。之后，他组建了荷兰东印度公司，加入了争夺亚非殖民地的战争，与西班牙、葡萄牙一较高下。

在海外殖民地争夺战争期间，荷兰法庭碰见了一桩十分奇怪的案件。17世纪初，荷兰一位名叫范·希姆斯柯克（他曾经带领船队，尝试从东北航线到达印度群岛，但因为海洋冰封，他们被困在了新地岛上，在那里度过了整个冬季）的军官，在马六甲海峡[1]缴

---

[1] 马六甲海峡，位于马来半岛和苏门答腊岛之间的一个重要海峡。

获了一艘葡萄牙商船。我们曾说过，教皇一度让西班牙和葡萄牙平分整个世界，大家是否还有印象？所以，葡萄牙人理所当然地认为印度群岛附近的海域属于其私有财产。那时候，葡萄牙和尼德兰七省联盟还没有开战，他们表示，私人贸易公司的船长无权踏足其领地，偷盗其船只。因此，他们对此行使了诉讼权。荷兰东印度公司聘请的律师是青年人德·格鲁特（也叫格劳秀斯），在争论的过程中，他指出"海洋是公共领域，对任何人都是开放的"，这一观点让人惊讶。按照他的理论，属于国家私有海域的仅仅是该国大炮在海岸上能够达到的射程，至于其他海域，对于任何国家来说都是一样的，它们只是为所有船只免费提供了道路。这一理论刚刚发表，就引起了巨大的反响，几乎全部航海人员都加入了反对者的行列。针对这一问题，英国人约翰·塞尔顿特意写了一篇文章，论述"领海权"，文中明确指出一个国家的"领海"范围应当是该国周围的海域。我谈论这件事，是因为到现在都没有找到解决这一问题的完美方案，在上一次世界大战 [1] 中，这一问题带来了很多困扰。

下面，我们继续讨论西班牙与英国、荷兰的战争。印度群岛、好望角、斯里兰卡、中国海岸和日本等归属于西班牙的殖民地，在不到 20 年的时间内，所有权都发生了转让，它们成了新教徒的领地。1621 年，西印度公司正式成立。该公司随后使巴西战败，北美哈德逊河河口的新阿姆斯特丹 [2] 也是该公司建立的。1609 年，亨利·哈德逊 [3] 发现了这条河，因此将其命名为哈德逊河。

---

[1] 上一次世界大战，指第一次世界大战。

[2] 新阿姆斯特丹，即今天的纽约。

[3] 亨利·哈德逊，英国探险家和航海家。

哈德逊之死

这些新的殖民地给荷兰和英国带来了巨大的利润。他们把主要的精力放在了商贸活动中，至于陆上战争则交给雇用的外国士兵。在他们看来，只要信仰新教，否定天主教，就能够实现政治独立，经济繁荣。但是，在欧洲的很多地方，反对天主教的行为却使人们处于水深火热中，其严重性远远超过了世界大战带来的危害。

从 1618 年开始，这场战争持续了 30 年之久，最终以 1648 年签订的《威斯特伐利亚条约》[1]告终。不断加剧的宗教仇恨堆积了一个世纪，战争已经无法避免。我之前就曾提及，这场战争太过恐怖了，人们彼此搏杀，战况混乱，最终以双方无力再战告终。

中欧多数地区在一代人的时间内变成了一片荒凉之地。甚至有时候人们为了找到一匹死马填饱肚子，都需要和野狼大战一场。德国六分之五的城镇和村庄都在战争中化为废墟，法尔茨地区被扫荡了 28 次，人口数量骤减，战争爆发前这里的人口达到了 1800 万，而战后只有 400 万了。

---

[1]《威斯特伐利亚条约》，指由西班牙，罗马帝国，奥地利帝国的哈布斯堡王室，法国，瑞典，罗马帝国内勃兰登堡、萨克森、巴伐利亚等诸侯邦国签订的停战协定。

哈布斯堡家族的斐迪南二世成为德意志皇帝后，恨意就开始积聚了。斐迪南从小接受耶稣会的教育，是一位虔诚的天主教信徒，十分顺从。在他青年时期，就曾发誓要清除自己领土上的全部异端。他的竞争对手弗雷德里克（法尔茨的新教徒选帝侯，英王詹姆士一世的女婿）成功当选波西米亚国王，这件事发生在斐迪南二世成为德意志皇帝的前两天。这和斐迪南的意愿完全不同。

紧接着，波西米亚被哈布斯堡的大军侵扰了。面对如此强大的敌人，年轻的弗雷德里克国王开始向各方求助，但是都没有得到回应。本来波西米亚有可能得到荷兰共和国的帮助，但当时的荷兰共和国正和西班牙的哈布斯堡王族开战，这耗费了他们大量的精力，已经无法再帮助他人了。而英国的斯图亚特王朝[1]对此则十分不屑，他们更希望能够巩固自己的绝对权力，而不是把人力和财力耗费在距离遥远的波西米亚战争上。所以，哈布斯堡大军只用了几个月的时间就赶走了法尔茨选帝侯。其领土由巴伐利亚的天主教王族接管。三十年战争正式开始。

哈布斯堡大军在提利和华伦斯坦带领下，从德国新教地区出发，一直攻打到波罗的海沿岸。丹麦国王克里斯蒂安四世是新教的忠诚信徒，所以理所当然地把日益强盛的天主教邻国当作巨大的威胁。所以，在德国势力还没有稳定的时候，丹麦率先派兵进入德国，占据先机，但他们最终还是失败了。华伦斯继续追打，丹麦不得不求和。此时，新教徒在波罗的海地区的势力只剩斯塔拉尔松一座岛屿。

---

[1] 斯图亚特王朝，1371 至 1714 年统治苏格兰和 1603 至 1714 年统治英格兰和爱尔兰的王朝。

1630 年的夏天，瓦萨家族的古斯塔夫·阿道尔夫来到斯特拉尔松，他是瑞典的国王。在对抗俄罗斯人的侵略战争中，他取得了胜利，一战成名。古斯塔夫信仰新教，他胸怀大志，一直希望能够将瑞典发展为北方大帝国的核心。对于他的行为，欧洲的新教王公们十分支持，热烈欢迎，他们甚至认为他能够拯救路德事业。古斯塔夫首先打败了提利，这就是那位不久前开展大屠杀的马德堡新教徒，紧接着，他带领军队长途跋涉，跨过德国腹地，着手准备攻打哈布斯堡王室的意大利领地，可以说，他取得了辉煌的胜利。但是，后方的天主教军队一直是个巨大的威胁，所以，古斯塔夫转变战略，在鲁岑战役中战胜了哈布斯堡的主力军队，沉重打击了哈布斯堡王室的势力。可惜的是，他因为在战争中离队牺牲了。

斐迪南对人缺乏信任。在遭遇挫折后，他对自己的手下有些不信任了，在他的策划下，军队总司令华伦斯坦被谋杀了。人们得知这一消息后，法国天主教的波旁王室开始和新教的支持者瑞典结为同盟，他们本来和哈布斯堡王室之间就有仇怨，而且已经有很长时间了。路易十三的大军把矛头指向了德国东部。在战争中，法国军队和瑞典军队分别在图兰、孔第将军和巴纳、威玛将军的率领下奋力抗争，得到了众人的赞扬，一时声名远扬。瑞典通过这场战争不仅获得了名望，还获得了大量财富，这遭到了丹麦人的妒忌。所以，同时信仰新教的丹麦人向瑞典宣战了，导致瑞典和法国人结成同盟，而法国实际上是信仰天主教的。红衣教主黎塞留[1]是法国当时的政治领袖，他刚刚剥夺了胡格诺教徒（法国的新教徒）的公开祈祷权，这是 1598 年南特敕令给予他的权利。

---

[1] 黎塞留，法国宰相，红衣主教，政治家。

和很多同类问题相似，1648 年，参战的各个国家签订《威斯特伐利亚条约》时，战争开始前就存在的很多问题依然没有找到合理的解决方案。天主教国家依然是天主教的信徒，而新教国家则保持对路德、加尔文、茨温利等教派的信仰。独立的共和国已经在瑞典和荷兰的新教徒手中建立了，梅斯、图尔、凡尔登等城市以及阿尔萨斯已经成了法国领土的一部分。伟大的罗马帝国其实已经灭亡了，它没有足够的人力，没有足够的金钱，我们看不到任何希望，也感受不到任何勇气。

如果非要说三十年战争带来的好处，那只能是给人们提供了一个很好的反面教材，让人们引以为戒。战争结束后，天主教徒和新教徒都打消了战争的念头，他们无视彼此的存在，但宗教狂热和信仰仇恨依然存在。而且，这场争斗刚刚结束，新教就发生了内乱，各个派别之间开始相互争论，十分激烈。在荷兰，人们关于"命定论"（在你的眼中，这是一个难以理解的神学概念，但是你的曾祖父却认为这一问题十分重要，必须讨论清楚）存在巨大的分歧，这引起了剧烈的争论，荷兰的政治家奥登巴恩维尔特的约翰（在荷兰共和国刚刚独立的 20 年中，他建功无数，在促进东印度公司发展

阿姆斯特丹

上作用显著）因此被杀害了。英国内部的分歧则引发了内战。

内战最终导致了国王被依法处死，这在欧洲从未发生过。不过，在详细描述这场大革命之前，我们有必要对英国的历史做一个简单说明。在这本书中，我只选择一些能够帮助我们理解现代社会的历史事件，至于选择或者不选择某些国家，并非刻意为之，也和个人喜好无关。对于挪威、瑞士、塞尔维亚、中国的相关故事，我也很有兴趣，但是对于16、17世纪的欧洲来讲，这些国家的影响力根本不值一提，所以，我只能一笔带过。不过，英国和这些国家完全不同。它虽然是一个面积不大的岛国，但是在过去的500年中，它的一举一动几乎影响着整个世界的文明发展。如果对英国历史一无所知，恐怕现在的报纸对我们而言也会成为天书。下面，就让我们看看，当欧洲大陆还掌握在君主专制的手中时，英国的议会制是怎样发展的。

第四十五章
英国革命

国王主张"君权神授","议会"虽然知道自己并非如此神圣，但却坚持他们的做法是合情合理的。所以，国王与议会之间展开了激烈的争斗，最终，国王失败了。

恺撒是第一个发现欧洲西北部的人，公元前55年，恺撒带领大军横渡英吉利海峡，迫使英格兰归顺。之后，英国作为罗马的行省存在了400年。直到蛮族入侵罗马，罗马才紧急召回了在英国驻守的军队。这使不列颠变成了一个无政府、无保障的荒凉岛屿。

但这种状况很快就被打破了。岛国的气候适宜，物产丰富，北日耳曼的撒克逊部落很快注意到了这一点。他们跨过海洋，在此安营扎寨，随后，盎格鲁－撒克逊王国在此建立，这是最早的侵略者盎格鲁人和撒克逊人的合称。但是，英格兰还没有形成统一的局面，这里仍然处于分裂割据的状态，建立起来的各个小国之间经常出现摩擦，这里缺乏一位领袖。北欧的海盗不断侵扰岛国的麦西亚、诺森布里亚、威塞克斯、苏塞克斯、肯特、东盎格里亚等地区，其中还包括一些我们叫不上名字的地区。这种状况持续了 500 年，时间推进到 11 世纪。此时，丹麦的克努特帝国崛起，英格兰、挪威、北德意志都成了它的领地。英格兰完全失去了独立。

经过很长时间，丹麦人最终被英格兰人赶出去了。但是，他们还没来得及庆祝独立，北欧部落的一支后裔就占领了这里。10 世纪时，法国曾受到过这个部落的侵略，诺曼底公国拔地而起。隔海相望的英格兰岛屿物产丰富，早就引起了诺曼底大公威廉的注意，他早有打算。1066 年 10 月，威廉带领军队跨越海峡，10 月 14 日，黑斯廷斯战役爆发，威塞克斯的哈罗德被杀，这是盎格鲁－撒克逊的最后一位国王，他自称是英格兰国王。实际上，威廉和安茹王朝（也叫金雀花王朝）的继任者都只是把岛国作为一块附属领地，这属于他们广阔领地的一部分，但并不是实际意义上的家园，更像是一片殖民地，这里住满了落后的民族。但同时，他们要求岛国居民必须接受他们的语言和文化，并认真学习。随着时间的推移，英格兰"殖民地"的发展程度远远超过了"诺曼底祖国"。同时，法国国王意识到了诺曼底王公们并非绝对服从，所以他拼尽全力与邻国诺曼底－英格兰抗争。终于，经过近百年的战争，法国人在圣女贞德的带领下彻底把这些"外国人"从领土中驱赶出去了。1430 年，贡比埃涅战役爆发，贞德不幸被勃艮第人俘虏，随后被转卖到英国士兵的手中。英国人一直认为贞德就是女巫，于是对其施加火刑，夺取了她的生命。

英王已经无法在欧洲大陆站稳脚跟了，所以他只能把全部的精力放在治理不列颠上。此时的英格兰局势十分复杂，封建贵族们混战（中世纪时期，混战屡见不鲜，这和天花、麻疹类似）不断，陆续在"红白玫瑰战争"[1]中丧生。所以,国王根本无须花费太多心思,就完全可以稳固王权。15世纪末,英格兰中央集权发展迅速,成了一个十分强大的国家,此时,这里的统治者是都铎王朝的亨利七世。在战争中侥幸存活的部分贵族试图再次影响整个国家,但都被亨利七世镇压了,在这里,我们不可避免地要提到亨利七世采取的手段,那就是著名的星法院[2],一个让人毛骨悚然的法庭。

1509年,英格兰国王由亨利八世继承,从此,英格兰的历史翻开了崭新的一页。它从一个落伍的中世纪岛国转变成了一个强大的现代帝国。

亨利对宗教没什么激情。他曾离婚多次,所以和教皇的关系较差,于是,他趁机摆脱了罗马教廷。这使得英格兰圣公会成了首个真正的"国家教会",国王不仅是尘世的统治者,也是百姓的精神领军人物。1534年,变革开始,英国牧师纷纷表态支持(路德派新教徒不断攻击他们)王朝,同时,修道院的财产全部被没收,王权大大加强。随后,商人和手工匠们也加入了支持者的行列。这些从小在海岛上长大的居民,与大陆之间一直隔着广阔的海峡,他们对所有外来事物都没有兴趣,更不希望自己真诚的灵魂被意大利人统治。

1547年,亨利去世,10岁的幼子继承了王位。负责监护小国王的人对路德教赞赏有加,于是决定全力以赴,发展新教。可怜的是,小国王未满16岁就失去了生命。他的姐姐玛丽继承王位,她

---

[1] 红白玫瑰战争,百年战争之后,英国贵族的两个集团分别用红、白玫瑰作为各自的徽记,故得名。

[2] 星法院,依国王特权设立并与政府密切联系的专门法院。

是当时西班牙国王菲利普二世的爱妻。玛丽信仰天主教，对新上任的"国家教会"主教施加火刑。她除了维护自己的信仰外，一直跟丈夫保持着同一步调。

值得庆幸的是，玛丽1558年就去世了，她的王位并没有维持多长时间。随后，亨利八世和安娜·波琳（亨利八世的妻子，这是他六位妻子中的第二位，在其失宠后，亨利下令将其斩首）的女儿——伊丽莎白继承了王位。她曾在玛丽执政期间入狱，因得到神圣罗马帝国皇帝的援助，才得以安全。所以，伊丽莎白对天主教和西班牙的一切都充满了仇恨。伊丽莎白酷似她的父亲，他们都对宗教没什么兴趣，擅长判断他人的性格，其准确度让人惊讶。伊丽莎白执政的45年，一直想方设法强化王朝的实际权力，扩大国家财政收入。同时，一大批知名人士纷纷成为她的拥护者，这使伊丽莎白时期在英国历史上留下了不容忽视的一笔。如果你有兴趣了解当时的具体情况，不妨找一本伊丽莎白时代的专著阅读。

但是，伊丽莎白的王位并非万无一失，斯图亚特王室的玛丽就是一个巨大的威胁。玛丽是法国公爵夫人和苏格兰贵族之女。同时，她还有两个身份——法国国王弗朗西斯二世的遗孀和美弟奇家族凯瑟琳的儿媳。凯瑟琳一手谋划了圣巴托罗缪之夜的大屠杀。英国斯图亚特王朝的第一位国王就是玛丽的儿子。玛丽对天主教十分忠诚，所以只要是伊丽莎白的敌人，都有可能成为她的盟友。但她政治能力不足，处理加尔文教时采取的方式又太过残暴，导致了苏格兰暴动。玛丽被迫出逃，最后在英格兰境内勉强安身，她整整躲藏了18年，但却从未感谢过伊丽莎白的收留之恩，反而一直筹划着推翻伊丽莎白的王位。最终，伊丽莎白只能遵从她亲信的提议，

"杀掉苏格兰女王"。

1587 年，玛丽遇难，同时，引发了英国与西班牙之间的战争。菲利普的"无敌舰队"在英国和荷兰海上联军的攻打下，一败涂地，之前我们就提到过这一历史事实。西班牙本想趁机消灭两个反对天主教的强大国家，但却惨败而归。

荷兰和英国对印度和美洲垂涎已久，但一直苦于没有理由，这次战争的胜利正好为他们提供了一个理由——他们要复仇，为那些被残害的西班牙新教徒复仇。英国本是最早继承哥伦布事业的国家之一。1496 年，威尼斯人乔万尼·卡波特带领英国船队，最先发现了北美大陆，并对其进行考察。拉布拉多和纽芬兰在之后的殖民地中并非至关重要，但纽芬兰沿岸的海洋却促进了英国捕鱼业的发展，收效可观。次年，即 1497 年，卡波特到达佛罗里达海岸。

紧接着，亨利七世和亨利八世时期到来，可谓多事之秋。英国初始阶段，发展迟缓，在海外探险领域无法投入足够的资金。直到伊丽莎白统治时期，英国一片太平盛世，玛丽入狱，水手们出海远航的条件得到了保证。英国人威洛比曾经到达过挪威北角，那时伊丽莎白还小。之后，他的下属理查·昌瑟勒船长继续东行，希望能够到达印度群岛，最终他们到达了俄国的阿尔汉格尔斯克港口[1]，和莫斯科帝国之间开始了商业来往，当时的莫斯科对欧洲来说距离遥远，且充满了神秘色彩。伊丽莎白当政期间，探索这条航线的人数不胜数。"联合股份公司"在商人探险家的努力下成立，这为之后实力强大的贸易公司奠定了基础。伊丽莎白时期的船员基本由海盗和外交家组成，他们不惜成本，敢于在未知的航行中赌上一切，只

---

[1] 阿尔汉格尔斯克港口，历史上俄罗斯重要的港口。

要能够获得财富，他们根本不在乎手段，凡是能够装进船舱的物品都逃不了被他们走私的命运，甚至出现了贩卖人口的状况。水手们在航行中，处处炫耀英格兰的国旗和英国女王的威望，几乎世界的每一个角落都受到了影响。在国内，伊丽莎白女王利用著名的威廉·莎士比亚玩乐消遣，英格兰所有的智者都支持女王。亨利八世遗留的封建国家，现在已经发展成一个现代民族国家了。

1603 年，70 岁的伊丽莎白女王去世，继承英国王位的是詹姆士一世。他是亨利七世的曾孙，是伊丽莎白的侄子，是苏格兰女王玛丽的儿子。詹姆士接任国王后，发现英国并没有受到欧洲大陆厄运的影响，他对上帝充满了感激。欧洲当时的状况十分混乱，天主教徒和新教徒们已经没有理智可言了，他们整天都在和敌对者战斗，他们希望能够彻底消灭敌对者，从而确立自己信仰的不可动摇的统治地位。但是英格兰却呈现出一片祥和，所有的问题都被"宗教改革"以和平的方式解决了，他们没有步路德或者罗耀拉的后尘，没有走向极端。这对英国后来的发展有很大的帮助，使它在殖民地争夺战及国际事务中占据了较大的优势，一直担任领导者。直到世界大战结束，这种优势开始弱化，斯图亚特王朝的灾难性事件无法阻挡历史向前推进的步伐。

斯图亚特王朝一直被英国人当作"外国人"，但是他们对此毫无意识，也无法理解。在英国，都铎王朝的成员们可以随意盗窃马匹，无须承担任何责任，但如果换做是斯图亚特王朝的成员则不可能有这样的待遇，甚至他们的视线在马鞍上多停留一会儿，都会被人们议论。老女王贝丝[1]统治时期，这里几乎随心所欲，没有什么

---

[1] 贝丝，伊丽莎白的昵称。

避讳，因为她一直采取政策，坚持鼓励诚实的（或者不诚实的）商人赚取利益，所以，人们都很尊敬她。女王偶尔越权处理国会的一些事情，也会被人们忽略，因为女王采取的强势外交手段，取得了巨大的成功，其带来的收益十分可观。

詹姆士国王看似并没有改变政策。但是，人们却无法从他身上感受到如同伊丽莎白一样的热情。他同样鼓励对外贸易，同样约束天主教徒的自由，但他却坦然接受了西班牙对英国的示好，与西班牙建交。这引起了大多数英国人的不满，但他们却迫于国王的权威，不敢反抗。

很快，冲突就显现了。詹姆士国王一直相信"君权神授"，这和 1625 年继承王位的查理一世相同。他们都相信自己特权加身，完全可以按照自己的意愿治理国家，不需要理会百姓的建议。"君权神授"的观点并不新颖。教皇，从某种角度看，可以说是罗马帝国皇帝的继承者（也可以说，他们传承了罗马帝国一统世界的古代思想），他们自称为"基督在凡尘的代言人"，这一点得到了民众的认可。上帝对世界享有绝对的统治权，他们可以根据自己的意愿管理这个世界，从没有人怀疑过这一点，所以他们也不会质疑上帝"代言人"的权力。在人们眼中，教皇直接对上帝负责，他是宇宙的绝对领袖。所以，教皇享有一切权力，民众必须毫无理由地服从他的领导。

随着路德宗教改革的进行，教皇的部分特权已经没有了。很多尘世君主信仰新教，他们抓住机会取代教皇的位置，成为"国家教会"的领导者，他们认为自己是本国领土内"基督的代理人"。人们对这一点深信不疑。他们没有经过任何思考就接受了这一观点，就像我们理所当然地认为议会制是合情合理的。但是，詹姆士国王总是不断强调"君权神授"，这引起了民众的反感。那么，究竟是什么原因导致的呢？是受到了路德教或者加尔文教等新教思想的影响吗？这个理由有失公允。因此，真诚的英格兰民众突然开始怀疑"君权神授"的王权，这其中一定还有其他因素的影响。

尼德兰是最早反对"君权神授"观点的。1581年，尼德兰三级会议召开，会议决定废除他们法律上的君主——西班牙的菲利普二世。会议表示："国王如果违反了契约的内容，就应当被解雇，这一点和奸诈的仆人一样。"自此，北海沿岸就流传着国王需要对百姓负责的说法。这和当地人民经济实力雄厚，地位不断提升有着密切的关系。在贫穷的中欧地区，一切都是不现实的，百姓生活贫困，每时每刻都被卫队监视着，根本没有勇气讨论这些，稍有不慎就可能会被抓进地牢，那里一片漆黑。但是荷兰和英国的状况则完全不同，这里的商人实力强大，国家陆军和海军的开支基本是他们在维持，且他们懂得如何把"银行贷款"变成维护自己利益的武器，所以，他们完全没有担心的必要。他们经常会和哈布斯堡王室、波旁王室、斯图亚特王室宣扬的"君权神授"相抗衡，他们的资本就是金钱具有的"神圣特权"。他们很清楚金钱的魔力，自己完全有能力和国王的封建军队对抗。这些人完全可以不考虑后果，想做什么就做什么，不存在任何风险，但是对其他的国家的臣民来说，他们只能被迫接受。

最先奋起反抗的是英格兰人民。斯图亚特王室公然宣布，他们可以不承担任何责任，为所欲为。英格兰人民再也无法忍受了，不列颠岛国的中产阶级展开行动，他们把议会作为自己的阵营，试图阻止王室滥用职权。国王对此十分反感，不仅没有接受建议，甚至下令解散议会。之后，查理一世独掌大权，这一状况持续了11年。他把国家当作自己的私人农庄，不顾法律规定，私自征收赋税，完全不考虑人民的感受。但这位国王却懂得如何用人，敢于坚持自我信仰，这一点不可否认。

查理本想和苏格兰人民结成盟友，但却没能如愿，甚至和苏格兰长老会教派发生了冲突，这一点十分可惜。后来，资金问题一直困扰着查理，他不得不再次召开议会，虽然这并非他的本意。1640年4月，议会再次召开，但是议员们却大发雷霆，纷纷表达自己内心的反感。所以，这次议会仅仅维持了几周时间就又被解散了。11月，新的议会组成，但是和以前的议会相比，这届议会更加强势。议员们似乎开始明白，想要解决"君权神授"治理国家还是利用"议会"治理国家的问题，最有效的方式还是武力。所以，他们马上行动起来，判决了6个主要的国王顾问。同时，他们还明确表态，国王在没有得到议会允许的情况下，没有权利私自解散议会。1641年12月1日，议会搜集了国王的种种恶行，将其全部写在《大抗议书》中，递交给了国王，表达人们的不满。

1642年，查理前往农村，他这次离开伦敦的主要目的是想要找到支持者。战争已经迫在眉睫。国王和议会就绝对权力的归属问题展开了殊死搏斗，双方各自建立了军队。在大战中，清教徒（英国圣公会的成员，他们一心想要净化本教教义）盛气凌人，这是英格兰所有的宗教派别中最大的一个。奥利弗·克伦威尔[1]带领的

---

[1] 奥利弗·克伦威尔，1599—1658年，17世纪英国资产阶级独立派首领。

"圣洁兵团"，纪律严明，目标神圣而明确，他们执着于自己的信仰一路前行，成了模范，众军纷纷向其学习。查理带领的军队在战争中两次大败，受到了沉重的打击，1645 年纳斯比战役爆发后，军队仓皇出逃，前往苏格兰。很快，苏格兰人把查理出卖给了英格兰人，只能说他运气太差了。

随后，苏格兰长老会和英格兰清教徒之间又出现了矛盾。1648 年 8 月，双方在普莱顿荒野上大战三天，战况激烈，第二场内战宣告结束。爱丁堡被克伦威尔成功占领。士兵们本就瞧不起纸上谈兵，对于毫无意义的宗教争论更是无法忍受，他们终于爆发了，开始行动。士兵们冲进议会，驱逐那些反对清教徒的议员。剩余议员成立了"残余议会"，控诉国王的叛国行径。上议院拒绝进一步审判国王，紧接着特别法庭成立，国王被判处死刑。1649 年 1 月 30 日，查理一世从容地从白厅的一扇窗户走向了断头台。他到死大概都不明白，作为一位现代社会的国王到底应该如何摆放自己的位置。当天，自食其力的人们选举出了自己的代表，他们处死了一位国王。

人们通常把查理去世后的这段时期称为克伦威尔时期。克伦威尔虽然一开始就统治着英格兰，但却一直都是非正式的独裁者，1653 年，克伦威尔才正式被任命为护国公。克伦威尔执政 5 年，继续采取伊丽莎白推行的政策。英格兰一直将西班牙作为他们的头号大敌，向西班牙开战的话题成了全国人讨论的焦点。

克伦威尔执政期间，国家高度重视海外贸易和商人的利益，全国信奉并严格实行新教教义。克伦威尔保住了英格兰在国际上的地位，这一点他做得十分成功，但是在社会改革方面他却遭遇了严重的挫折。我们必须清楚，想要统治全世界的思想真的太难了，不仅是因为人口数量众多，同时，他们每个人都有自己的观点。从长远利益考虑，这一原则十分明智。如果政府在做事时，只考虑一部分人的利益，其统治地位就很难长久维持。清教徒在反对国王滥用职权上做出了巨大的贡献，但是人们却难以容忍他作为英格兰统治者的行径。

1658年，克伦威尔去世，斯图亚特王朝不费吹灰之力就复辟了。这时，英国人发现他们对清教徒已经忍无可忍了，其厌恶程度和当年对待查理很像。所以，人们对斯图亚特王室十分欢迎，把它当成了救命的稻草。只要斯图亚特王室能够放弃"君权神授"的观点，接受议会拥有至高无上的权力，那么英国的臣民们依然会十分尊重他们的国王。

之后两代人为了实现这一目标坚持不懈，努力奋斗。但是，斯图亚特王室并没有看清局势，依然保持着陈旧的习惯。1660年，查理二世回到英国，继承王位。他天生懒散，喜欢卖弄小聪明，经常说谎，所以他和人民之间开始时相处得还算和睦。1662年，《统一法案》通过了，他抓住机会清除了神职人员中与他政见不同的异己势力，给予清教徒沉重的打击。1664年，《秘密集会法案》通过，明令禁止异己势力开展宗教集会等活动，一旦发现违反法令者，立即流放西印度群岛。这种做法其实就是古老的"君权神授"论的表现。这一做法让很多人感到了厌烦，他们对这种套路已经十分熟悉了，议会也中断了对国王的资金支持。

议会的反抗，切断了查理二世大部分的经济来源，无奈之下，他只能悄悄从法国路易国王手中借钱，这是他的邻居，也是他的表亲。为了每年能够获得20万英镑的资金，查理二世出卖了新教盟友，同时还私下嘲讽议会的那群可怜虫。

经济问题解决后，查理二世的自信增加了不少。他年幼时曾背井离乡，居住在亲戚家，亲戚一家人都信仰天主教，所以查理二世对天主教的印象很好。他希望英格兰人民能够重新回归罗马教会，毕竟现在的他们只是不慎走错了道路。紧接着，《免罪宣言》发布，国王将所有约束天主教和异见者的法律全部废除了。同时，人们开始听到各种各样的传言，有人说詹姆士已经成了天主教的信徒，此人正是查理的弟弟。人们对此十分担心，很多人怀疑这件事情背后隐藏着恐怖的阴谋，这和教皇脱不了干系。很快，这种想法在整个英国蔓延开来。大部分英国人都对战争十分恐惧，在他们的眼中，国王专制，信仰天主教，甚至"君权神授"都可以接受，但唯独战争不行，他们并不希望内战再度降临。但并不是所有人都能够理解这一观点，很多国教的反对者们，态度强硬，英勇顽强，他们追随着几个大贵族，誓死反对王权的彻底回归。

在之后的 10 年中，双方保持敌对状态，各自成立了自己的党派，分别为辉格党和托利党。辉格党为中产阶级代言，保护他们的利益。这个看似诙谐的名字，有着历史渊源，这些人坚决站在国王的对立面，这和 1640 年，苏格兰长老会带领马夫（辉格莫人）攻打王宫的状况极为相似。托利党中"托利"一词，本是指爱尔兰的保皇者，这里我们用来指支持国王的民众。两党相互对立，但没有人想成为冲突爆发的导火索，所以他们都静候时机。1685 年，查理二世去世，詹姆士二世继任王位，他是一位忠诚的天主教信徒。詹姆士上位后，首先模仿国外建立起"常备军"，其指挥权归法国的天主教徒。1688 年，又一份《免罪宣言》颁布，并要求全部的圣公会教堂必须宣读。他的这一行为明显不合常规，早已越过了明令禁止的界限，除了人们尊敬的国王外，人们无法容忍任何人这么做。7 位拒绝宣读这些条款的主教们被以"叛国诽谤罪"起诉了。经过法庭的审判，陪审团最终宣布"无罪"，民众对这一结果十分满意。

但不巧的是，詹姆士（他第二位妻子是摩德纳伊斯特家族的玛利亚，是一位虔诚的天主教信徒）的儿子降生了。也就是说，从此以后，英国的王位继承者就是一位天主教徒，他的姐姐玛丽或者安娜虽然信仰新教，但是已经无权继承王位了。然而，人们对这件事充满了疑惑。因为按照玛利亚的年龄，生育已经十分困难了。这其中一定大有问题。也许和耶稣会教士存在一定的关系，很有可能是他悄悄把一个毫不相干的婴儿带进了英国的王宫，希望他继任英国的国王之位。这在国内引起了很大的反响，内战似乎随时有可能爆发。辉格党和托利党快速结盟，两个党派中的 7 名著名成员联名给威廉三世写信，希望他能够回来主持大局，这是詹姆士大女儿玛丽的丈夫，也是荷兰的护国主，人们希望他能够解决这位合法的小王储，他实在不被人们喜爱。

1688 年 11 月 15 日，威廉抵达托尔比。为保护岳父詹姆士的安全，威廉安排其出逃法国。1689 年 1 月 22 日，议会在威廉的主持下召开。2 月 13 日，英国王位由威廉和玛丽接任。英国的新教摆脱了困境。

同时，议会已经不满足于国王咨询机构的身份了，他们希望获得更多的权力。所以，他们渴望抓住一切机会，利用时机。他们从档案室中一个布满灰尘的角落中找到了 1628 年的《权利请愿书》，然后草拟了思想更加激进的《权利法案》，企图限制国王在各方面的权力。他们要求国王追随圣公会的信仰，取消了国王废除法律的权力，同时指出国王没有权力允许某些特权阶层违反法律。法案中甚至还明确指出："国王在没有得到议会的准许下，无权征收赋税，维持军队。"到 1689 年为止，英国议会成功捍卫了权力，这是欧洲大多数国家望尘莫及的，这些权力是他们不敢触碰的，英国议会却将其变成了现实。

英国人对威廉时期记忆深刻，甚至到现在都无法忘记，这并不只是因为这一时期采取了很多进步的措施，更是因为"责任内阁"的政府管理体制在这一时期第一次出现了。其实这很容易理解，对于国王来说，单独管理国家真的太难了，他们需要一些可信的帮手。都铎王朝其实就是一个贵族和神职人员构成的"大智囊团"。但是，当这一机构发展壮大到一定程度时，只能精减人员，最终成了"枢密院"。枢密院的成员们一般都是在王宫中的一间内室觐见国王，久而久之，形成了一个惯例，人们也因此将其称为"内阁成员"。很快，"内阁"成了一个流行词汇。

威廉作为君主也无法摆脱这种惯例。他从各个党派中选取了自己的顾问。随着议会的发展壮大，威廉发现议会成员大多都是辉格党人士，所以即便他得到了托利党的帮助，还是没办法有效推行一些政策。所以，他果断地把托利党从内阁中剔除了，内阁成了辉格党的天下。经过几年时间，辉格党大不如前，逐渐发展起来的托利党又成了国王新的依靠。1702 年，威廉逝世，回顾其一生，我们会发现他一直忙着处理和法王路易间的战争，根本没有精力管理英国政府，所以，英国的重要事务基本都是内阁负责处理的。威廉去世后，爱妻之妹安娜继承了王位，状况依然没有改变。1714 年，安娜逝世，但是她的 17 个子女无一在世，所以汉诺威王室的乔治一世继承了王位，这是詹姆士一世的孙女苏菲的儿子。

乔治一世是一个俗人，从来没有认真研究过英语，对于盘根错节的政治制度更是手忙脚乱，他看着这些和迷宫一般无二。所以，内阁依然处理着国家事务，乔治一世从不参加任何会议，其实他即便出席也毫无效果，因为他对英语一窍不通。长期如此，内阁完全可以自己处理英格兰和苏格兰（1707 年，苏格兰议会和英格兰议会合并在了一起）的国家事务了，这成了一种习惯，他们没有必要打扰国王。乔治对此十分满意，这样他就有足够的时间返回欧洲大陆，享受生活了。

在乔治一世和乔治二世执政期间，辉格党中很多优秀人士相继组织内阁，比如罗伯特·沃波尔就曾执政 21 年。辉格党的领导者地位越来越高，他们的身份已经不只是内阁首脑了，同时也是掌握政权的多数党领袖。之后，乔治三世继承王位。他希望能够夺取权力，架空内阁，取得处理政府重要事务的权力。但却引发了巨大的灾难，这给后人提供了惨痛的教训，再也没有人敢尝试了。所以，18 世纪初期，英国就形成了代议制政府，国家事务由责任内阁处理。

需要注意的是，这一政府不会保护社会全部阶层的利益，在全国范围内享有选举权的人不到十二分之一。但不管怎么说，它都促进了现代代议制政府的形成。它使用和平的方式，夺取国王的权力，实现了更多国民代表自主管理国家的愿望。也许这一举措没有给英国带来巨大的经济收益，但却使英国成功地避开了一场血战。不过，17、18 世纪的欧洲却在剧烈革命的影响下遭遇了一场巨大的灾难。

第四十六章
势均力敌

法国曾一度吹捧"君权神授"的理论，直到"势均力敌"的概念出现，国王的野心才被有效控制。

下面我们要说的是，在英国人拼尽全力争取自由期间，法国发生的一切。我们通常把历史上某位恰当的人在恰当的时间出现在恰当的国家称为天时地利人和，这是很难得的。法国的运气很好，路易十四的出现给法国带来了奇迹，完美地实现了这一美梦。不过他的出现对于欧洲其他地区来说，也许并不是好事。

法国在当时的欧洲国家中，人口第一，国力最强。路易十四继任王位时，马萨林和黎塞留两位红衣主教已经对法国进行了大整顿，历史悠久的法兰西王国可以说是 17 世纪空前强盛的集权国家。路易十四也不容小觑，他文韬武略，样样精通。即便在 20 世纪的现代社会中，太阳王时代辉煌的痕迹依然清晰可见。路易十四执政期间，王宫中出现了完美无瑕的经典礼仪，人们言谈举止高贵优雅，这其实就是现代社交生活的基本常识，也是最高的模范标准。

在外交方面，法语依然保持着国家会议重要官方语言之一的地位，法语本就典雅精致，辞藻简练，这在两个世纪之前就得到了众人的认可，欧洲其他国家的语言根本达不到这一标准。直到现在，我们依然能从路易十四时代的戏剧中获得很多启发，甚至有时候我们会厌恶自己太过粗俗，难以欣赏古典戏剧带有神秘色彩的美感。路易十四时期，黎塞留创办法兰西学院，一直引领学术界的潮流，很多国家对此都十分欣赏，纷纷向其学习。法国取得的此类成就数不胜数，很难一一列举。例如，现在的菜单依然是用法语写成的，这有其必然因素。精美的法式烹饪，开始发展起来的原因也许只是国王酷爱美食，但现在已经可以说是一门艺术了，足以纳入人类文明的最辉煌成就之列。总而言之，路易十四时期的法国被绚烂和典雅占据，现在我们依然能从其中感受到很多。

可惜的是，光芒四射的表象下依然隐藏着我们难以看到的阴影。表面的光鲜亮丽通常代表着自身的凄惨，法国同样如此。1643年，路易十四接任王位，1715年，路易十四去世，这也就意味着他独自执掌法国大权72年。

首先，我们应当清楚"独掌大权"是什么意思。在历史长河中，很多君主都建立了一种效率非凡的独裁统治，这就是"开明君主制"，路易十四可以说把这一制度发挥得淋漓尽致。很多国家的君主都不重视国家事务，他们一味玩乐，把国家事务当作一种游戏，尽情享乐，路易十四对此特别反感。开明时代的君主一般都刻苦勤奋，可以说他们比任何一位百姓都更加辛苦。他们没日没夜地处理国事，因为他们明白什么是"天赋神权"（可以按照自己的意愿治理国家，无须理会百姓的建议），更清楚这一理论带来的"神圣职权"。

当然，国王并非事无巨细，一一过目。他同样需要智囊团的帮助，一般来说，国王需要几个得力的助手和顾问，一两位英勇的战将，几名精干的外交家，一些干练的银行家和经济学家。只是这些帮助国王处理国家大事的臣子只能按照国王的意愿处理事务，没有权利私自决定。在这类国家中，百姓认为君主就是国家政府。人们总是把国家的荣誉和某一代王朝的荣誉联系在一些，比如波旁王室统治时期，法兰西取得了辉煌的成就，那么，在人们眼中，这所有的利益和荣誉就应当归属于波旁王朝。这一点和民主理想完全不同。

这种统治方式的缺点无须多言就很明显。国王代表了一切，地位上超越了所有人，这使其他人变得无足轻重。那些曾经建功立业的贵族们不得不放弃管理外省事务的权力。在巴黎一幢政府大楼中，坐着一位满手墨水的小官员，行使着政府管理的职权，但是放在100多年前，这应该是封建主的职责。现在，这些封建主十分悠闲，他们住在巴黎的宫廷中随心所欲地享受生活。这给他们的庄园经济带来了危险，"在外地主制"很快就会形成。仅仅一代人的时间，那些尽职工作的封建管理者就搬进了凡尔赛宫，他们言谈举止大方得体，但却整日游手好闲。

路易十四10岁那年，《威斯特伐利亚条约》签订。三十年战争宣告结束，欧洲大陆上哈布斯堡王室的辉煌彻底成了历史。野心勃勃的路易一定不会放过这个机会，他抓住时机，希望家族能够得到本应当是哈布斯堡王室的荣誉。1660年，路易和西班牙公主玛利亚·特雷莎结为夫妻。之后，其岳父菲利普四世（西班牙哈布斯堡王室中疯疯癫癫的国王之一）去世，路易立即宣称西班牙的尼德兰部分（现在的比利时）是他妻子出嫁时的陪嫁品。这种公然掠夺是对欧洲和平的挑战，威胁着新教国家的安全。1664年，瑞典、英国、荷兰三国同盟建立，这是历史上第一个国际联盟，尼德兰七省联盟的外交部部长詹·德·维特对此功不可没。但是这个联盟并没有维持太长时间。路易十四用万能的财富和冠冕堂皇的承诺收买了英国的查理一世和瑞典的议会，荷兰被出卖了，它只能独自承担后果，别无他路。1672年，法国军队入侵荷兰。法军直抵荷兰腹地，海防大堤重新启动。最终，法兰西太阳王深入荷兰沼泽淤泥，陷入困境，这和当年的西班牙军队如出一辙。1678年，《尼姆威根条约》签订，但却没有从根本上解决任何问题，甚至还导致了另一场大战。

1689年，法军开始了第二次入侵，直到1697年《莱斯维克条约》签订，战争才结束。但是，路易渴望得到的在欧洲事务处理上的话语权依然没有成为现实。虽然，荷兰暴民杀死了詹·德·维特，帮助路易消灭了最大的敌人，但是威廉三世（在上一章中我们提到过这个人）接任这一职位后，依然和路易保持敌对状态，阻挠路易一统欧洲。

1701年，西班牙的查理二世去世，这是最后一位哈布斯堡国王，随后，西班牙陷入争夺王位的战乱。1713年，《乌得勒支条约》签订，但却没有产生任何效果。这场战争几乎掏空了路易十四的国库。法军在陆地上战无不胜，但是却无力抵挡英国与荷兰的海上联军。需要强调的是，在这场持续了很长时间的战争结束后，出现了一个新的国际政治根本原则。按照这种原则，没有哪个国家能够长时间统治欧洲或者世界。

这就是"势均力敌"。这一原则虽没有法律的保护，但却被人们严格执行了 300 多年。这一原则的创立者表示，欧洲现在处于民族化发展阶段，需要一个和平的环境，这就要求各种利益和冲突之间保持绝对的平衡。绝不允许一个国家或者一代王朝，居高临下，完全压制他国。三十年战争中，哈布斯堡王室就是被这一原则打败的，但是，当时的他们对此毫无意识。这和当时的宗教争端存在很大关系，人们的双眼被蒙蔽了，看不清问题的本质。但从此之后，人们十分清楚，经济利益永远是国际争端中的核心因素。随后，我们看到了一批新的政治家，他们聪明能干，十分理智，从未判断失误过，就像是收银机。第一位得到认可的这类政治家是詹·德·维特，而紧随其后的就是威廉三世，他学到了精髓。这种政治制度下的第一个有意识的牺牲品是路易十四，虽然他拥有至高无上的声望，但也没能逃脱。从此之后，牺牲者越来越多。

第四十七章
俄罗斯崛起

距离遥远，带有神秘色彩的莫斯科帝国后来居上，登上了欧洲的政治舞台。

1492 年，哥伦布发现了美洲，这是众所周知的。其实，在这一年年初，提洛尔 [1] 大主教命令舒纳普斯带领一支科考队带着赞词洋溢的介绍信，踏上了寻访带有神秘色彩的莫斯科城的探索之旅，但最终却失败了。他们走过万水千山，终于抵达莫斯科帝国边境（在人们的意识中，莫斯科帝国应当在欧洲的东方，距离很远），但不幸的是他们无功而返，因为莫斯科人对外来人员很不友善。为了能够给大主教一个合理的说法，舒纳普斯只好前往君士坦丁堡拜访，这是土耳其异教徒统治的范围。

英国的理查·昌瑟勒船长在 61 年后带领军队出发，他们试图找到从东北方向前往印度的航线。但不幸的是他们在途中遇到了暴风，船队失控随着风驶进北海，直达德维纳河的入海口。随后，

---

[1] 提洛尔，现为奥利地的一个省。

莫斯科

昌瑟勒发现这里就是霍尔莫果利村，属于莫斯科帝国的国土范围，且从这里出发经过几个小时就能够到达阿尔汉格尔斯克城，这是1584年发现的一座城市。昌瑟勒到达此地后，受到了莫斯科大公的接见，在他的指令下带回了一份通商条约，这是莫斯科和西方世界的首个通商条约。之后，前往莫斯科的国家越来越多，这里的神秘性不断减少，欧洲人对这里有了进一步的了解。

如果用地理常识分析，俄国的国土辽阔，一望无际，地势低平。虽然乌拉尔山脉在国土上南北分布，但是山势低平缓和，对侵略者根本构不成威胁。这里的河流面积较大，河水清浅，适合游牧民族生活。

随着时间的发展，罗马帝国起起落落，最终彻底消失在了欧洲的大地上。同时，斯拉夫部落离故乡中亚越来越远，他们曾经长期生活在德涅斯特河[1]和第聂伯河[2]流域，在这里的森林和草原间游荡。他们曾经和古希腊人相遇，公元3、4世纪时期的旅行者们偶尔也会提到他们。如果没有这些资料，我们不会对斯拉夫人有任何

---

[1] 德涅斯特河，位于欧洲境内，东南流向，经过乌克兰和摩尔多瓦两国，最后汇入黑海。

[2] 第聂伯河，俄罗斯欧洲境内的第二大河，欧洲第三大河流。

了解，就如同我们完全不清楚生活在 1800 年的内华达印第安人。

开始时，这一游牧民族的生活十分平静，一片祥和，波澜不惊。但不幸的是，一条繁华的商业道路需要从他们的国土通过。这条商业道路连接着北欧和君士坦丁堡，弯弯曲曲，路途遥远。道路开始于波罗的海沿岸，顺着波罗的海一直到达涅瓦河口[1]，然后跨越拉多加湖，顺着沃尔霍夫河一直向南，跨越伊尔门湖，在罗瓦特河处逆流而上，走过一小段路后，到达第聂伯河，然后沿着第聂伯河抵达黑海。

这条商业道路在很久以前就被北欧人发现了。公元 9 世纪时期，部分北欧人定居在俄罗斯的北部，而另一部分人则开始建立独立的小王国，这为之后的法国和德国奠定了基础。公元 862 年，3 位北欧的兄弟渡过波罗的海，在俄罗斯平原地区建立了各自的小王国。3 位兄弟中，留里克活的时间最长，他征服了兄弟建立的王国。北欧人到达俄罗斯 20 年后，斯拉夫王国拔地而起，定都基辅[2]。

基辅距黑海很近，所以君士坦丁堡很快就得知了斯拉夫国家建立的消息。这激起了基督传教士们的热情，他们渴望前往这片新的领土，传播耶稣的教义。接着，第聂伯河沿岸布满了拜占庭教士的足迹，他们甚至已经进入了俄罗斯内地。但是却发现这里的人们生活十分落后，尤其是信仰方面，他们依然信仰古老传说中居住在森林、河流或者山洞里的神灵。而当时罗马传教士们将所有的精力都投注于治理异教徒条顿人身上，希望能够教化这些野蛮的人类，也

---

[1] 涅瓦河口，白海到波罗的海和伏尔加河到波罗的海两水系的重要航道。

[2] 基辅，乌克兰首都。

就是说，他们根本没有精力顾及远在天边的斯拉夫部落。这对拜占庭传教士来说，是一个绝对的好消息，这意味着他们可以毫无顾忌，为所欲为。经过多年时间，拜占庭的宗教信仰、文字艺术、建筑理念等文明成果充斥了俄罗斯人的意识。作为东罗马帝国的残余势力，拜占庭帝国早已没有了欧洲人的特点，他们受东方人的影响更大，现在，俄罗斯也具有了东方文化的特点。

这些兴起于俄罗斯平原地区的国家，政治发展十分曲折。这与北欧人的某种习俗有关，在欧洲，父亲去世后留下的财产需要平均分给每一个儿子。所以，当一个建立不久的国家的国王去世后，他的八九个儿子会平均分掉这些领土，之后这些领土会被更多的后代划分。众多小国家之间彼此竞争，很容易出现矛盾，一般关系都十分混乱。所以，当亚洲的野蛮部族侵入俄罗斯，这里战火四起，红光冲天时，一切都已经太晚了。这些众多的国家太过分散了，再加上他们独立管理，根本不可能团结在一起，形成一支战斗力强大的队伍，更别说抵御外敌了。

1224 年，鞑靼人第一次入侵俄罗斯。成吉思汗征战沙场，所向无敌，先后占领了中国大陆、布哈拉、塔什干和土耳其斯坦，一路杀进西方世界。斯拉夫大军在卡尔卡河附近完全战败，蒙古人占领了俄罗斯。但是，蒙古人并没有占据这里太长时间。1237 年，也就是在蒙古人第一次入侵俄罗斯 13 年之后，他们再次杀了回来，花费 5 年时间，占领并统治了整个俄罗斯平原，直至 1380 年。那一年，莫斯科大公德米特里·东斯科伊在库里科沃平原上与蒙古人大战，最终取得了胜利，俄罗斯重新获得了自由。

鞑靼人统治俄罗斯长达两个世纪，这使俄罗斯人的生活十分痛苦，他们难以忍受那种压迫感。斯拉夫农民沦落为命运悲惨的奴隶。在蒙古人面前，他们为了保住性命只能爬着前行，而蒙古人则衣冠楚楚地坐在俄罗斯南部大草原的帐篷中，极尽侮辱之举。俄罗斯人过着食不果腹的日子，他们承担了所有的苦痛和折磨，早已没有了做人应当具有的尊严。最终，所有俄罗斯人都难以忍受生理的折磨变得精神失常，曾经的农民和贵族，现在都无家可归，他们甚至没有胁肩谄笑的机会。

逃避根本没有任何效果。鞑靼的骑兵十分敏捷，但同时也以冷血无情著称。在一望无际的草原上，很难找到可以躲藏的地方，安全的藏身之地几乎可以说远在天边。命运悲惨的俄罗斯人对于蒙古主人施加的任何磨难，都只能忍气吞声，因为只有这样他们才能够保全性命。对此，欧洲人本来应该有所行动的。但不幸的是，当时的欧洲也一片混乱，教皇和皇帝争夺权利，欧洲人忙着镇压各种异端，本土的各种事务已经让他们应接不暇了，更别说照顾俄罗斯人了。斯拉夫人只能自己想办法，寻求自我解救的道路。

最终，拯救俄罗斯人的是北欧人建立的众多小国之一。它位于莫斯科河畔的陡峭山崖上，处于俄罗斯平原的关键位置，定都莫斯科。这个小国家有时候会刻意奉迎鞑靼人，有时候也会适当反抗，完全随形势而动，这种模棱两可的态度使其在14世纪中期成了俄罗斯各个民族的首领。需要强调的是，对于鞑靼人来说，没有政治可言，他们最擅长破坏。他们无限扩张领土是为了增加财政收入。他们为了以征收赋税的名义收取这些利益，只能答应保留部分旧政治体系中的残余力量。在大汗的隆恩下，很多小城主都保住了性命，他们成为蒙古的征税人。他们存在的意义就是充实鞑靼人的国库，所以他们一定会侵略左邻右舍。

莫斯科公国通过剥夺邻国利益的方法不断发展壮大。最终开始公开抵抗鞑靼人，并取得了胜利。可以说，莫斯科领导了俄罗斯的独立事业，在这一光环的笼罩下，这里聚集了很多斯拉夫人，他们对未来充满了期待，莫斯科逐渐发展成为俄罗斯的中心城市。1453年，君士坦丁堡被土耳其人占领。经过 10 年的时间，莫斯科大公伊凡三世昭告天下，由于拜占庭帝国已经灭亡，它所留下的物质精神遗产应当交由斯拉夫国家继承，君士坦丁堡留下的古罗马传统也应当由斯拉夫国家继承。一代人之后，伊凡大帝统治俄罗斯，这时的莫斯科已经发展壮大，大公们甚至使用恺撒的称号（沙皇），并争取获得西欧社会的认可。

1598 年，菲奥多一世逝世，古老的莫斯科王朝宣告结束，北欧人留里克后裔们统治的时代也彻底结束。随后的 7 年中，新沙皇鲍里斯·戈都诺夫即位，他是鞑靼人和斯拉夫人的混血儿。他统治了俄罗斯，俄罗斯百姓的命运也就这样被决定了。俄罗斯虽然国土辽阔，但经济并不宽裕。俄罗斯的商业没有发展起来，根本看不到工厂，为数不多的几座城市，在欧洲人眼中，也只能称得上是一片混乱的自傲村落而已。俄罗斯的中央集权政府实力强大，它受到了斯拉夫、北欧、拜占庭和鞑靼的共同作用，这里的农民基本都是文盲。政府永远将国家利益放在第一位，所有事物和国家利益比起来都不值一提。他们想要保护国家，就必须建立政府军队；想要提供给军队必要的物资，就必须让公务员承担起征收赋税的责任；想要雇佣公务员，就必须拥有大量的土地。幸运的是俄罗斯并不缺少土地，平原地区的土地一望无际，从东到西我们都能看到一大片荒废的土地。但是，荒地是一文不值的，需要有人利用土地，或者在上面耕种，或者利用它放牧，养活牲畜。所以，国家不断剥夺游牧民的权利，17世纪初期，他们彻底失去自由民的身份，成为农奴，成为土地的附属品。1861年，他们就快要崩溃了，到此时，所有的惨痛命运才宣告结束。

17世纪，俄罗斯的国土面积不断增加，向东扩展到西伯利亚。辽阔的土地面积和空前强盛的国力，使得欧洲国家不得不对它另眼相看。1613年，鲍里斯·戈都诺夫逝世。罗玛诺家族的迈克尔被推选为新的沙皇，他是菲奥多的儿子，属于俄罗斯贵族自己人。他从小就在克里姆林宫 [1] 外的一间小房子中生活。

1672年，彼得（他的父亲也叫菲奥多）出生，他是迈克尔的曾孙。彼得10岁时，他同父异母的姐姐索菲亚继承了王位。所以，彼得从小就生活在莫斯科郊区，他和那里的外国人一起生活。在那里，他看到了各种各样的外国人，包括苏格兰酒店的老板、荷兰的商人、瑞士的药剂师、意大利的理发师、法国的舞蹈老师和德国的小学教师等。这些人让年轻的王子对距离遥远，充满神秘色彩的欧洲（那是和俄罗斯完全不同的两个世界）有了最初的了解，这种感觉十分奇妙。

彼得成长到17岁时，发动了宫廷政变，索菲亚姐姐被赶下王位，彼得自己登上了王位，成为俄罗斯新的国王。他野心很大，一个野蛮的混合着东方化的民族的沙皇头衔根本无法使他满足。他希望自己能够统治一个文明高度发展的国家，希望"拜占庭－鞑靼"

---

[1]　克里姆林宫，位于俄罗斯首都中心的波罗维茨基山岗上，世界第八大奇景。

混在一起的国家能够发展成为一个文明的欧洲帝国。但是这件事并不简单，它需要强有力的手段和理智的头脑，而彼得同时两者兼备。1698 年，他开始施行自己的伟大计划，把现代化的欧洲文明引进了历史悠久的俄罗斯系统中。接着，奇迹发生了，病态的俄罗斯竟然没有崩溃，反而存活了下来。只是在创作这本书的 5 年前发生了一些事情 [1]，让我们知道俄罗斯其实一直没有完全康复。

---

[1]　5 年前发生的事情，指的是 1917 年俄国十月革命。

第四十八章
俄罗斯和瑞典的交锋

俄罗斯和瑞典为了争夺东北欧的领导地位，交战了很多年。

1698 年，彼得沙皇第一次踏上西欧之旅。他的目的地是荷兰和英格兰，在途中经过柏林。彼得在小时候就很喜欢水，在父亲的农村庄园中，有一个小池塘，里面养了很多鸭子，小时候，彼得很顽皮，自己制作了可以在水上划行的小船，不幸的是彼得掉进了水里，差点丧命。但彼得对水的热情从未消失过，他努力探索，希望能够把俄罗斯和海洋连接在一起。

这位年轻君主虽然十分严肃，专心致志地治理国家，希望国家繁荣昌盛，但是并没有受到国民们太多的欢迎。

彼得大帝在荷兰船厂

在彼得外出游历时，莫斯科的守旧势力支持者们秘密筹划，意图粉碎彼得的改革措施，皇宫卫戍队斯特莱尔茨兵团发动叛乱。彼得在得知这个消息后，第一时间回到国内，以最高指挥官的身份压制了这场叛乱。彼得对于这批叛乱者的处罚十分严厉，没有留一丝情面，他下令将叛军首领粉身碎骨；将叛乱士兵全部斩首，无一幸免；对于姐姐索菲亚这个策划者，彼得则下令将其囚禁在修道院中。这使得国家大权完全掌握在彼得手中。1716年，彼得再次前往西欧游历，国内又一次发生了叛乱，这次叛乱的领导者是阿列克谢，这是彼得的儿子，只不过有些疯疯癫癫。无奈之下，彼得不得不放弃原计划，马上返回国内。最终，叛乱者领袖阿列克谢在大牢中去世，维护拜占庭古老传统的人们被流放至西伯利亚的一座铅矿中，他们的余生将在这里劳动。在此之后，因为不满意彼得而导致的暴乱再也没有了。彼得开始了改革计划，没有受到任何阻挠。

彼得推行的改革措施很多，我们无法一一列举。这位沙皇把全部的精力都投入工作中，效率极高，如同一个疯子，他从不按常理出牌，总是另辟蹊径。他为了推行改革发布的法令多如流水，手下

彼得大帝修建新都

们根本来不及一一记录在册。彼得几乎否定了前人所做的一切，他认为俄国需要马上进行一场彻底的变革。他一生勤于治国，在俄罗斯建立了强大的陆军和海军，陆军总人数达 20 万人，个个训练有素，海军战船达 50 艘。彼得彻底清除了古老的政府机构。古老的贵族议会——国家杜马被解散了。随后，参议院建立起来，它围绕在沙皇的周围，相当于一个咨询委员会。

俄罗斯包括八大行政区域，也称为八大行省。条条道路修建起来，座座城镇拔地而起。沙皇在自认为合理的区域发展工业，但完全不考虑原材料的问题。他命人开凿运河，开采东部山区埋藏的大量矿藏。同时，彼得在国内大力发展教育，中小学和高等教育机构纷纷建立，大学、医院、职业技术学校的数量也不断增加，遍地文盲的国情得到了改善，此外，一大批国家栋梁之材也涌现出来。他鼓励荷兰造船工程师和世界各地商人工匠定居俄罗斯，为达到这一目的制定了多种政策。虽然沙皇领导建立了很多印刷厂，但其出版物却都在皇家官员的严密监控下。同时，沙皇编写了一部新的法律，明确规定了社会各个阶层的权利和义务，民法、刑法等众多法规形成，共同组成了一套完备的法典。沙皇禁止民众穿俄罗斯旧式服装，很多警察手里拿着剪刀，盯着农村中的一条条小路。很快，那些长须长发的俄罗斯山民不见了，取而代之的是焕然一新的文明大众。

沙皇坚决维护权力的专制，杜绝任何权力分割行为，处理宗教问题也是如此。他十分了解欧洲大地上，教皇和皇帝争权夺利的历史，他不希望同样的事情在俄罗斯重新上演。1721 年，莫斯科大主教被废除，彼得成为俄罗斯教会的新一任领袖。东正教全部事务在处理时都以宗教会议的指令为原则。

但是，莫斯科依然存在保守力量，他们反对改革，竭尽全力阻挠改革步伐的顺利迈进。所以，彼得经过深思熟虑决定改迁国都。他看上了一片沼泽地，属波罗的海沿岸，准备将其作为国都，但这个地方并不适合人口居住。1703 年，彼得的拓荒计划在这里开展，4 万农民开始在此工作，致力于打造新帝都的坚实根基，他们辛勤劳动了很多年。此时的瑞典集结重兵，攻击俄国，企图把新都扼杀在摇篮中，不过，瑞典失败了。建城工程并没有受到战乱、疾病的影响，即便很多建筑农民离世，也没能阻碍新城建设，更别说一年四季的天气变化了。最终，彼得理想中的都城拔地而起。1712 年，这座城市被正式宣布定为"帝国国都"。经过十几年的时间，这里一片繁华之景，人口已达七万五千人。但是，这里每年都会遭到涅瓦河的洪水袭击，一年两次，几乎没有例外。于是，彼得决定修建堤坝，开凿运河，阻挡洪水来袭。1725 年，彼得去世，此前他一直领导着欧洲北部最大的城市 [1]。

俄罗斯帝国的快速崛起，给邻国造成了很大的威胁，他们开始坐卧不安。其实，彼得对邻国的一切也都密切监视着，如瑞典，它位于波罗的海沿岸。1654 年，克里斯蒂娜拒绝王位，她希望能够到达罗马，在那里成为一名虔诚的天主教徒，她是三十年战争的英雄古斯塔夫·阿道尔夫唯一的女儿。同时，也是瓦萨王朝的最后一位女王，之后古斯塔夫的侄子继承王位，这是一位忠诚的新教信徒。查理十世和查理十一世对国家大事十分上心，在他们的统治下，瑞典王国发展壮大，达到了历史上最辉煌的时期。1697 年，查理十一

---

[1] 欧洲北部最大的城市，指的是圣彼得堡。

世突然离世，查理十二世继承王位，但当时他只有 15 岁。

这对于蓄谋已久的北欧各国来说，是一个难得的机会。宗教战争期间，瑞典掠夺邻国的利益发展壮大自我。现在，他们终于看到了复仇的希望。孤单的瑞典和俄国、丹麦、萨克森结成的联盟迅速投入战争。1700 年 11 月，纳尔瓦战役爆发，最终以彼得军队失败告终，这支军队配备的武器实在太简陋了，且士兵们训练不足。之后，自称为天才军事家之一的查理，一路所向披靡，踏平了波兰、萨克森、丹麦和波罗的海沿岸多个省份的农村和城镇。此时，惨遭失败的彼得正安分地守在俄罗斯，训练军队。

1709 年，波尔塔瓦战役[1]开始，瑞典军队早已疲惫不堪，俄罗斯人一举将其拿下。查理其实是一个奇迹般的存在，但是他却被复仇蒙蔽了双眼，做了很多无用工，最终亲手葬送了自己的祖国。1718 年，查理因为意外死亡（也有可能是被人暗杀的，我们现在无法了解真相）。1721 年，《尼斯塔德合约》中规定，除了芬兰外的波罗的海区域所有领土全部从瑞典国土中割除。到此，彼得一手创建的俄罗斯帝国称霸了北方世界。但是，此时的普鲁士正在崛起，即将成为一个劲敌。

---

[1] 波尔塔瓦战役，1709 年，彼得大帝率领的俄国军队在乌克兰的波尔塔瓦战役中击败瑞典军队，取得战争胜利。

第四十九章
普鲁士

在日耳曼的北方荒凉地区，普鲁士快速崛起。

普鲁士的发展几乎能够代表欧洲边疆地区一路的发展。9世纪时，查理曼大帝将地中海沿岸历史悠久的文明中心迁移至西北欧地区，这里一片荒凉；在法兰克士兵的奋战下，欧洲边界线不断向东移动。斯拉夫人和立陶宛人（那一时期，他们生活在波罗的海和喀尔巴阡山之间的平原地区）等异教分子被法兰克士兵制服了，他们的国土自然也归到了法兰克人名下。但是，这些地区并没有得到法兰克人的足够重视，它们就像那些美国西部地区一样，还没有成立独立的州，得不到美国的重视。

查理曼大帝曾亲自在东部地区边界建立勃兰登堡，就是为了防御萨克森野蛮部族的攻击。斯拉夫人的一个分支一直居住在这里，他们是文德人，10世纪时就归顺了，而勃兰登堡现在的中心地区就是当时的集市区域，这就是我们称之为"勃兰登堡"的原因。

在11到14世纪时期，这里有很多人声称自己是皇家总督，他们大部分都是贵族世家。15 世纪，霍亨索伦家族[1]发展壮大，出现在人们的视野中，最终成为勃兰登堡的选帝侯。接着，一片荒凉的边疆省份，慢慢发展成了一个帝国，并且加入了现代世界效率最高的帝国之列。

霍亨索伦家族本是德国南部的一个家族，出身贫寒，刚刚在欧美力量的逼迫下无奈退位。12 世纪，腓特烈成为勃兰登堡总督，他是霍亨索伦家族的成员之一，这次的好运全部来自一桩婚姻。之后，这一家族的后代们利用一切可以利用的机会，迅速增强家族力量。通过几个世纪的利益积攒，霍亨索伦家族发展成为选帝侯，地位尊贵，也就是说，他们有可能成为德意志皇帝。他们在宗教改革期间是新政的拥护者。17 世纪初，霍亨索伦家族加入了北德意志最强盛的王公之列。

三十年战争期间，勃兰登堡和普鲁士受到了新教徒和天主教徒土匪般的掠夺。但当时的选帝侯是腓特烈·威廉，在他的睿智领导下，战争的损失在短时间内得以弥补。他很快建立起了一个效率极高的国家，凡是国内睿智的人才都得到了任用，凡是国内的经济力量，都发挥了应有的价值。

如今的普鲁士，社会利益高于一切，每一个人都应当为此牺牲个人利益。这是腓特烈·威廉一世建立起来的国家，他是腓特烈大帝[2]的父亲，本是一名普鲁士军官，勤俭踏实，对酒吧故事和味道浓烈的荷兰香烟情有独钟，他讨厌所有的礼仪规矩（尤其是法国的）。他一心只想尽职尽责，做好本职工作。他对自己的要求严

---

[1] 霍亨索伦家族，德意志主要的政治家族。
[2] 腓特烈大帝，1712—1786 年，普鲁士国王，德国国父级的人物。

苛，对手下的所有懦弱表现一律严惩。但是他和儿子腓特烈的关系却极其糟糕，甚至比我们想象中更加严重。父亲是一个生性鲁莽的人，但是儿子却是一个情感柔和的人，他对法国的礼仪规矩情有独钟，喜欢文学、哲学和音乐。两种截然相反的性格必然会导致矛盾的产生。于是，腓特烈企图潜逃至英国，但不幸被父亲发现并被迫返回，父亲亲手把儿子送上了军事法庭，并在他眼前杀死了他的好朋友。而这还远远不够，父亲把王子安置在外省的一个城堡中，要求他认真研究治国之道，这是他未来必须掌握的技能。而王子也因此获益匪浅。1740 年，腓特烈即位，无论是贫困人家的孩子应当如何开具出生证明，还是国家的年度预算，他都处理得井然有序。

腓特烈曾经写过很多书，《反马基雅维利》就是其中一本。在这本书中，作者对马基雅维利的政治理念进行了猛烈抨击。马基雅维利是一位历史学家，生活在历史悠久的佛罗伦萨，他曾明确向他的王侯学生们表示：为了国家的利益，我们可以不择手段，撒谎和欺瞒都可以接受。而腓特烈则认为，想要成为一名合格的君主，就必须先成为人民的仆人，就像路易十四那样，才称得上是开明君主。在处理国事中，腓特烈每天需要工作 20 个小时，但却从未听取过他人的治国意见。在他手下做事的臣子们，基本没有实际权力，相当于一些高级书记员。他将普鲁士看作私有物品，国家只能按照他的意愿进行管理，一切不利于国家利益的行为要坚决杜绝。

1740 年，奥地利皇帝查理六世去世。他在世时，曾在一张羊皮纸上签署了一份严肃的条约，目的是保护自己唯一的女儿玛利亚·特雷莎的合法权益。他本人的遗体安葬在哈布斯堡的皇陵中，但是，他刚刚下葬，腓特烈就开始进军奥地利边境，将西里西亚的一部分地区据为己有。普鲁士翻阅历史材料，通过对一些继承权问题的讨论，最终对外宣称，这些国土，甚至是欧洲的所有领土，本就属于普鲁士，只是这种说法并不可信。在多次战争后，西里西亚的全部领土被腓特烈占领。在众多战争中，腓特烈有时候眼看就要失败了，但最终还是反败为胜，打败了奥地利大军，巩固了自己的地位。

普鲁士的快速发展引起了欧洲各国的注意。18世纪的宗教战争中，德意志早已不堪一击，人们根本没有把它放在眼里。但是腓特烈却凭着自己的迅捷努力，使其发展起来了，这一点和彼得大帝很像，人们对这个国家的态度也发生了很大的转变，从开始的蔑视到现在的敬重甚至畏惧。普鲁士的国家事务被处理得井井有条，百姓根本没有抱怨的理由；国库不断充盈，早已摆脱了赤字；所有的严酷刑法一律废除，司法体系不断完善；高质量的道路、学校、工厂纷纷建立；行政管理体系尽职尽责，一片忠心，这让人们彻底臣服于自己的国家，为了国家的利益他们可以牺牲一切。

实际上在几个世纪前，法国人、奥地利人、瑞典人、丹麦人、波兰人一直在德国领土上争权逐利，根本看不到现在的局面。现在，普鲁士发展壮大了，德国人对此十分兴奋，他们终于知道什么是自信了。腓特烈大帝对这一转变过程起到了至关重要的作用。腓特烈的鼻子是鹰钩鼻，身边的人总能从他一身的旧军装上闻到一股烟味，他喜欢对邻居们评论一些事情，这些评论总是一针见血，又极具幽默。他的著作《反马基雅维利》不过是一个巨大的谎言，其实他为了本国的利益一直在玩着谎话连篇的外交游戏。1786年，他去世了。陪在他身边的除了一位仆人和一条忠心的狗外，没有任何人，他没有子嗣，朋友们早已抛弃了他。他对狗的热爱接近疯狂，甚至超过了人类，因为他认为狗是最忠诚的动物，永远不会背叛自己。

第五十章
重商主义

当时的国家是通过什么方式积累财富的呢。

16、17世纪，我们现在熟知的大多数国家是通过怎样的方式发展而来的呢？对于这一点，如今的我们已经十分清楚了。各国的发展方式多种多样，或者是国王的精心谋划，或者是机缘巧合，或者是独特的地理环境给予的优势。但不管怎么说，只要这些国家建立起来，就会把全部的精力投注到内政中，极力提高自己的国际影响力，增加在国际事务中的话语权。但是想要达到这一目的，必须有足够的金钱。中世纪时期，中央集权的国家还没有发展起来，国家无法依靠充盈的国库，国王的全部收入来源都是自己的王室领地，至于其他的官员只能自力更生。在现代化社会中，情况变得扑朔迷离。国家只能支付酬劳，雇用政府官员办事，因为骑士已经不存在了。国家的陆军、海军及行政管理费用随随便便就是几百万。那么，这些钱从哪里来呢？

中世纪时期，金银难得一见。我曾说过，生活在中世纪时期的普通人也许一辈子都没有见过一枚金币，即便是生活在大城市的人，通常用的也只是银币。直到人类发现美洲后，秘鲁埋藏的金银矿才得以开采，世界的金银资源状况才有所改善。大西洋沿岸逐渐成了世界贸易中心，取代了地中海的地位。众多新兴的"商业国家"崛起，意大利历史悠久的"商业城市"已经不具备重要的贸易价值了。在生活中，金银开始变得稀松平常。

欧洲各国疯狂掠夺殖民地，大量贵重金属涌入欧洲。16世纪，一群政治经济学家开始倡导"国富论"。他们对这套理论深信不疑，认定这会给国家创造巨大的收益。他们认为，金钱是最具有价值的，只要国家的国库和银行中储备足够多的金银，国家就会变得富有，储存最多的国家自然是最富有的。一旦拥有了足够的金钱，就可以建立强大的军队，所以，极度富有的国家也将成为最为强大的国家，它们具备统治世界的能力。

这也就是我们常说的"重商主义"。人们从未怀疑过它的正确性，就像是基督教发展初期的信徒一样，他们相信会有奇迹发生，现在的美国人对关税深信不疑。想要最大限度增加国家的金银储备量，就必须不断扩大国家的出口贸易顺差，争取其达到最大值。只要我们出口到邻国的商品多于从邻国进口的商品，我们就会从中获得利润，而邻国只能用黄金结算。在这种理论的指导下，17世纪的国家大多都推行以下经济政策：

第一，想方设法获取大量贵重金属；

第二，绝对支持对外贸易的发展；

第三，大力发展原材料加工制造业，鼓励出口；

第四，鼓励生育，以满足工厂需要的劳动力数量，这是农业社会无法满足的；

第五，这一过程需要国家的大力监控，在必要的时候适当干预。

16、17 世纪，人们认为只要是自然力发展作用的结果，不管我们施加了多少外力，都可以找到其中的规律，但是商业贸易则完全不同，人们认为它是一种非自然发展的活动，完全没有规律可循。英国的伊丽莎白女王对此大加赞赏，紧随潮流，法国的波旁王朝也给予了很大的支持，尤其是路易十四，对此充满热情。他身边就有倡导重商主义的积极分子，如财政大臣柯尔伯，人们对他十分仰慕，甚至认为他给全欧洲指明了前进的方向。

克伦威尔时期，英国的对外政策就坚守重商主义的原则。实际上，这一政策的具体对象是荷兰，这是英国最大的敌人。当时，荷兰船主们承运着欧洲各个国家的大量商品，他们提倡自由贸易，英国只能不择手段与它对抗，试图毁灭荷兰。

按照这种理论的思维模式，我们很容易想到，海外殖民地受到了怎样的打击。在重商主义的引导下，那些殖民地其实就是黄金、白银和香料的储藏地，殖民地不断开采这些宝藏的目的是满足宗主国利益的需求。宗主国几乎垄断了亚洲、美洲、非洲的贵重金属，霸占了热带国家的原材料。此外，宗主国明令禁止殖民地和除自己之外的任何国家产生贸易交往，他们杜绝了任何人的干预。

在重商主义的推动下，各个国家的制造工业不断发展，逐渐壮大。同时，为了能够满足贸易需要，各个国家修建运河，建设道路，促进了交通运输业的发展。而且，这种发展大大提高了工人的技术能力。地主和贵族的权力地位不断下降，商人的社会地位逐渐提升。

　　但同时，这种理论引导也造成了巨大的灾难。居住在殖民地的人们受到了非人的待遇，他们被宗主国残酷无情地剥削压迫，与此对应，宗主国的人们面对的社会竞争力不断提高，恐怖至极。从某种意义上讲，每一个国家都是一个军营。原本统一的人类世界被瓜分了，任何一块小领地的人们都把全部的注意力放在本国利益上，他们为了增加自己的直接利益想尽办法削减他国利益，掠夺他们的财产。金钱的功用越来越大，几乎无所不能，人们把"发财致富"当作一个公民最伟大的道德品质。但是，随着时代的发展，经济理论也会不断更新，这一点和外科手术与女性服饰有一定相似之处。进入 19 世纪后，人们放弃了重商主义，倡导更加自由开放的经济体系。至少这是我了解到的情况。

海上势力

第五十一章
美国独立战争

18世纪末，整个欧洲都在流传着一个消息：北美大陆发生了事变。那里的清教徒由于查理国王坚持"君权神授"而惩戒他，并为了获得自治权而展开了不懈的斗争。

我们要从早期欧洲各国争夺殖民地的历史说起，这样方便我们把这段历史说清楚。

三十年战争前后，欧洲大陆上出现了许多以民族为基础的现代国家。利欲熏心下，这些国家的统治者陆陆续续在亚洲、非洲展开了很多争夺殖民地的战争。

100多年后，继西班牙、葡萄牙后，印度洋和太平洋地区又迎来了他们的"客人"——英国和荷兰。而事实证明，后者在这里取得了更多的利益。这其中的道理很简单，一方面最开始艰难的创业工作已经不需要他们来做了，另一方面因为西班牙和葡萄牙航海家的劣行，当地土著十分憎恶他们，所以当英国人和荷兰人到来时，当地土著把他们视为朋友甚至是救世主。这并不是因为英国人和荷

为自由而战

兰人有多么仁慈。所有的欧洲国家在与弱小民族打交道时一般都会残忍地对待他们。但是英国人和荷兰人清楚地知道自己商人的身份，也懂得不能因为宗教影响了生意。所以他们知道什么时候是停手的时机。跟金银、香料和税收比起来，让这些土著自由地生活又算得了什么呢。

于是，他们轻松地在这个世界上资源最丰富的地区站住了脚。与此同时，他们之间为了争夺更多的殖民地，开始互相争斗了起来。然而，他们一般会在三千里以外的海上战斗，而不是在殖民地上。"谁控制了海洋，谁就能控制陆地"，这是亘古不变的规律。虽然现代又有了飞机，但仅仅只是做出了一些调整，这条规律还是没有变。在那个没有飞机的18世纪，英国海军为他们的国家赢得了一片又一片的殖民地。

由于17世纪英荷两国海战历史过于复杂，笔者不想多做解释。任何一种战争，都是随着强者的胜利而落幕。相对来说，英国和法国之间的战争就有意思多了。他们先是在美洲大陆上频繁地交战，最终英国皇家海军以强大的实力战胜了法国舰队。但英国人和法国人几乎同时宣布，所有在美洲大陆上发现的，以及暂时未被发现的财富，都将归自己所有。1497年，卡波特抵达北美大陆，在那里竖起了英国国旗；27年后，乔万尼也到达了这里，然后挂上了法国的

在五月花号的船舱里

国旗。他们都理直气壮地声称自己是那片土地的所有者。

在一般情况下，英国殖民地是那些不信奉英国国教的人的避难所。1620年清教徒到达新英格兰，1681年教友被派去了宾夕法尼亚，于是，10个英国的殖民地就在缅因与卡罗来纳这些紧临海滨的区域建立起来。在这片没有王室的监督和干涉的殖民地上，人们自由地生活着，共同打造他们的家园，走向幸福的未来。

法国殖民的情况却恰恰相反，这里是固有的皇家禁地。他们禁止胡格诺派或法国新教徒进入殖民地，防止他们传播给印第安人那些不被许可的教义，这一切是因为他们要保护耶稣会传教士传教工作的顺利展开。所以，英国殖民地与邻居同时也是对手的法国殖民地相比，建立基础要牢固，也更为开放。而法国殖民地的人更为保守，他们固执地坚持着自己老一套的做法，缺乏新意，执拗地效忠于王室，总想着有重返巴黎的一天。

不过英国的殖民地也不是处处令人满意的，这里的政治状况也令人头疼。16世纪，在法国人发现圣劳伦斯河口后，他们先是由大

法国人探索西方

湖地区向南，沿着密西西比河在墨西哥湾建立据点。历经一个世纪的时间，形成了一条由 60 个法国据点汇成的防线。这样一来，位于大西洋沿岸的英国殖民地便与北美大陆腹地断开了。

　　然而，各个殖民公司在这之前已经收到了英国发放的土地许可证，英国还承诺"从东海岸到西海岸的所有土地"都是他们的。这个想法是美好的，但事实是一旦英国的殖民地延伸至法国的防线附近，它们就不得不停止前进的脚步。英国人付出了大量的财力和人力来突破这道防线。英国人和法国人在边境交恶。在当地印第安部落的介入下，一场可怕的战争发生了，这是白人间的一场残酷杀戮。

野外的碉堡

　　如果还是斯图亚特王朝在统治英国，这场战争也许就不会发生了。斯图亚特王室想要建立君主专制统治，将议会的势力削弱，迫不得已不得不寻求波旁王室的帮助。1689 年，英国送走了最后一位斯图亚特国王，然后迎来了新的继承者，同时也是路易十四的死对头荷兰人威廉。为了抢夺印度和北美殖民地的所有权，自威廉继位到 1763 年《巴黎条约》[1]签订，两国之间的炮火一直连绵不息。

英国皇家海军的强大实力打击得法兰西军队节节败退。所以与法国断了联系的法属殖民地，自然而然地落入了英国人的手中。等到英法两国宣告停战时，整个北美大陆已经基本全部归入英国人的囊中。至此，二十几位法国的探险家们——卡蒂埃、尚普兰、拉萨尔、马奎特等付出艰辛和努力创造的事业以及他们的贡献都化为泡影。

但当时实际上辽阔的北美大陆人烟稀少，只有从东海岸的北部向南延伸的一片狭小地区才有人烟。它的北部住着清教徒（这些

[1]《巴黎条约》，1763 年在巴黎签订的结束 7 年战争的条约，标志着普鲁士开始崛起。

新英格兰的第一个冬天

对信仰坚定甚至是固执的人，他们至今都无法在英国国教或者是荷兰的加尔文教上找到与自己信仰的契合点），于 1620 年登陆，那是马萨诸塞据点。南边则是卡罗来纳和弗吉尼亚地区（这里是专门种植烟草的地方，建立的目的就是获得利润）。生活在这片天蓝水清，充满诗意的大陆上的开拓者与来自殖民国家的同胞们不同，他们在这里学会了自强自立，学会了独立奋斗。漂洋过海来到这里的人又怎么会是懒散和胆小的人呢？当他们在自己的祖国时，种种限制和迫害使得他们憋屈地生活着，像生长在石头夹缝中的小草。可现在他们来到了这片神奇的土地，作为勤劳勇敢、充满干劲的拓荒者，他们是一定要过自由的生活，做自己的主人的。英国的统治者当然不会懂得个中缘由，他们只是习惯性地干涉着殖民者的生活，殖民者的怨气渐渐累积，矛盾层出不穷。

冲突越来越激烈，一发不可收拾。不管是寄希望于当时在位的英国国王能比乔治三世更聪明些，又或者是首相诺斯公爵出手管管这件事，都已经太迟了。事实是，北美殖民者发现无法用和平的手段来解决时，便开始动用武力。按照当地的一个有趣约定：条顿王公们会把整团的士兵卖给出价最高的人。而那些由忠顺的北美平民变成的叛乱者一旦被这些士兵抓住，就只有死路一条。

殖民者在与英国政府持续了 7 年的战争中，一直处于下风。特别是大批的殖民者还是选择了效忠英国国王，坚持着要求和。

殖民者们在华盛顿伟大精神的鼓舞下，始终对自己的独立事业很有毅力。华盛顿在军队装备不及英军的情况下，还是领导着殖民者不断挫伤英国政府。如果他们少了华盛顿的出色战略，可能有好几次都到了失败的悬崖边缘。士兵们的心中一直对独立事业充满了

乔治·华盛顿

希望，即使他们总是饿肚子，冬天要忍受凛冽的寒风，只能蜷缩在冰冷的壕沟里。而这种信念也支撑着他们一直走到了最后的胜利。

在华盛顿指挥的战争逐步取得胜利和本杰明·富兰克林[1]在法国政府和阿姆斯特丹银行家那里取得巨大外交成就的同期，革命初期的一件重大事情发生了。那是独立战争爆发的第一年，费城汇集了各殖民地的代表，在这里他们排除众难，郑重地做出了1776年6月、7月的那个历史性的决策。

弗吉尼亚的理查德·亨利·李在1776年6月向参加费城会议的代表们提出了一个观点："联合起来的殖民地理应是独立并且自由的国家，它无须向英国王室献忠心，同时与英国政府的一切政治联系也没有存在的意义了。"

提案获得了马萨诸塞的约翰·亚当斯[2]的大力支持，最终在7月2日正式通过。同月4日，大陆会议正式发布了《独立宣言》。这篇宣言出自日后美国历史上最著名的总统之一的托马斯·杰斐逊

---

[1] 本杰明·富兰克林，美国著名政治家、科学家，曾出任美国驻法国大使。

[2] 约翰·亚当斯，美国第二任总统。

之手。

北美大陆传来的一连串消息在欧洲大陆也引起了不小的震荡，先是《独立宣言》的发表，紧接着独立战争也胜利了。之后便是有名的1787年宪法（美国第一部成文宪法）顺利通过。在17世纪，结束了宗教战争的欧洲大陆建立了高度集中的王朝专制。而当时的现实情况是这样的：国王的行宫在到处扩建，城市中的贫民窟也在疯狂增多；就连贵族和职业人员也对他们所面对的经济和政治制度产生了怀疑。如果说贫民窟的人们正处于绝望和无助的无尽黑暗中的话，那北美独立战争的胜利就是照进他们生命中的一道曙光，它提醒着他们，一些看似没有任何可能的事情，却是有可能成功的。

历史上称莱克星顿战役[1]的第一声枪响"响彻全球"，这多少还是用了夸张的手法。毕竟，就我们现在知道的，当时的中国人、日本人和俄罗斯人是没有听到的，更别说澳大利亚人和夏威夷人了（他们才刚刚被库克船长发现，尽管他很快就被杀死了）。即便这样，这声枪响还是横渡了大西洋，成功点燃了欧洲大陆这个炸药桶。随后法国的大革命爆发了，影响了从彼得堡到马德里的整个欧洲大陆，民主革命将旧的国家和制度彻底净化了一遍。

---

[1] 莱克星顿战役，1775年4月18日，英军和民兵在莱克星顿发生的激战，最后英军惨败。

第五十二章
法国大革命

由于法国大革命的爆发，自由、平等、博爱的信念才得以在整个世界传播。

笔者想在本章的开头对"革命"这个词做一个说明。有一位俄罗斯的作家说过（俄罗斯人精通革命）："所谓的革命就是'在短时间内推翻一个已经牢牢植根于国家、没有改革者敢去撼动的旧制度'。而革命就是为了彻底地使一个国家的社会、宗教、政治和经济基础发生变化。"

18 世纪时法国爆发了一场革命，那时法国那发散着陈旧气息的制度正在渐渐地被腐蚀。

在那时的法国，也就是路易十四时代的法国，国王就代表了一切，甚至是国家。那些忠于王室的贵族被解除了所有职责，成了一个又一个装饰品。法国政府平时开销巨大，他们只能依赖税收来填补漏洞。巨额的赋税落到了农民的肩头，因为那些贵族和传教士不肯缴纳赋税。

法国农民只能住在破旧且潮湿阴暗的茅屋里，还要忍受来自刻薄的当地官员的压榨，生活越来越差。而在农民看来，他们也无须辛勤劳动，因为那样只会换来更多的赋税，自己一点便宜也得不到。

而当时的社会状况是这样的：法国国王身穿华丽的盛装漫步在金碧辉煌的皇家宫殿中，身旁围着的是同样身着华服的一脸谄媚的贵族们。宫廷里能够继续这种奢华的生活，全都是靠剥削农民得来的，而当时的农民们已经跟任人奴役的牲畜没有什么差别了。也许这幅画面会让你心里有些不适，但事实一定不会比这更乐观。那些所谓的"天朝旧制"不可能是永远停滞不前的，这个道理我们一定要深深刻在心中。

现在我们来看法国贵族的生活艺术是如何达到顶峰的。一群有钱的中产阶级再加上宫廷人物，中产阶级与法国的贵族阶层的关系密切（他们一般是把一个有钱的银行家女儿嫁给某个潦倒的男爵的儿子），而宫廷人物极其富有闲情逸致。这一群人凑在一起，并不是在为国家的政治经济问题殚精竭虑，而是把时间全部浪费在了没有意义的聊天和天马行空的想象上。

令人悲哀的是，这种无意义的思想方式和行为如同飓风过境一般在那个充满了假笑和奉承的社交圈里掀起了巨大的风浪。那种"淳朴的农居生活"引起了那些所谓的有身份的人士的兴趣。最可笑的是，那些官员忙着讨好路易十四，也就是法国及殖民地的绝对拥有者和最具权威的那个人，竟在路易十四和他的王后的引导下，把自己一个个打扮成了马夫和挤奶女工，装模作样地去模仿古希腊牧羊人，过起了一种"乡村生活"。而路易十四则是完全喜欢上了这种荒唐而又无聊的生活，每天都有许多的弄臣和宫廷乐师围在他的身边，他们跳着滑稽的舞蹈，演奏着无趣的小步舞曲。除此之外还有宫廷设计师设计的那些繁复却毫无美感可言的发型。但这还没有结束，最后，路易十四为了追求那所谓的真正的宁静，远离城市的喧嚣，在巴黎郊外建起了宏伟的凡尔赛宫，这更是将这种无聊推到了顶峰。凡尔赛宫中的

断头台

人们每天都只需要聊些无关痛痒、漫无边际的话题，如此的目光短浅就像饿极了的人眼里只能看得到面包似的。

　　而伏尔泰[1]的出现，则为法兰西这看似平静的湖面投下了一颗石子，一时间整个法国都为他沸腾了。每当他的戏剧上演时，观众都只能买得到站票，场面十分火爆。让-雅克·卢梭的《社会契约论》令他的法国同胞痴迷不已。所有人在剧院屡屡热泪盈眶，无论是在他满怀伤感地描绘原始先民美妙生活的画面时，还是在他凝重地喊出"重返国王只是人民公仆，主权掌握在公民手中的时代"时。

---

　　[1]　伏尔泰，1694—1778，法国启蒙主义时期哲学家、史学家、文学家。

在《波斯人信札》一书中，孟德斯鸠[1]用两个波斯旅行者的形象毫不留情地嘲讽了从国王到最低级的糕点师傅的法国宫廷，成功揭示了法国社会不辨是非的真实情况。等到他下一部作品《论法的精神》面世时，他已经有了数以万计的读者。他在《论法的精神》这本书里将法国与英国的政治制度进行比较，要求取消法国实行的君主专制，并宣扬行政、立法、司法三权分立的制度。

狄德罗[2]、达朗贝尔[3]、杜尔哥[4]等人在巴黎出版商莱布雷顿的盛情相邀下，将共同合作完成《百科全书》。这个消息一经发布就在法国掀起了很大风浪，而在22年后这本寄托着众人希望号称"包含所有新思想、新科学、新知识"的《百科全书》最终完成时，场面更是一度失控。

在这里，笔者想要提醒一下大家，常人在一些描述法国大革命的小说又或者是相关的戏剧电影的误导下，以为所谓的大革命只是一些贫民窟里的人不理智的暴动。但事实上，革命的领导者和主力却是少数的几个中产阶级智慧人物。他们挖掘出了埋没在贫民窟里的合作者，启发了人民的思想，最后把人民送上了革命的舞台。

在这里，为了更好地进行表述，我们把法国大革命分成两个阶段。1789年至1791年，君主立宪制被引入了法国，这是第一阶段。但是这一试验败在了皇帝的愚笨和没有诚意，以及难以把握的局

---

[1] 孟德斯鸠，1689—1755，法国伟大的启蒙思想家，法学家，著有《论法的精神》。

[2] 狄德罗，1713—1784，法国唯物主义哲学家、美学家、文学家。

[3] 达朗贝尔，1717—1783，法国著名物理学家、数学家和天文学家。

[4] 杜尔哥，1721—1781，法国著名政治家和经济学家。

势上。

第二阶段，1792 年至 1799 年，法兰西共和国建立，这是法国对民主政府制度进行的尝试。然而，这次的尝试也是以失败而告终。常年的社会问题消磨了人们的耐心，问题迟迟得不到解决，充满血腥暴力的法国大革命的到来也就是理所当然的了。

在当时法国不仅国库里空空如也，而且还背负了 40 亿法郎的巨额债务。到了这时，国王路易再怎样昏庸，也知道自己该做些什么了，可人民已经不可能接受新的税收了。所以这位既是聪明的锁匠、能干的猎人也是愚蠢的政治家的国王路易任命杜尔哥为财政大臣。这位出身当时正在走向尽头的贵族阶层的 60 多岁的安纳·罗伯特·雅克·杜尔哥，也就是罗纳男爵，除了出任过外省总督外，本身也是一位杰出的业余政治经济学家。遗憾的是，杜尔哥尽了全力却还是没能拯救法国。而最为麻烦的一点是，杜尔哥在清楚不可能从农民身上得到更多的税收时，便把心思动到了那些贵族和教士身上。而这一举措在凡尔赛宫树敌无数，更是得罪了最厌恶他人说"节俭"的王后玛丽·安东奈特。最终他于 1776 年被迫辞职，并被戴上了"不切实际的幻想家"和"理论教授"两顶帽子，这样的结局似乎也是可以预料到的。

下一个接管"理论教授"这顶帽子的是一位讲究实际的瑞士"生意人"。这个人的名字叫内克，从事谷物投机生意，同时还是一家国际商行的合伙人。他的妻子有很大的野心，在他们刚刚跨入有钱人的行列时，她便为了给女儿谋求高位而把他推入了政界。最后她的心愿也实现了，他们的女儿嫁给了瑞士驻巴黎大使德·斯塔尔男爵，在 19 世纪早期的文坛出尽了风头。

刚开始，内克满腔热情地投入进了这份工作，正如杜尔哥一样。但是他的日子也没有多少好过。1781 年，国王派军队前去支援北美大陆的殖民者反抗英国的统治。谁承想远征的费用远远超出了预算，当国王要求内克继续提供资金时，这位财政大臣拒绝了，反而一门心思劝说国王讲求"节俭"。他甚至还上交了一份国王看不懂的法国财政报告。最后，内克因为"工作无能"而被解职。

下一位接班人则是一位乐天派，在刚上任时他便宣称只要大家相信他的财政政策，那么大家一定都能得到回报。这个人就是查理·亚历山大·德·卡龙。这个人只看重利益，急功近利，无所不用其极地得到了产业并且取得了成功。他知道国库亏空的事实，却不愿触及那些权贵们的霉头，就想出了一个老套且没什么用的解决方法：拆东墙补西墙。也就是为了还旧债再去借新债。而经过历史的验证，自古以来这个办法就是一个十足的烂点子，往往会带来灾难性的后果。果然，法国政府在短短不到 3 年里又增加了 8 亿法郎的债务。但他似乎对这一点都不在意，脸上一直挂着微笑，对国王和王后提出的每个要求也都一一满足。别忘了，王后 [1] 自小到大在维也纳过着的都是奢侈的生活。

可后来的情况越来越不乐观，最后连一直忠于国王的议会也不得已出手了。那年法国的粮食收成惨淡，农村饥荒和灾难在国内大肆流行，如果政府不介入其中控制局面，那么整个法国就要陷入一片混乱的境地了。可即便局面已经变成这样了，卡龙还在想着再借八千万法郎的外债。国王对国内的局面视若无睹，更别说想出什么

---

[1]　王后，路易十六的王后原来是奥地利的公主。

好的解决办法了。在这种时候唯一的出路就是召开三级会议[1]，让广大人民群众想出补救办法。然而自从 1614 年取消三级会议后，它就从未再次出现在人们的生活中。最终三级会议在人民的强烈要求下还是召开了，但是路易十六明显没有诚意，只是勉强地敷衍了一下而已。

　　1787 年，路易十六为了平息人民心中的怒气，召开了一个知名人士会议。这个会议实际上也只是做了做表面功夫，并没有做出什么真正的贡献。他只不过是集合了全国的贵族，在保证自身利益的前提下讨论他们能做些什么。可是，那些贵族们怎么会心甘情愿地放弃自身的特权，维护低阶层人民的利益？显然这次会议的结果可想而知，参与会议的 127 位知名人士坚决抵制损害自己利益的行为。然而民众却愤怒了，他们要求国王再次将内克任命为财政大臣，却遭到了知名人士会议的反对。然后恐怖的暴动就爆发了，民众在街头砸玻璃，破坏公共设施，场面一度失控。知名人士被吓得逃走之后，卡龙也被解职，他的接班人是平庸的主教龙梅尼·德·布莱恩。在人民暴动的威胁下，路易十六也被迫答应"尽快"召开三级会议，但此时的

路易十六

[1]　三级会议，法国中世纪，由第一级教士，第二级贵族，第三级市民组成的三级代表参加的会议。

国王已经无法平息民众心中的怒火了。

　　法国又碰上了百年难得一遇的寒冷的冬天。庄稼不是毁于洪灾，就是冻死在了地中。普罗旺斯省的橄榄树都要灭绝了。私人慈善机构的援助在面对全国 1800 万的饥民时，也只是杯水车薪。哄抢面包的暴乱事件出现在全国各地，这要是在 20 年前，人们还是相信军队可以成功地镇压暴乱的。可是现在新的哲学思想潜移默化，人们明白了饥饿是无法用枪杆解决的。更何况士兵也是来自人民，他们怎么可能百分百地对国王忠心呢？因此，要想挽回早已失去的民心，实施强硬的手段势在必行，然而路易还是在犹豫不决。

　　环顾外省，"没有代表权，拒不纳税"这一曾经在 25 年前出自北美殖民者之口的口号的呼声越来越高。许多独立的小共和国如雨后春笋般不断建立起来，领导它们的正是那些追随新思想的人，法兰西陷入了前所未有的危险局面。正在这时，政府突然取消了原本极其严格的出版审查制度，也许这是为了平息人民心中的怒火，从而挽回些许民众对国王的信心。一时间，有两千种各式的小册子纷纷出版，如暴风一般席卷整个法国。人们可以不论身份高低地在一起互相批判。在受到评论的冲击后，龙梅尼·德·布莱恩被迫下台，为了平息这场全国性的骚动，内克再一次担任财政大臣。而当巴黎股市上涨三成后人民也真的暂停了他们的行为。他们期待着 1789 年 5 月召开的三级会议，那时全法兰西最杰出的人物都会集合起来。他们一定能解决政府的难题，带领着人们走向幸福美满的未来。

　　但经过历史的检验，集体智慧在许多的关键时刻往往会限制个人的能力，也不一定能解决所有的难题。内克习惯让一切顺其自然地发展，而没有想过抓住政府的权力。最终又一次激烈的争论开始了，这次是关于如何改造旧王国的。警察的势力在民众的眼里开始变得不值一提。在职业煽动家的怂恿下，巴黎郊区的人民感到自己体内的力量似乎在渐渐觉醒，开始担负起了在未来很长的一段时间里他们都在担任的角色——革命的真正领袖。他们会不择手段地达到自己的目的，合法途径行不通时，他们就会采取野蛮的手段。

内克同意农民和中产阶级在三级会议中的代表席位比教士或贵族多一倍，这也是为了维护他们的利益。就因为这件事，西耶斯神甫写出了一本有名的小册子——《何为第三等级》。而他的最终结论是：第三等级也就是中产阶级的另一个称呼，应该是一切的代表。在过去的时候，中产阶级什么也不是。但是现在却在尽力争取自己应得的权力。这也就表达了当时大多数人的心里还是以国家利益为重。

选举是在一个混乱的状态下开始的。在打理好自己的行李后，308名教士、285名贵族和621名第三等级的代表，走上了前往凡尔赛宫的路。其中第三等级额外带了一份记载了人民种种不满和要求的称为"陈情表"的长卷报告。一切就绪，只等帘幕拉开，这拯救法国的最后一幕就会上演。

1789年5月5日，三级会议如期召开。可是国王的心情却不怎么美好。先是教士和贵族坚决反对任何损害他们特权的行为。然后是第三等级的代表不满国王安排三个等级的代表在不同房间里开会，各自讨论他们要求的行为。他们甚至还在6月20日在一个网球场——为举行这个集会而临时设置的会场，庄重宣誓：坚决要求三个等级，也就是教士、贵族和第三等级在一起开会。国王最后也不得不点头同意。

　　刚开始时三级会议讨论的是法兰西王国的国家体制。国王当然十分愤怒，坚决不改变君权。但在那之后，他像是忘记了国家的烦心事，外出打猎去了。等到回来时，他的态度又改变了，他妥协了。这位法兰西国王往往会找一个错误的时间，用一种错误的方式去做一件正确的事。就像当人民要求"A"时，国王只会呵斥他们，不会理会他们的要求。马上，穷人开始采取野蛮的手段，他们包围了国王的宫殿，国王被逼无奈让步了，但这个时候人民想要的已经是"A+B"了。等到国王最终同意在文件上署名时，人民的要求却已经变成了"A+B+C"，并且以皇室的性命威胁国王。国王就这样顺着字母进阶表走上了断头台。

　　而国王最大的悲哀就是他总会比形势落后一个字母，但他却从未意识到。就算是到了他走上了断头台，他依然无法理解。国王觉得自己很悲哀，他真的是很想保护自己的臣民，竭尽全力却换得如此下场。

　　常言道，历史是不存在假设的。如果我们假设路易十六是个冷傲，野心十足的人，那么也许他不会得到一个这么悲惨的结局。可身处一个那样的年代，即便国王有拿破仑那般强大的力量，他的人生也有可能被他的王后毁得一干二净。生长在最专制的中世纪宫廷里的王后玛丽·安东奈特是奥地利皇后玛利亚·特雷莎的女儿，她的身上既有这种环境下培养的美德，也有染就的恶习。

　　在国内一片混乱的情势下，王后策划了一个反革命方案。在一夕之间，内克被解职，皇家军队则开往了巴黎。这个消息点燃了民众心中的怒火，1789 年 7 月 14 日，失去理智的人民袭击了巴士底

巴士底狱

狱——这个令人厌恶的君主专制的象征。许多贵族闻风而动纷纷逃往国外，只有国王还像个没事人一样。就算是巴士底狱被攻陷的那一天，他也还是沉浸在打猎当中，据说那天他猎到了几头驯鹿，心情还不错。

8月4日，国民大会首次开始行使职权。国民大会根据巴黎人民的要求，废除了王室、贵族以及教士的所有特权。8月27日，《人权宣言》正式颁布，这是法国第一部宪法的那个著名的前言。到了这个时候，国王的好日子可以说是到头了，但是国王在这个时候还是能控制局面的，只可惜他没有及时采取行动。民众都很担心国王会出手终结这次革命暴动。于是10月5日，第二次暴动就理所应当地爆发了。第二次暴乱一直延伸到凡尔赛宫，直到国王被带回巴黎暴乱才平息。人们唯恐国王与维也纳、马德里及欧洲其他的王室亲戚们联系，要求随时监视国王。

国民大会在米拉波也就是第三等级的领袖的领导下开始行动，希望能将混乱的国家引上正轨。米拉波原本是贵族，但是在他成功救出国王之前，就于 1791 年 4 月 2 日去世了。路易终于清醒过来，开始担心自己的人身安全，他在 6 月 21 日偷偷逃跑过一次。但是却在瓦莱纳村附近被国民自卫军认出，并被扭送回巴黎。

1791 年 9 月，法国第一部宪法面世，国民大会成员的使命也就此结束。1791 年 10 月 1 日，立法会议召开，接替了国民大会的工作。而这群新的会议代表中有着雅各宾派（因他们常在雅各宾修道院举行政治聚会得名）的激进革命党人，这些年轻人大多数属于职业阶层，他们都有一个共同的爱好，就是发表激进的演讲。这些演讲被印在报纸上，传播到了柏林、维也纳。普鲁士国王和奥地利皇帝惊觉他们是时候采取行动去营救他们在法兰西的兄弟姐妹了。尽管当时的他们忙着争夺波兰（处在混乱中的波兰就像躺在砧板上的鱼，任人宰割），但是他们还是凑集了一支军队去解救路易十六。

当时的法国十分地混乱。长年累积的饥饿和痛苦的仇恨使民众红了眼，他们打到了国王的住所杜伊勒宫。不过忠诚的瑞士卫队还是誓死保护他们的国王，但是就在一切将要结束，狂乱的人们将要离去时，懦弱的路易却下达了"停止射击"的命令。结果可想而知，杀红了眼的暴动的民众杀光了所有的瑞士卫兵。而他们更是在国会的议会大厅里逮到了路易，将他当作一名囚犯一样关在了坦普尔老城堡。

恐怖的日子还没有到头，所有人似乎又退回了最原始的那个茹毛饮血的野蛮年代。1792 年 9 月的第一周，发了疯的民众再次攻击了监狱，并将里面关押的所有囚犯杀光。面对这样明显的犯法行为，政府却是无能为力。丹东[1]领导的雅各宾派突然明白了，革命

---

[1] 丹东，法国大革命时期重要的领袖人物。

的关键就是这场危机，他们能做的就是采取野蛮粗暴的极端行为。

1792 年 9 月 21 日，新的国民公会首次召开，这一次，成员已经基本全是激进的革命派。路易被定为最高叛国罪，经过审判罪名成立，最终判处死刑。表决结果是 361 票对 360 票，据说决定路易生死的一票是他的表兄奥尔良公爵投下的。1793 年 1 月 21 日，执行路易的死刑。路易恐怕到死的时候都没想清楚，这些流血和骚动到底为什么会发生。他不会知道答案的，因为他从来就放不下他的身份去请教。正如当他走上断头台时，他还是保持着一贯的傲慢和淡定。

革命的暴力还在继续，这次雅各宾派的目标是吉伦特派，这个名字来源于这个派别里大部分成员的故乡都在法国南部的吉伦特地区。21 名为首的吉伦特派人在一个新设立的专门革命法庭上被处死，其余成员则被逼迫着纷纷自杀。吉伦特派是国民大会中比较温和的一个派别，这些人也都是些良善之人。只是他们太过温柔，与那个恐怖的时代格格不入。

1793 年 10 月，雅各宾派废除了宪法，接着，一个由丹东和罗伯斯庇尔领导的小型公共安全委员会接手了政府的权力，除此之外基督信仰和旧的历法也被取消了。"理性时代"——托马斯·潘恩在美国革命战争时大力宣扬过的时代也最终到来了，尽管伴随着它的是"恐怖统治"。在一年多的时间里，平均每天都会有七八十个各式各样的人消失在这个世界，这就是"恐怖统治"带来的。

法国民众刚逃离了国王的专制统治，却又落入了少数人的暴政之中。这些充斥着暴力的家伙们为了展现他们对民主的极度忠诚，杀死了每一个与他们持有不同观点的人。整个法兰西都被鲜血染红，人们整天过着提心吊胆的日子。到了这时候，曾经的国民大会的一些成员才明白，如果再这么纵容他们杀下去，迟早有一天，他们自身也将难保。所以他们联合在了一起，共同反抗已经处死了大部分革命同事的罗伯斯庇尔。这位号称是"唯一真正的民主派"的人，在自杀未遂后便被人们拉上了断头台。1794 年 7 月 27 日，雅各宾派的统治宣告结束，地狱里的日子终于过去了，全巴黎的市民都欢呼起来。

　　不过，法兰西仍然处于一个危险的境地中，所以直到革命的众多敌人被彻底赶出法国境内前，政府依旧是由少数几个厉害的人物掌控。除此之外，装备简陋的革命军队还在莱茵、意大利、比利时、埃及等地积极作战。等到他们铲除了大革命的所有敌人，五人督政府也建立了起来，并且直到一个名叫拿破仑·波拿巴的天才将军出现前，法国的大权一直都掌握在五人督政府手上，足有 4 年之久。1799 年，拿破仑正式接管法国大权，成为法国"第一执政"。此后，他在 14 年的时间里将欧洲作为一个"政治试验场"进行他的试验。

第五十三章
拿破仑

拿破仑。

拿破仑于 1769 年出生，是卡洛·玛利亚·波拿巴的第三个孩子。拿破仑的父亲为人正直善良，在科西嘉岛阿贾克修市担任公证员，母亲莱提霞·拉茉莉诺是一个称职的妻子。其实，拿破仑并不是法国人，而是一个纯正的意大利人。他在科西嘉岛出生，这里曾经是古希腊、迦太基和罗马在地中海的殖民地。长久以来，科西嘉人都在为了获得独立而不断斗争着。一开始，他们是想从热那亚人的控制下脱离出来，从 18 世纪中期开始，他们又和法国人做斗争。在科西嘉人与热那亚人的斗争中，法国人曾经出手帮过科西嘉人，之后就趁机把这个岛据为己有。

拿破仑在 20 岁之前，都对科西嘉忠心耿耿，他就类似于一个"新芬党人 [1]"，心心念念的都是帮助自己的祖国摆脱法国人的魔爪。

---

[1] 新芬党人，爱尔兰资产阶级民族主义政党，1905 年成立，目的是凭借自己的力量获得独立。

法国大革命居然让科西嘉人得偿所愿。后来，拿破仑前往布列讷军事学院接受训练，学习结束后，就逐渐将自己的志向变成为法国服务。拿破仑的法语不好，连正确的拼写也学不会，而且说话时还总是有一股浓浓的意大利口音。不过，他最终还是成了一名法国人。之后，他还成了法兰西最优秀的代表，直到今天，人们依然将他视为高卢天才的象征。

拿破仑一生都是扶摇直上，他所有的政治和军事生涯，累积起来都不到 20 年。这段时间虽短，但是他指挥的战役、取得的胜利、作战的路程、政府的土地、牺牲的士兵数、实施的改革，是任何一位皇帝都望尘莫及的，就连亚历山大大帝和成吉思汗都只能望洋兴叹。他一个人就把整个欧洲大陆搅得天翻地覆。

拿破仑个头不高，早年的身体状况也不好。他相貌平平，在人群中并不出众。直到后来需要出席一些重要场合的时候，他也没有改掉举止笨拙的问题。拿破仑没有什么家庭背景，也不富裕。青年时期的拿破仑可以说是一穷二白，经常饿肚子，为了获得一点硬币，他需要到处奔波。在文学方面，他也并不出色。他曾经参加里昂学院的作文竞赛，以图获得一点奖金。一共有 16 个人参赛，他排在第 15 名。出人意料的是，他对自己的命运和锦绣前程十分自信，虽然在出身、外貌和天分上都不出众，但他都凭借着雄心壮志——克服了。他十分崇拜大写字母 "N"，在所有的信件上，在他修建的宫殿的所有装饰物上，他都签上了这个字母。他还想让"拿破仑"成为仅次于上帝的重要名字。凭借着这股顽强的意志和强烈的欲望，他才攀登上了无与伦比的高峰。

早在波拿巴担任只能领到半饷的中尉时，就非常痴迷于希腊历史学家普鲁塔克[1]的《名人传》。不过，他从来没有想过要学习这些古代英雄身上的崇高品德。在他的一生中，他有没有爱过除了他自己之外的其他人，我们不得而知。他十分尊敬母亲，但是他的母亲莱提霞原本就十分高贵，值得尊重，而且她也和意大利其他的母亲一样，知道怎么管教孩子们。拿破仑曾经有几年，是真心实意地爱过他美丽的妻子约瑟芬。约瑟芬的父亲是马提尼克岛的法国官员，她先前的丈夫是德·阿波奈子爵。子爵被处死之后，约瑟芬成了遗孀。但是，由于约瑟芬没有给拿破仑生儿子，拿破仑就果断地与之离婚，并娶了奥地利的公主做妻子。

土伦战役让拿破仑一举成名。在战争间隙，拿破仑还抽出时间研究马基雅维利的著作，并忠实地遵循了这位佛罗伦萨政治家在书中提出的建议：如果不信守承诺可以带来利益，就果断地食言。他不知道什么叫感恩，他不会感恩别人，也不奢望别人对他感恩。可以说，他从来不会同情人类。1798年的埃及战争中，他原本答应不杀死战俘，后来却又把他们全部枪杀了。在叙利亚，他发现把所有的伤员带上船只是不现实的，就果断地扔下他们，让他们自生自灭。他曾经命令一个黑白不分的军事法庭将安让公爵判处死刑，还在毫无法律依据的情况下处决了他，原因是"要警告波旁王朝"。他抓住了一些为了祖国浴血奋战的德国军官，并让人开枪射杀了他们。提洛尔的英雄安德里亚斯·霍夫坚持抵抗，最后被法军抓获，拿破仑也把他当成一名普通的俘虏，处死了他。

一言以蔽之，如果我们仔细研究拿破仑的性格，就会知道，为什么英国的母亲在哄孩子入睡的时候会说："你要是不听话，波拿

---

[1] 普鲁塔克，罗马帝国时期的传记作家，著有《名人传》。

巴就会来抓走你，当成早餐吃掉！"有关这个暴君的议论似乎从来没有平息过。比如，他会对部队的所有部门进行严格管理，对医疗服务机构却不闻不问；他无法忍受士兵们身上散发的汗臭味，就不停地往自己身上喷科隆香水，甚至不惜毁掉自己的制服。像这样的传言不计其数，但是其真实性有待商榷。

现在我的思绪又回到了现实。此刻，我正舒适地坐在堆满书籍的写字台旁边，一边看着打字机，全神贯注地描写这个可敬又可恨的人物，一边逗弄着我正在撕扯复印纸的猫利克里斯。但是如果我此时看向窗外的第七大道，发现所有的车辆都突然停下来，听到一阵震撼的鼓声，看到身穿破旧的绿色军装的小个子拿破仑骑着白马从街头经过。那么，接下来会发生什么，我根本不知道！也许我会毫不犹豫地抛下我的书、我的猫、我的房子和我拥有的一切东西，追随他到天涯海角。我那个生来就不是什么英雄的祖父就是这么做的，还有数以万计的祖父也这么做了。他们没有得到任何回报，也没有奢望会得到回报。他们死心塌地地跟着这个个头矮小的科西嘉人，为他浴血奋战，就算失去胳膊和腿，甚至失去生命都在所不惜。他把他们带到远离家乡千里之外的地方，在俄国人、英国人、西班牙人、意大利人、奥地利人的炮火中战斗。面对着他们临死之前的痛苦挣扎，他却只是平静地遥望天空。

如果你想让我对此进行解释，我做不到，只能根据直觉进行推断。拿破仑是最出色的演员，整个欧洲都是他表演的舞台。不论时间和情形如何，他都能做出最能感染观众的姿态，说出最能触动观众的话语。不管是在埃及沙漠中的狮身人面像之前，还是在被露水打湿的意大利草原上面对挨饿受冻的士兵，他的姿态和话语都极富感染力。就算最后他被流放到大西洋中央的一个荒岛上，只能听凭英国总督的摆布，在病魔的折磨下垂死挣扎，他还是世界舞台中心最耀眼的明星。

滑铁卢战役之后，世人就很少知道这位伟大的皇帝的消息了。欧洲人都知道他被流放到了圣赫勒拿岛，还有一支英国警卫队日夜看管。而且他们还知道，这支警卫队处于另外一支英国舰队的监视之下。敌人和朋友都对他念念不忘，虽然他最终死于疾病和绝望，可是没有人能够忘记他平静地注视世界的眼神。即便是现在，他在法国人的心目中依然十分强大，比起100年前也毫不逊色。那时候，看到这个个头矮小、面色灰黄的人，人们都会昏过去。在克里姆林宫，他放肆地饲喂自己的战马，不管是对教皇还是别的伟大人物，都会颐指气使，如同在对待一个奴仆。

如果想对拿破仑的生平做一个简单的描述，那至少也得写几卷。想要说明他在法国进行的巨大政治改革，他颁布的后来为大部分欧洲国家沿用的新法典，和他在大庭广众下的各种活动，至少也要写几千页。可是，他的事业为什么前半部分如此辉煌，后半部分却如此不堪。在1789年到1804年，拿破仑堪称法国革命的领军人物。他作战并不仅仅是为了自己的荣誉。由于他和士兵们都是"自由、平等、博爱"的新信仰的信徒，是人民的朋友，才最终击败了奥地利、意大利、英国和俄国的军队。

1804年，拿破仑加冕为皇帝，之后他的欲望就急剧膨胀。公元800年，法兰克人的查理曼大帝曾经邀请列奥三世为自己加冕，当上了日耳曼皇帝。这一幕对拿破仑充满了诱惑，他对帝位充满渴望。

拿破仑登基之后，他原本的革命领袖形象突然转变为哈布斯堡君主的翻版。对于自己的精神领袖——雅各宾政治俱乐部，他早已抛诸脑后。他不再保护被压迫的人民，转而成了压迫者的首领。对于那些敢于违抗皇帝意志的人，他的行刑队随时准备开枪射杀他们。当神圣罗马帝国的遗迹于1806年被悉数丢进历史的垃圾堆，当古罗马荣耀的最后一丝残余被一个意大利农民的孙子毁灭殆尽[1]，没有任何人为此流下同情的泪水。可是，当拿破仑的军队向西班牙入侵，强迫西班牙人民承认一个他们痛恨的国王，并对忠于旧主的马德里市民大肆屠杀时，公众就开始抗议这位曾经赢得了马伦戈、奥斯忒里兹及其他无数战役的英雄人物了。于是，拿破仑的形象一下从革命英雄变成了旧制度下所有邪恶的化身。英国人率先撒下了仇恨的种子，然后这种仇恨迅速蔓延，以至于所有诚实的人民都站到了这个法兰西新皇帝的对立方。

当英国人从报纸上读到有关法国大革命的一些可怕的细节，就深深地反感这些革命人物。100年前，正当英国处于查理一世的统治之下时，英国人也进行了革命。可是比起充满血腥和暴力的法国革命，英国革命简直是轻而易举的事情。在英国平民的眼中，雅各宾派分子就是嗜血狂魔，而拿破仑就是魔鬼的领袖，他们都应该被消灭。1798年，英国舰队就将法国港口牢牢封锁了，拿破仑想要通过埃及对印度发动进攻的计划也随之破产。他在尼罗河沿岸取得了胜利，然后开始忍辱撤退。1805年，等待已久的英国人终于迎来了打败拿破仑的最佳时机。

---

[1] 指的是1806年拿破仑逼迫罗马末代皇帝弗兰茨二世放弃皇帝称号一事。

在西班牙西南海岸的特拉法尔加角，尼尔森将军将拿破仑的舰队打得溃不成军，自此，拿破仑的舰队就一蹶不振，无法在海上作战，被困于陆地。如果此时这位高傲的皇帝能够认清局势，忍气吞声地接受列强提出的和平条件，他还是可以当欧洲的霸主的。可是这位骄傲的霸主根本目中无人，不把任何对手放在眼里，相比之

驶向特拉法尔

下，他更愿意用武力维护自己的尊严。这一次，他又把俄罗斯当成了自己的猎物，对于那里辽阔的草原和无尽的士兵，他都垂涎欲滴。

如果还是保罗一世（女皇叶卡捷琳娜半疯癫的儿子）在位，拿破仑完全可以战胜俄国。但是，由于保罗一世越来越疯癫，想要将人们都流放到西伯利亚去挖铅矿，被愤怒的臣民给暗杀了。之后，保罗一世的儿子亚历山大继承了皇位。保罗一世对拿破仑很有好感，亚历山大可不一样，他认为拿破仑是人类的公敌，摧毁了人类的和平。亚历山大笃信，自己就是上帝派到人间来解放人类的使者，他要让整个世界都挣脱这个科西嘉魔鬼的魔掌。他果断地加入了由普鲁士、英格兰和奥地利组成的同盟，没想到以失败告终。他连续挑战了5次，可是5次都失败了。1812年，他又一次对拿破仑进行挑衅，拿破仑气疯了，发誓要将莫斯科夷为平地。于是，备受

莫斯科大撤退

屈辱的拿破仑率领着来自西班牙、德国、荷兰、意大利、葡萄牙等地的军队，发誓要一雪前耻。

故事的结果，大家都知道了。两个月后，拿破仑率军抵达了俄国首都，将司令部设在了克里姆林宫。1812 年 9 月 15 日深夜，莫斯科燃起了大火，四天后才被扑灭。第五天傍晚，无奈的拿破仑下达了撤军的命令。没想到，两周之后，俄罗斯的天空下起大雪，拿破仑的军队只好在泥泞中前行。11 月 26 日，他们历经跋涉，抵达了别列津纳河，没想到俄军早已在此埋伏，对他们发起了猛烈进攻。皇帝的军队还没有列好队，就被哥萨克 [1] 士兵包围了。战无不胜的拿破仑军队遭遇了惨败，等到第一批法国士兵逃到德国东部城市，已经是 12 月中旬了。

之后，即将发生叛乱的谣言铺天盖地，"时候到了！"欧洲人说，"我们是时候摆脱这个残忍的枷锁了！"他们翻出了之前藏得很隐蔽的滑膛枪，可以说它们十分幸运，因为法国间谍几乎无处不

----

[1] 哥萨克，俄国历史上一个特殊的社会阶层，酷爱自由和粗犷勇武，在沙俄时期立下汗马功劳。

在，它们还能幸存下来。不过，人们还没有反应过来，拿破仑就带着一支生力军回来了。原来，拿破仑将战败的军队弃之不顾，乘坐雪橇偷偷回到了巴黎。他下令征召军队，以防神圣的巴黎受到外敌入侵。

这一次，拿破仑征召的士兵只有十六七岁，他率领他们东征，迎击反法联军。1813 年 10 月 16 日，莱比锡战役打响，三天后，这场战役才结束。战斗双方一方穿着绿色军服，一方穿着蓝色军服，浴血奋战，鲜血将埃斯特河都染红了。法军防线被大批赶赴战场的俄国援军击溃，拿破仑丢下部队，仓皇逃走。

逃回巴黎之后，拿破仑宣布让自己的小儿子继承王位，但是反法联军坚持让路易十八（已故的路易十六的弟弟）做法国的国王。波旁王子对此十分惊讶，他在哥萨克骑兵和普鲁士荷枪骑兵的欢呼和簇拥下，进入了巴黎。

而往日的王者拿破仑，成了地中海厄尔巴岛上的君主。在那里，他将自己的马童组织成一支小型军队，在棋盘上进行战术的演练。

但是拿破仑刚一离开，法国人就开始怀念以往的生活。尽管过

拿破仑被流放

去的 20 年，法国付出了高昂的代价，但是那毕竟是一个充满辉煌的时代。当时，巴黎是辉煌的世界之都，是整个世界瞩目的焦点。肥硕的路易十八在流放期间不思进取，懒散度日，很快就让巴黎人民厌烦了。

1815 年 3 月 1 日，反法联盟的代表正准备整理由于大革命而变得十分混乱的欧洲版图，拿破仑却突然在戛纳现身了。此事发生后的一个星期内，法国军队就对波旁王室弃之不顾，争先恐后地到南方表示会效忠于这个小个子皇帝。拿破仑军队势如破竹，于 3 月 20 日抵达了巴黎。这一次，拿破仑十分谨慎，想与反法联盟讲和，但是盟军却坚持开战。现在，整个欧洲都加入了"反对这个背信弃义的科西嘉人"的队伍中。拿破仑只好集结大军北上，希望能够在敌人整合好队伍之前击溃他们。然而，拿破仑已经不复当年的旺盛精力，他时常生病，疲惫不堪，在指挥先头部队进攻时，他却进入了梦乡。另外，很多忠诚的老将军都去世了，军队的战斗力大大下降。

6 月初，拿破仑的军队开始朝比利时进攻。16 日，他又打败了由布吕歇率领的普鲁士军队。然而，在他下达全歼撤退的普鲁士军队的命令后，有一个将军却没有服从，这为之后的失败埋下了伏笔。

两天后，也就是 6 月 18 日，是一个星期天，拿破仑在滑铁卢遭遇了英国的惠灵顿将军及其带领的军队。下午 2 点，法军看起来就要取得胜利了。3 点，东方的地平线那里尘土飞扬。拿破仑以为是自己的骑兵部队前来支援了，他觉得打败英国军队已经是板上钉钉的事了。4 点钟，他才知道到底发生了什么，原来来的是之前撤退的普鲁士军队。这大大出乎拿破仑的意料，可是这时候他们根本没有部队前来支援。为了活命，他又把军队弃之不顾了。

这一次，他又宣布把皇位让给自己的儿子。在距离逃离厄尔巴岛100天之后，他又一次踏上了逃亡之路，但是这一次他的目的地是美国。拿破仑曾经于1803年将路易斯安那卖给了当时势单力薄的美利坚合众国，此前路易斯安那一直是法属殖民地。他说："美国人会对我心怀感激，他们会给我一小块土地和一座容身的小房子，我可以在那里平静地度过下半生。"可是，英国军队严密监视着法国的港口，让拿破仑进退两难。普鲁士人坚持要枪毙他，相对而言，英国人较为宽容。拿破仑在罗什福尔等待着命运的审判，内心无比焦虑。滑铁卢战役结束后的一个月，拿破仑收到了法国新政府的命令：24小时内离开法国。这位可怜的英雄迫于无奈，给英国摄政王（当时的国王乔治三世精神失常，被关进了疯人院）写了一封信，信上说自己要"像泰米斯托克利 [1] 一样，将自己交给敌人，希望可以在敌人的欢迎下找到一个温暖的栖身之处……"

7月15日，拿破仑登上"贝勒洛丰"号英国战舰，取下佩剑交给了霍特汉姆将军。到了普利茅斯港后，他又被送上了"诺森伯兰"号，驶向他最终的流放地圣赫勒拿岛。拿破仑在这个岛上，平静地度过了自己人生最后的6年时光。

他尝试着写回忆录，沉浸在对往昔光辉岁月的回忆中。他在回忆中回到了原点，回想起往日征战沙场的岁月。他试图证明，自己一直在践行着"自由、平等、博爱"的伟大原则。他总是对自己做总司令和第一执政的时光侃侃而谈，却对帝国绝口不提。有时候，

----

[1] 泰米斯托克利，雅典将军，后来被放逐。

他回想起自己那住在维也纳的儿子赖西施塔特公爵。他的儿子在哈布斯堡的那些表兄眼中，就是个不值得接待的穷亲戚。而当初，这些表兄的父辈听到拿破仑的名字，就会瑟瑟发抖。拿破仑即将离开人世的时候，就像在率兵打仗一样，命令内伊[1]率领卫队出击，然后就死去了。

　　亲爱的朋友，要是你想解开拿破仑传奇一生中的谜团，如果你想知道他是如何凭借个人的意志统治这么多人的，那我要说，一定不要读他的传记。这些传记的作者的观点有失偏颇，不是仇视他，就是热爱他。也许你能从书中得到很多知识，可是相对而言，你更应该体会历史。我要提醒一句，在你听到那首名为《两个掷弹兵》的歌曲之前，千万不要读那些传记。这首歌由德国诗人海涅作词，德国作曲家舒曼作曲，这两个人都亲眼见证了拿破仑时代。每当拿破仑前往维也纳拜访岳父奥地利皇帝的时候，舒曼都可以近距离地接触他。所以，这首歌的两位作者对于这位暴君所创造的时代都有着非常深刻的理解。

　　听听这首歌吧，也许你可以从中获得1000本历史书都不能带给你的历史。

---

　　[1]　内伊，拿破仑手下的将领。

第五十四章
神圣同盟

拿破仑被流放圣赫勒拿岛之后，就在此处度过余生。为了防止这个可怕的科西嘉人东山再起，欧洲各国的统治者齐聚维也纳，商讨如何尽量消除法国大革命的影响。

欧洲所有的国王、皇帝、公爵、首相，还有各位大使、主教以及身后的一群秘书和仆人，千里迢迢地赶来参加维也纳会议。曾经，那个可怕的科西嘉人杀了个回马枪，将他们的工作搅得一团糟，现在经过大家的共同努力，他被赶到了圣赫勒拿岛，所有的一切都恢复正常。为了庆祝，他们举办了不计其数的宴会、酒会和舞会。在舞会上，有人居然跳起了华尔兹，引得对小步舞时代念念不忘的人非常不满。

在过去的 20 年间，他们被迫过着隐居生活。现在，灾难终于过去了。回首往昔，他们忍不住有无限感慨。他们对雅各宾派十分痛恨，因为雅各宾派野蛮地将所有旧制度都摧毁了。他们不仅大胆地把"神授"国王送上了断头台，还把假发也废除了，并脱下了凡尔赛宫精美的短筒裤，换上了巴黎贫民穿的破旧长裤。

读者读到这里，也许会讥笑我竟然浪费篇幅讲这样不值一提的小事。但维也纳会议其实就是由这些琐碎的小事组成的，单是"短裤和长裤"这样无足轻重的问题，就能让代表们辩论上几个月。可是他们对萨克森将来该何去何从和如何解决西班牙问题却毫不在意。而且，普鲁士国王为了向代表们表明自己不将任何革命事物放在眼里，还专门订制了一条短筒裤。

相比之下，另一位德国君主更加仇恨革命。他提议，以前给拿破仑缴纳过税款的所有人，必须给他们合法的国王重新缴纳一份。他说，之所以要这样做，是因为当人们正处于科西嘉恶魔的暴虐统治之下时，遥远的国王依然深爱着他们。

在维也纳会议上，不断有人提出这种可笑的观点。人们忍无可忍，大叫道："上帝啊，人们为何不再进行反抗？"原因是什么呢？因为人们已经无力反抗了。由于连绵不断的战争，他们早已不把希望寄托在统治者身上了。只要能安安稳稳过日子，对于发生了什么，由谁来统治他们，他们根本不放在心上。

当"自由、平等、博爱"的精神于1780年之后开始传播的时候，人们都欢欣鼓舞，以为即将迎来一个光荣的、文明的时代。欧洲的王公大臣们真心实意地和他们的厨师拥抱，公爵夫人则与奴仆们一起跳卡马纽拉舞。贵族家的客厅中，横七竖八地躺满了那些脏兮兮的革命军官和革命士兵。

革命委员会返回巴黎之后，这些革命者不但顺手偷走了主人们祖辈传下来的餐具，还假意报告政府：邻国"被解放土地"上的人民，对于法国自由宪法表示出极大的热情。

后来，有传言说有一个军官镇压了人民起义，终结了巴黎最后一场革命动荡，他叫"波拿巴"，也可能叫"邦拿巴"。他们松了一口气，觉得让"自由、平等、博爱"原则做一点牺牲也有一定益处。可是过了不久，那位军官就成了法兰西共和国三位执政之一，之后变成了唯一的执政，后来更是成了法兰西皇帝。

这位皇帝的残暴是前无古人的，对于饱受磨难的人们，他毫不手软。男子被他强行征召入伍，年轻女子被他嫁给了将领。人们收藏的油画和雕塑都被他据为己有，变成私藏。整个欧洲都被他扰乱了，一整代青年人被他送上了战场。

现在，欧洲大陆上再也不会有这个恶魔的身影。几乎每个人都希望从此再也没有战争，只有一小部分职业军人例外。他们慢慢开始自治，选举了市长、市议员和法官，但是这些尝试最后都惨淡收场。绝望的人们将目光转向了旧统治者，他们哀婉地说："我们需要你们的统治。想要多少税款，尽管告诉我们，我们一定会答应。我们唯一的条件就是不要再打仗，我们已经伤痕累累，无力承受新的创伤。"

维也纳会议的代表们也和平民百姓一样渴望和平，最终，会议缔结了"神圣同盟"。警察承担着维护国家利益的重任。胆敢批评国家政策的人，等待他的将是最严厉的惩罚。

重新获得和平的欧洲陷入了死一般的寂静。

有三位巨头参加了维也纳会议，分别是亚历山大沙皇（来自俄国）、梅特涅[1]（代表奥地利哈布斯堡家族）、塔列朗[2]（原法国奥顿

---

[1] 梅特涅，1773—1859，奥地利首相、外交家。
[2] 塔列朗，1754—1838，法国资产阶级革命时期著名外交家。

主教）。塔列朗在法国社会的各种动荡中，凭借机智逃过一劫。拿破仑离开之后，法国已经陷入瘫痪。塔列朗之所以来到维也纳，就是想力挽狂澜。他并不是应邀前来的，但是他无视别人的羞辱，如同一个应邀的贵宾一样和宾客们谈天说地。他给人们讲有趣的故事，举止优雅，凭借个人魅力赢得了众人的好感。

塔列朗抵达奥地利首都还不到 24 小时就已经看清了局势，现在盟国已经分裂成了两个敌对阵营：一方是俄国和普鲁士，前者希望吞并荷兰，后者想要占领萨克森；另一方是奥地利和英国，他们想要阻止俄国和普鲁士的吞并活动，因为不论这二者中的哪一个成为欧洲霸主，对他们都非常不利。塔列朗运筹帷幄，让这两个敌对阵营互相牵制。过去的 10 年间，法兰西帝国给欧洲带来了动荡，因为他的努力，法兰西帝国才没有遭到报复。他说，是那个科西嘉魔鬼命令法国人民这么做的，他应该负全责。现在，篡位者已经被放逐，合法的国王又回来了。塔列朗说："我恳请再给他一次机会。"看到法兰西有心悔过，同盟国也很欣慰，就既往不咎了。可是，波旁王子能够当上国王，不过是被人利用。15 年之后，他又被驱逐出境了。

维也纳三巨头中的第二人是奥地利首相梅特涅，他是哈布斯堡外交政策的领袖。梅特涅是奥地利的梅特涅－温尼堡亲王，名叫文泽尔·洛特哈尔。他出身贵族，很有风度，背景强大，极具才华。由于他出身上流社会，根本无法接触到在田间挥汗如雨的平民百姓。法国大革命爆发时，梅特涅还是年轻的学生，就读于斯特拉斯堡大学。斯特拉斯堡曾经是雅各宾派的活动中心，《马赛曲》就诞生在这里。梅特涅没有忘记，原本他的社交生活非常愉快，却生生被革命打断了。暴乱的人们就像疯了一样，见到什么东西都要摧毁，很多无辜的人也死在了他们手里。他们用这种残忍的方式来迎接新的自由。但是，梅特涅看到的只是表面，对于人们诚挚的热情和期盼的眼神这类真正重要的东西，他却忽视了。他没有看见脏兮兮的国民自卫军从人们手中接过面包和水，在人们的注视中穿过城市，赶赴前线，为祖国献身。

这位年轻的外交家对大革命的野蛮行为非常反感。在他看来，只有穿着整洁的制服，骑着良驹，疾驰过原野去奋勇杀敌，才算是真正的战斗。而那些所谓的革命，只是一种非常邪恶的行为，它把整个国家变成了脏兮兮的军营，让一无是处的流浪汉平步青云，摇身变成了将军。奥地利的公爵举行了很多规模很小的宴会，每次梅特涅和法国的外交官相遇，都会说："你们要的是自由、平等、博爱，结果呢？得到了一个拿破仑。如果你们能维持现行的制度，怎么会发生那样的事呢？"他极力吹嘘人们在革命爆发之前的生活有多么安定和幸福，根本不存在"人生而平等"的困扰。他是他的"维持理论"的忠实拥趸，还有很高的劝服别人的能力。所以，他顽固地抵抗着革命精神。死于 1859 年的梅特涅曾经在 1848 年亲眼看到欧洲革命彻底否决了自己的精神。之后，他发现自己也沦为了欧洲最令人反感的人，就像当年的拿破仑一样，甚至有好几次他都险些死于愤怒的公众的私刑。可是这个老头顽固不化，直到死都坚信自己无比正确。

他坚信，相比自由，人们更想要和平，所以他尽力为人们提供和平。说句公道话，自从他的和平政策问世，前 40 年间还颇有成效，列强们几乎平息了战火。直到 1854 年，俄国与英国、法国、意大利、土耳其为了争夺克里米亚而爆发战争，和平才宣告终结。可以说，在欧洲大陆上，连续 40 年的和平已经创造了历史纪录。

维也纳三巨头中的第三人是亚历山大沙皇，此刻他正在跳华尔兹。他的祖母是叶卡捷琳娜女皇，他就是在祖母的宫中成长起来的。那个智谋过人的老太太教育他，俄罗斯的荣耀应该是他毕生重视的事情。而他的私人教师来自瑞士，崇拜的是伏尔泰和卢梭。所以，亚历山大长大之后，身上就奇怪地混合了以自我为中心的暴君和容易冲动的革命者这两种特质。他的父亲就是那个疯癫的保罗一世，父亲在世的时候，他过得十分屈辱。他亲眼看到，大批的俄罗斯人在和拿破仑作战的过程中牺牲了。后来局势反转，像神话一样战无不胜的法国皇家军队居然成了他的手下败将。于是，欧洲人将俄罗斯视为救世主，将这个民族的沙皇视为神明，在他身上寄予厚望。

但是亚历山大不够精明，论深谋远虑，他比不上塔列朗和梅特

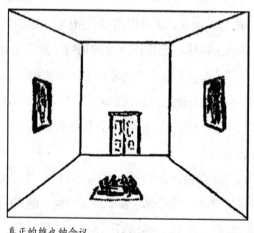

真正的维也纳会议

涅，在外交游戏上也做不到游刃有余。他有着很强的虚荣心，喜欢大排场。可是处于那样的情形下，应该每个人都会忘乎所以吧。所以，他迅速沦为了维也纳会议上的摆设，而梅特涅、塔列朗和精明的英国代表卡斯尔雷[1]则一边坐在桌边喝托考伊白葡萄酒，一边商讨实际的事务。他们都想把俄国拉到自己一方，所以表面上十分尊敬亚历山大。但是他们并不想让亚历山大参与到会议的实质工作，就极力赞美他的"神圣同盟"计划，一方面可以满足他的虚荣心，一方面让他专注于这个计划，他们自己则趁机埋头苦干手里的工作。

亚历山大性格豪爽，经常混迹于社交场所，接受人们的赞美。不过，他只是表面看起来光鲜，内心却有隐痛。他一直被一件可怕的往事折磨着：1801年3月23日晚上，他在圣彼得堡圣迈克尔宫的一间屋子里坐着，心急如焚地等待着父亲保罗退位的消息。可是，保罗不肯在退位诏书上签字。那些早已喝得酩酊大醉的官员失去了耐心，怒气冲冲地用围巾把他勒死了。然后他们来到楼下，对亚历山大说，现在他就是掌握了俄罗斯所有领土的皇帝了。

在亚历山大的脑海中，这个恐怖的夜晚一直挥之不去。他学习过法国的哲学思想，但是这些思想相信的是人类的理性而不是上帝。既然他无法借由理性走出困境，他就感觉自己周围出现了很多奇怪的景象和声音。他开始变得虔诚，并痴迷于神秘主义，以此获得内心的宁静。神秘主义是对神奇而未知的世界的一种热爱，它的历史悠久，它的渊源就像底比斯、巴比伦的神庙一样。

大革命期间的焦虑情感以一种奇怪的方式深深地影响了人们

---

[1] 卡斯尔雷，曾经担任英国的外交大臣。

的性格。经受了长达 20 年的恐惧和焦虑，人们似乎都有些精神失常。一听见门铃响，他们就会心惊肉跳。他们害怕这是有人来告诉他们，他们唯一的儿子已经死在了战场上。大革命期间竭力宣扬的"兄弟情"和"自由、平等"的观念，现在听起来只是一些苍白无力的口号。如今他们唯一的愿望，就是摆脱一切虚无缥缈的幻想，重新开始面对生活。在他们的悲伤和痛苦中，一群骗子应运而生。这些骗子自诩为先知，到处传播他们从《启示录》里挖掘出来的晦涩难懂的教义。

此前，亚历山大已经多次向巫师求助。1814 年，他又听说了一位女先知的事情。她说，世界即将毁灭，人们要尽早醒悟。她是冯·克鲁德娜男爵夫人。她以前的丈夫是保罗时代的一名外交官，现在没有人知道她的年龄，而且她臭名远扬。据说她不但败光了丈夫的家产，还给丈夫戴绿帽子，让丈夫颜面扫地。她常年过着放荡的生活，甚至导致精神失常。后来，由于看到一位朋友的突然离世，她幡然醒悟，不再留恋尘世。她找到一位鞋匠，向他忏悔了自己的罪恶。这位鞋匠是一个忠于摩拉维亚兄弟会的修士，1415 年，宗教改革家约翰·胡斯被康斯坦斯宗教会议判处死刑，而这位鞋匠就是他的忠实信徒。

自从变身巫师，克鲁德娜之后的 10 年都待在德国，将全部精力投入了劝说王公贵族们信仰宗教上。感化欧洲的救世主亚历山大沙皇，让他认识到自己过去的错误并做出改变，是她的终极目标。此时，亚历山大正处于极度的忧伤中，非常乐于聆听这个女巫师的神秘预言。1815 年 6 月 4 日傍晚，男爵夫人被带入了王宫。她第一次见到沙皇的时候，这个大人物正在阅读《圣经》。至于女巫师对亚历山大说了什么，我们不得而知。可是他们的会面持续了 3 个小时，在女巫离开的时候，亚历山大痛哭流涕，说他的灵魂终于可以安宁了。之后，男爵夫人就一直陪在他身边，充当他的灵魂导师。不管沙皇去巴黎还是维也纳，她都陪伴在身侧。如果沙皇没有什么外交活动，就会去男爵夫人那里进行祷告。

　　读到这里，读者也许会产生这样的疑问：你为什么要如此详尽地讲述这个故事呢？为什么放着 19 世纪的历史事件不讲，却要讲述这个精神失常的女人呢？她有什么重要性呢？事实上，我们不能对她避而不谈。因为这个世界上早就有不计其数的历史书，我要讲述的不是一连串的历史故事，我也不想让读者停留在知道"什么时间什么地点发生了什么事情"的阶段，而是深入挖掘历史背后那些鲜为人知的东西。深入挖掘每一个行为背后隐藏的动机，你才能更加深入地了解这个世界，也能有更多的帮助别人的机会。

　　请不要将"神圣同盟"视为 1815 年签署之后，就被遗弃在国家博物馆中的一张废纸。虽然它已经时代久远，但是它的影响力依然存在。正是由于"神圣同盟"的存在，才有了门罗主义 [1]，而门罗主义和美国人的生活密切相关。因此，我才想让你们知道这个文件的产生经历了怎样的过程，以及深藏在这个看似献身于基督教责任的宣言后面的是什么样的动机。

　　一个是有着不堪回首的往事，希望获得内心宁静的男人；一个是放荡地虚度了半生年华，颜面扫地、韶华已逝，只能靠神秘主义的先知满足自己的欲望的女人。这两个不幸的人通力合作，才有了

---

[1] 门罗主义，1823 年 12 月 2 日，美国总统门罗提出的美国对外政策的原则，这是美国对外扩张政策的标志。

"神圣同盟"。我说的这些其实并不是什么秘密。卡斯尔雷、梅特涅和塔列朗等人头脑清醒，知道这个神秘的男爵夫人到底有什么动机。要是梅特涅愿意的话，将这位巫师遣返回德国也并非难事。他只需给帝国的警察局长写一张便条，这个问题就解决了。

不过，法国、英国和奥地利人都想获得俄罗斯的配合，不敢惹怒亚历山大，就尽力忍耐着这个无知的老女人。其实，他们把"神圣同盟"视为废纸，觉得它只是沙皇用来欺骗自己和别人的。在沙皇为他们诵读在《圣经》的基础上创作出的《人类皆兄弟》的初稿时，他们只好装出一副认真聆听的样子。实现全人类的平等和博爱，这就是"神圣同盟"创建的宗旨。所有的签字国都要声明，"在管理本国事务和处理与其他国家的外交关系时，都要遵守神圣宗教的训诫，也就是将基督教的公正、仁爱和和平作为唯一的指导原则。这些训诫不但适用于个人，还会直接影响各国议会，在政府的所有环节中也有所体现，只有这样，才能改善人类制度，改进人类缺陷。"之后，他们都要相互承诺，要用一种"真正可靠的兄弟关系"永远团结一致，"彼此像兄弟一样，不管什么情况、什么地点，都要互相帮助"，等等。

奥地利皇帝虽然一个字都没有看懂，却率先在"神圣同盟"上签了字。第二个签字的是法国的新国王，迫于时局，他非常需要这个拿破仑的旧敌的友谊。为了获得亚历山大对自己提出的"大普鲁士"的支持，普鲁士国王也签字了。那些任由俄国摆布的欧洲小国也纷纷签字。但是，卡斯尔雷认为"神圣同盟"全都是废话，所以没有签字。教皇也没有签字，他觉得这两个人一个是希腊东正教徒，一个是新教徒，想要插手他的国家事务。苏丹也没有签，因为他们不知道这件事的存在。

之后不久，欧洲的老百姓就知道这个"神圣同盟"有多大的威力了。因为虽然"神圣同盟"只是一堆废话，可是后面隐藏的是梅特涅组织的五国联军。他们的存在，就是在昭告世人，不允许任何人来打扰欧洲的和平。人们认为自由派就是乔装打扮的革命派，所以对他们深恶痛绝。欧洲人对1812年到1815年的解放战争的热情渐渐退却，却越来越渴望和平和安宁。曾经在战场上浴血奋战的士兵们也期望和平，在那个时代，和平成为主题。

可是，人们很快就发现，他们渴望的和平，与"神圣同盟"和列强会议强加给他们的和平大相径庭，他们被欺骗了。可是，对此他们并不敢发表任何意见，因为秘密警察随处可见，能够监听他们的言论。对革命的反攻取得了胜利，这让这次反攻的策划者认为自己的行为会造福人类。可是，不良的动机带来的，只能是不良的结局。"神圣同盟"不但给人民带来了痛苦，也让欧洲社会付出了政治改革受到阻碍等一系列代价。

第五十五章
反动势力

他们通过压制人们的新思想来实现和平，为了实现恐怖统治，他们大幅提高了秘密警察的政治地位。很快，监狱里就没有空位了，里面全都是争取民主权利的人。

拿破仑的革命洪流造成了巨大损失，难以挽回。不管是古老的城墙，还是宫殿，都被摧毁了。革命的浪潮退去之后，有很多稀奇古怪的革命教条却残留下来了。这些教条早已扎根于社会根基，强行清除它们的影响，后果不堪设想。可是，维也纳会议的政治工程师技术高超，取得了很多成就。

由于几百年来，法国都在威胁世界和平，所以人们一直对它保持高度的警惕。虽然波旁王朝通过塔列朗，许诺以后一定会好好治理国家，但是欧洲国家却从"百日政变"看出，一旦拿破仑第二次逃脱，后果不堪设想。所以，荷兰共和国改为王国，比利时成了新尼德兰王国的一部分。虽然新教徒统治的北方和天主教徒统治的南方都不愿意看到这种联合的出现，可是他们也根本提不出理由对此进行反对。因为这是对欧洲的和平有利的，而和平才是重中之重。

由于波兰的亚当·查托里斯基王子和沙皇亚历山大是好朋友，还一直在战争期间以及维也纳会议上充当沙皇的顾问，所以波兰人就觉得自己有了坚实后盾。然而，波兰最终却沦为了俄国的附属地，由亚历山大统治。波兰人对此极为愤怒，之后就引发了三次革命。

由于丹麦曾经是拿破仑的盟友，所以在战争结束后，它受到了极为严厉的处罚。早在7年前，就有一支英国舰队开到了卡特加特海域，突袭了哥本哈根，将丹麦的军舰悉数夺走，避免被拿破仑利用。在维也纳会议上，更是给了它严厉的惩罚。维也纳会议将挪威从丹麦分离出来（1397年，卡尔马条约签署之后，挪威和丹麦一直都是联合的），奖给了瑞典的查理十四，因为他曾经背叛了拿破仑。查理十四原本是法国的一名将军，名为本纳多特，以拿破仑的副官的身份来到瑞典。时值荷尔斯坦因－歌特普王朝的最后一任统治者去世，又没有儿子，所以本纳多特就应瑞典人民的邀请，登上了王位。从1815年到1844年期间，他全心全意地治理着这个收养了他的国家（虽然他始终都没有学会瑞典语）。他机智过人，治理有方，赢得了瑞典子民和挪威子民的共同尊重。但是，他无力将这两个有着迥然不同的历史和天性的国家进行调和，这两个斯堪的纳维亚国家组成的联合体最终一定是以失败告终。1905年，挪威以一种最和平有序的方式变成了一个独立国家。瑞典也祝愿挪威能够有锦绣前程，明智地让它走了自己选择的路。

自从文艺复兴以后，意大利就开始受到侵略者接二连三的骚扰。原本，他们将希望寄托在波拿巴将军身上，最后却大失所望。

意大利并没有实现统一的愿望，反而被划分成了很多小公国、侯国、共和国、教皇国。在整个意大利半岛上，教皇国（除了那不勒斯）是治理得最糟糕的，人民的生活苦不堪言。维也纳会议将拿破仑建立的几个共和国全部废除，恢复了一些老的公国，分别奖励给哈布斯堡家族的几个成员。

西班牙人曾经在反抗拿破仑的民族大起义中浴血奋战，表明自己对国王的忠心。可是，当维也纳会议准许国王返回各自的领地后，西班牙等来了一个残暴的国王。之前的 4 年，费迪南七世都是在拿破仑设置的监狱中度过的，为了打发时间，他在监狱里给自己心爱的守护圣像编织了很多外套。他刚返回西班牙，就恢复了在大革命期间废除的宗教法庭和酷刑室。不光是西班牙人民，就连他的 4 个妻子都对他深恶痛绝。但是由于"神圣同盟"的存在，他的王位却是合法的。

1807 年，葡萄牙王室全都逃到了巴西，葡萄牙就没有了国王。在 1808 年到 1814 年半岛战争 [1] 期间，葡萄牙被惠灵顿军队视为后勤补给基地。1815 年后，葡萄牙仍处于英国的统治之下，这一局面持续到布拉干扎家族返回葡萄牙。这个家族的一位成员留在了里约热内卢，做了巴西皇帝。巴西是美洲大陆仅有的一个帝国，一直维持到 1889 年巴西共和国成立，它才算灭亡。

在东欧，"神圣同盟"对于斯拉夫人和希腊人的悲惨处境并没有采取任何改善措施，他们还是接受苏丹的统治。1804 年，一个名叫布莱克·乔治（卡拉乔维奇王朝缔造者）的塞尔维亚猪倌发动

---

[1] 半岛战争，拿破仑侵略西班牙和葡萄牙的战争，这两个国家位于伊比利亚半岛。

起义，对土耳其人进行反抗，最后以失败告终。他自己则死在另一个塞尔维亚领袖手上，他曾将这个领袖视为朋友，这个人叫米洛什·沃布伦诺维奇（沃布伦诺维奇王朝创始人）。于是，土耳其人继续在巴尔干半岛作威作福。

要说悲惨历史最长的，就是希腊人。2000多年间，他们先后被马其顿人、罗马人、威尼斯人、土耳其人奴役。现在，他们将希望寄托在了希腊科孚岛人卡波·迪斯特里亚身上，他们热切地盼望着这位同胞可以来救他们于水火之中。可是维也纳代表们并不在意希腊人民的愿望，他们想的是，该怎么让他们认为的"合法"君主保住原有的王位，不管这个君主到底属于基督教、伊斯兰教还是别的什么教派。

可以说，维也纳会议犯下的最大的错误就是对德国问题的处理。宗教改革和三十年战争摧毁了德国的经济，而政治方面也未能幸免，变成了一盘散沙。德国分裂成两个王国、几十个大公国、几百个公爵领地、侯爵领地、男爵领地、选帝侯领地、自由城市和自由村庄。其统治者都是一些只有在喜剧中才能见到的奇怪的人物。以前，腓特烈为了改变这种状态，建立了强大的普鲁士帝国，可是这个国家在他死后不久又分裂了。

拿破仑虽然让大部分的小国都获得了独立，但是在这多达300多个独立的小国中，到了1806年，幸存下来的只有52个。在争取独立的斗争中，很多年轻士兵都想建立一个独立的、强大的新国家。可是，只有拥有一个强有力的领导，才可能实现独立。到底谁有能力来领导这个国家呢？

讲德语的一共有5个王国，奥地利和普鲁士就是其中的两个，它们都拥有上帝赐予的领导。而巴伐利亚、萨克森和符腾堡是另外3个国家，它们的领导是拿破仑授予的。由于这3个国家都曾经追随过拿破仑，所以其他的德国人都觉得他们的爱国热情不值一提。

维也纳会议主导了一个由38个主权国家构成的新德意志联邦，领导权属于原奥地利国王。对于这样的安排，任何一个人都不满意。最后，德意志大会召开了，地点选在古老的加冕之城法兰克福，本次会议的主要议题是"共同政策及重大事务"。但是，与会的38名代表分别代表了不同的利益，而想要做出任何一个决定，都需要全票才能通过（在上个世纪，这项规则曾经毁掉了强大的波兰王国）。最终，原本赫赫有名的德意志联邦成了欧洲所有人的笑柄。在政治方面，这个古老的帝国已经越来越接近19世纪四五十年代的中美洲国家。

对于那些真正怀有民族理想的德国人来说，这是对他们国家的极大羞辱，可是维也纳会议对普通老百姓的民族感情置若罔闻，所以，关于德国问题的争论就匆匆收场了。

有人对这种方式提出过反对吗？当然有！当人们对于拿破仑的痛恨渐渐平息，当人们对于战争的疯狂开始退却，当人们发现"和平与稳定"也给他们带来了很多痛苦，甚至比起革命时代也有过之而无不及，他们怒火中烧。他们忍不住想要再次革命，甚至想要奋起反抗，可是他们又能做些什么呢？他们面对的，是有史以来最冷酷无情、最高效的警察系统的监控，心地善良的人们的能力太过弱小，只能任人宰割。

维也纳会议的成员们坚称，"正是由于革命思想，才导致前拿破仑皇帝犯下了篡位的滔天大罪"。为了避免再次出现篡位者，他们决心要将法兰西思想所有的追随者都清除干净。就是受这种思想的驱使，菲利普二世在残杀新教徒和绞杀摩尔人的时候，才会认为自己只是受到了良心的驱使。16世纪初，教皇拥有着任意统治属民的神圣权力，谁要是胆敢不相信这种权力，谁就会被视为"异端"，每个忠诚的市民都有去杀死他的责任。19世纪初的欧洲大陆，谁要是胆敢不相信国王或者首相拥有着任意统治属民的神圣权力，谁就被视为"异端"，每个忠诚的市民都有去最近的警察局告发他，让他接受惩罚的责任。

但是1815年的欧洲统治者已经从拿破仑那里学到了高明的、有效率的办事技巧，所以他们比1517年的教皇要更为厉害。从1815年开始的40多年属于政治密探的时代，到处都是间谍。不管是帝王的王宫还是粗俗的酒馆，他们都能自由出入。内阁举行会议的时候，他们可以透过钥匙孔窥探；人们在公园的长椅上闲聊的时候，他们可以偷听。他们牢牢把控着海关和边境防止没有护照的人偷渡出境；他们检查所有的行李，避免任何一本有关法兰西思想的书籍进入皇帝的领土范围。他们还会和学生一起坐在演讲大厅听讲，一旦听到有人对现存的制度进行质疑，那个人就会面临极大的灾难。就连去教堂的儿童，他们都要跟踪，避免孩子们逃学。

教士们全力支持密探的工作。在大革命期间，教会几乎被摧毁了。革命分子不但没收了教会的财产，还杀死了很多教士。1793年10月，公安委员会废除了对上帝的信仰，以伏尔泰、卢梭为首的法国哲学家的思想在年轻人之间大行其道，他们都开始崇拜"理性的神坛"。教会被取消之后，教士们跟着王室贵族一起踏上了漫长的逃亡之旅。现在，他们跟着盟军回到了故乡，就立誓为自己曾经遭受不公正待遇而报仇雪恨。

1814年，耶稣会也卷土重来，继续对年轻的一代进行教育。这个教派在和教会敌人的战斗中取得了极大的胜利。很快，耶稣会的"教区"就遍布世界各地，向当地人传播天主教的福音。可是，很快这些教区就发展成了正式的贸易公司，还插手当局事务。葡萄牙改革家、葡萄牙首相马奎斯·德·庞巴尔上台后，一度将耶稣会驱逐出境。但是在1773年，由于欧洲大多数天主教国家强烈要求，教皇克莱芒十四又取消了对耶稣会的禁令。现在，耶稣会卷土重来了，耐心地教授孩子们"顺从"和"热爱合法君主"的大道理。

在德国这样的新教国家里，反革命情形也好不了多少。1812年的那些伟大的爱国领袖和号召反抗篡位者的诗人、作家，都被扣上了"煽动家"的帽子。警察不但进他们的房间搜查，还检查他们的信件。警察还要求他们每隔一段时间都要去警察局汇报自己最近的所作所为。普鲁士教官对青年学生进行着严密的监视，堪称疯狂。一旦发现学生在古老的瓦特堡聚集，为宗教改革300周年进行庆贺，普鲁士当局就会认为这是一场革命的前兆。如果一个老实的神学院学生杀死了一个在德国工作的俄国间谍，警察就会将普鲁士的所有大学严密监管起来，甚至可以不经任何审讯就将教授投入监狱或者解雇他们。

此时，俄国的反革命活动也正在紧张地进行。愚蠢的亚历山大沙皇早就从心灵创伤中走了出来，他不再对宗教无比狂热，却逐渐染上了忧郁症。后来他终于意识到，原来自己在维也纳会议上只扮演了梅特涅和克鲁德娜的玩偶的角色，自己成了政治游戏的牺牲品。只要一想到这件事，他就会对西方的统治者深恶痛绝，所以，他越来越固守俄国。俄罗斯的真正兴趣，其实就在斯拉夫人曾经启蒙过的圣城君士坦丁堡。随着年龄的增长，亚历山大的工作越来越努力，可是并没有取得多少成就。每当他在书房中埋头工作时，他的大臣们就忙于制造更多的军队和间谍。

看到这样的画面，读者也许会心生不快，看来我对"大反动"的描述也该告一段落了。不管怎么说，你们已经对这段历史有了一定的了解。人们对于阻碍历史发展的尝试已经做了很多次，但是最终都以失败告终。

第五十六章
民族独立运动

民族独立的热情已经被点燃，想要扑灭绝非易事。最先反抗维也纳的反动统治的是南美洲人，希腊、比利时、西班牙等国家紧随其后。19 世纪，人们向往独立的呼唤震耳欲聋。

"如果在维也纳会议上，人们没有选择这样的政策，而且选择了那样的政策，那么 19 世纪的欧洲历史肯定是另外一个模样。"不过，这样的假设根本没有意义。参加维也纳会议的人都经历过法国大革命，过去 20 年间的恐慌和战乱给他们留下了刻骨铭心的记忆。他们聚集的目的，就是确保欧洲的"和平与稳定"，他们也坚信，这是人民的期望。在我们眼里，他们就是"反动派"。他们坚信，人民不可能管理好自己。所以，为了欧洲能够长治久安，他们找了一个自认为合理的办法，对欧洲版图进行了重新划分。虽然他们失败了，但是他们并没有恶意。一言以蔽之，他们大都非常保守，心中充满了对往昔的幸福生活的怀念，所以一直盼望着能够再过上以前那种生活。可是，有一点他们没有意识到，就是革命思想已经在人民的心中扎下了根。这可以算不幸，但是算不上罪恶。法国革命告诉了欧洲乃至世界一个真理：人民应当拥有"民族"自主权。

拿破仑无所畏惧，也不会尊重别人。不管对待什么，他都是十分冷漠，就连国家和民族也引不起他的热情。革命早期，就有将领鼓吹："民族与政治区域、外貌体型并没有很大的关系，只和人的心灵有关。"所以，他们不但向法国儿童讲述法兰西民族有多么伟大，也鼓励西班牙人、荷兰人和意大利人这么做。很快，卢梭的信徒们就开始追溯过去，觉得古人的德行更为优越，就到封建城堡的废墟里去挖掘自己伟大种族的尸骨，然后将自己标榜为这些伟大祖先的子孙。

19世纪上半叶是历史考古突飞猛进的时代。人们整理了中世纪散落遗失的篇章，以及早期中古编年史，陆续出版。每一个人都会对自己国家的历史发现成果产生强烈的民族自豪感，可是这些感情源于他们对历史事实的错误理解。然而在现实的政治中，重要的不是事情的真假，而是人们是不是相信。可是，通常人们都是相信的，他们会对祖先取得的荣誉十分自豪。

然而，维也纳会议对于人们的民族情感置之不理。那些大人物只关注几个王朝的利益，并据此对欧洲版图进行了重新划分。而"民族感情"和所有危险的"法国教义"却被划分成一类，无情地列入了禁书。

但是，历史的发展趋势十分公正，不会尊重任何会议。出于某种原因（可能是历史规律，但是学者们对此各执一词），"民族独立"似乎成了人类社会向前发展的潮流。不管是谁想要阻碍这股潮流，其下场都无异于梅特涅企图阻止人们自由地思考，只能是白费力气。

南美洲远离欧洲，但令人惊奇的是，这场民族独立的星星之火居然是从这里开始燃烧的。拿破仑在位时，西班牙一门心思应付拿破仑，无暇顾及南美殖民地。后来，西班牙国王成了拿破仑的阶下囚，南美殖民地人民依然对他忠心耿耿，甚至拒绝服从1808年上位的新任西班牙国王约瑟夫·波拿巴。

其实，南美地区唯一一个受到法国大革命影响的地方，就是哥伦布首航抵达的海地岛。1791年，法国国民公会突然博爱心爆棚，宣布海地的黑人也可以拥有原本只有白种人拥有的特权。可是他们言而无信，很快就反悔了。于是，他们的不信守承诺成了战争的导火索。之后，海地的黑人在杜桑·卢维杜尔[1]的带领下，与拿破仑的姐夫勒克拉克将军对战多年。1801年，勒克拉克向杜桑发出邀请，让他前去和谈，并保证不会在和谈期间危害杜桑的安全。杜桑轻信了白人的话，前去和谈，没想到被带到了一艘法国军舰上，不久之后就在法国的监狱中凄惨地死去了。即便如此，海地黑人还是坚持抗战，最终赢得了独立，建立起了共和国。此外，在南美第一个伟大的爱国者试图带领自己的国家摆脱西班牙的枷锁时，海地黑人也向他们伸出了援手。

西蒙·玻利瓦尔[2]于1783年出生在委内瑞拉的加拉加斯，他曾经在西班牙学习过一段时间。法国大革命时期，他去往巴黎，目睹了当时的政府是如何运作的。之后他又去了美国，然后返回故乡。当时，委内瑞拉对宗主国西班牙极为不满，这种情绪持续高涨。

---

[1] 杜桑·卢维杜尔，海地革命领袖，最后死于法国人的狱中。

[2] 西蒙·玻利瓦尔，拉美独立运动领导人，建立了委内瑞拉共和国，并解放了秘鲁。

1811 年，委内瑞拉正式宣布独立，玻利瓦尔成了一名伟大的革命将领。可是起义还不到两个月就被残酷镇压，玻利瓦尔被迫踏上了逃亡之路。

之后的 5 年，玻利瓦尔一直坚持着这个看起来没有胜利希望的革命事业。他还捐出了自己的全部财产，以示对革命的支持。最后一次远征中，由于得到了海地总统的支持，他才获得了胜利。之后，争取民族独立的抗争迅速蔓延到了整个南美大陆。西班牙政府无力镇压，只好求助于"神圣同盟"。

这种形势让英国人忧心不已。当年荷兰人海上霸主的地位，已经被如今的英国船队取代，英国船队已经成了世界上最主要的海上运输队。他们觉得，南美人的独立战争是自己赚取大笔利润的好时机。所以，他们希望美国可以出面阻止"神圣同盟"插手此事。然而，美国的众议院和参议院都不想干预西班牙事务。

就在这紧要关头，英国内阁发生变动，托利党上台，乔治·卡宁被任命为国务大臣。他暗示美国政府，如果他们愿意阻止"神圣同盟"镇压南美的叛乱，英国就会用海上所有的力量来支援美国。1823 年 12 月 2 日，门罗总统在国会发表了著名宣言："美国会将'神圣同盟'在西半球的任何势力扩张活动，视为对美国的不友好。"4 周后，英国的报纸刊载了"门罗主义"全文，对此，"神圣同盟"不得不进行艰难的抉择。

梅特涅对此犹豫不决。他个人是非常想挑战一下美国的实力的（自从 1812 年英美战争后，美国的海陆军就无人重视了）。可是，想到卡宁那咄咄逼人的态度，以及欧洲大陆自己的麻烦，他不得不终止了筹划中的"神圣同盟"远征计划。最终，南美和墨西哥获得了独立。

接下来将要介绍的，是欧洲大陆来势异常猛烈的麻烦。1820年之后，"神圣同盟"就为维护欧洲和平忙得焦头烂额，先是将法国军队派往西班牙，后又将奥地利军队派往意大利。当时，意大利正在努力实现统一。意大利"烧炭党"（由一批烧炭工人组织起来的秘密会社）大力宣传统一的意大利，最终，一场反抗那不勒斯统治者费迪南的起义爆发了。

俄国也有很多不好的消息传来。亚历山大刚离世，就爆发了圣彼得堡革命。这场"十二月党人起义"[1]持续的时间不长，但是非常血腥，很多爱国者遭到了被绞杀的惩罚。这些爱国者只是对亚历山大晚年的反动统治颇为不满，希望可以实行立宪政府制。

后来又发生了更糟的事情。面对此起彼伏的起义，梅特涅十分不安，先后在亚琛、特罗堡、卢布尔雅那和维也纳召开了一系列会议，以期获得欧洲各国宫廷的支持。他选择的地方都是风景优美的海滨胜地（奥地利首相会选在这里避暑），各国代表纷纷按时赶来。他们还是坚守原来的承诺，要全力镇压起义，却没有必胜的信心。人们骚动的情绪开始变得难以控制，特别是法国，法国国王的处境十分危险。

但是，真正的大麻烦始于巴尔干。自古以来，这里就是西欧的门户，是蛮族入侵的必经之路。摩尔达维亚率先爆发起义。原本这里是古罗马的达西亚省，公元 3 世纪左右脱离了罗马帝国。之后，摩尔达维亚就像消失的亚特兰第斯[2]一样，成了"失落的国土"。当

---

[1]　十二月党人起义，指 1825 年 12 月俄国反沙皇专政的起义。

[2]　亚特兰第斯，传说中已经沉没的大西洋城。

地居民说的还是古罗马语言，他们称自己为罗马人，给国家命名为罗马尼亚。1821 年，希腊人亚历山大·伊普西兰蒂王子领导人民反抗土耳其人的统治。他原本以为，俄国一定会支持他们。可是，梅特涅很快就派特使前往圣彼得堡。就这样，沙皇被梅特涅的"和平与稳定"的观点劝服，拒绝援助罗马尼亚。于是，起义很快宣告失败，伊普西兰蒂流亡奥地利，在监狱中度过了 7 年。

1821 年爆发暴乱的还有希腊。从 1815 年开始，希腊的爱国地下组织就开始为起义做准备。这次起义爆发在摩里亚半岛（即古伯罗奔尼撒半岛），他们做了充足的准备，在土耳其人毫无防备的情况下将他们在当地的驻军驱逐出去，宣布独立。土耳其人以其惯有的方式进行了反击，他们将君士坦丁堡的希腊主教逮捕入狱，并选在 1821 年的复活节，把这位希腊人和许多俄罗斯人心目中的教皇绞杀。希腊人出于愤怒，马上杀死了所有在摩里亚首府特里波里莎的伊斯兰教徒，作为报复。土耳其人不甘示弱，袭击了俄斯岛，杀死了 25000 名基督教徒，并将 45000 人贩卖为奴隶。

之后，希腊人向欧洲法庭发出求救信号，可是梅特涅不但对此横加阻止，还声称这是"自作自受"（我在这里并没有用双关语，这是首相给教皇的信中的原话，"应该听任暴乱之火在野蛮地区自生自灭"）。欧洲将通往希腊的道路全部封锁，任何想要前往希腊救人的志愿者都被拦截下来。希腊几乎没有独立的可能了。这时，应土耳其人的要求，埃及军队登陆了摩里亚。很快，土耳其的国旗又在雅典卫城上迎风飘扬了。埃及军队采用了"土耳其方式"，对当地进行统治。梅特涅静观事态的发展，等待着"打破欧洲和平的举动"的终结。

这一次，英国人再次出手，将梅特涅的计划彻底打乱。英国的殖民地十分广阔，也拥有无尽的财富，海军战无不胜，这些都值得人艳羡，但是这不是英国人最引以为傲的，他们心中深藏的英雄主义和独立精神才是他们最骄傲的。英国人向来遵守法律，他们认为，文明社会和野蛮社会一个重要的不同之处，就在于前者懂得尊重他人。但是他们同时也认为，别人没有干涉自己思想自由的权利。一旦他们觉得政府做得不妥，就会果断地说出自己的观点。而政府也非常尊重他们的自由思想，尽力保证他们不受迫害。所以，只要是正义的事业，不管距离远近，敌我力量是否悬殊，他们都会勇敢地支持。总体看来，英国人和其他国家的普通民众没什么不同。他们忙于日常生活，不会将时间和精力放在那些无谓的"冒险游戏"上。但是对于那些甘愿牺牲一切前往亚洲或者非洲，为弱小民族献身的邻居，他们会极为崇敬。要是这个邻居不幸死在了战场上，他们不但会厚葬他，还会将他作为教育孩子的榜样。

这种民族特性在人民的心中深深地扎下了根，任谁都无法撼动。1824 年，拜伦[1]勋爵乘船前往南方，要去支援希腊。他是一个年轻的英国诗人，非常富有，曾经以自己的诗歌打动了整个欧洲。然而仅仅过了 3 个月，人们就收到了噩耗——他们的英雄在希腊的最后一块营地米索龙吉去世了。这位伟大的诗人英雄式的死亡让整个欧洲的人民都燃起了想象与激情，各国援助希腊的组织遍地开花。美国革命的老英雄拉法夷特为宣传希腊人的处境而东奔西走；巴伐利亚国王也派遣几百名军官赶赴希腊。英雄离世之后，不计其数的补给运到了米索龙吉，支援着那里的灾民。

---

[1] 拜伦，1788—1824，英国著名的浪漫主义诗人。

在英国，乔治·卡宁在成功挫败了"神圣同盟"对南美的干涉之后，当上了首相。这时，他意识到打击梅特涅的良机已经悄然来临。英国和俄国的军队前往地中海，随时整装待发，因为人民对希腊事业的热情高涨，根本无法压制。自从十字军东征之后，法国就宣称要捍卫基督教信仰，这次自然不甘屈居人后。于是，1827年10月20日，三国联军在纳瓦里诺湾将土耳其海军打得溃不成军。在欧洲，这场战役的捷报收获了人们空前热烈的欢呼。西欧人和俄国人毫无自由，只能通过在想象中参与希腊人民的战斗，获得心灵上的安慰。他们的努力终于收到了成效，1829年，希腊正式宣布独立。这也意味着，梅特涅的"稳定"政策再次遭遇了失败。

限于篇幅，我不可能详细介绍每个国家的民族独立斗争。以此为主题的优秀图书不计其数。我之所以要在此详细地介绍希腊人民的起义，是因为它有着特殊意义，是第一次成功突破"维护欧洲"反动阵营。虽然反动阵营依然存在，梅特涅仍在苦心孤诣地运营，但是他们距离灭亡已经不远了。

然后是法国。自从波旁王朝重新掌权，就无视文明和战争的法则，极力推行控制森严的警察制度，意图将革命的成果彻底摧毁。1824年，路易十八驾崩，此时，法国人民已经在"和平生活"的压迫下忍气吞声地活了9年，而其痛苦比帝国的10年要多得多。路易十八死后，他的兄弟查理十世即位。

路易十八属于波旁家族，虽然这个家族的成员大多没什么才能，却有着过人的记忆力。路易十六被送上断头台的时候，路易十八正住在哈姆镇，他在一天早上听说了这个消息，并把这段记忆深深地印在了脑海里。这些记忆不断地提醒他，一个看不清局势的君主一定会下场惨淡。而查理跟他不一样，他大手大脚，不懂节俭。还不满 20 岁，他就债台高筑，欠下了 5000 万法郎的债务。他也没什么才能，也不知道吸取教训，还不思进取。上位之后不久，他就建立了一个"由教士建立、所有和所享"的新政府。这一评论是由并非激进自由派的惠灵顿公爵提出来的，可见，人人都对查理的统治方式深恶痛绝，就连那些笃信法制的人对此都十分反感。查理胡作非为，不但把对政府提出批评的报刊给封锁了，还将支持新闻界的议会给解散了。看来，他的好日子快要到头了。

1830 年 7 月 27 日晚，法国爆发了一场大革命。7 月 30 日，国王逃亡到海岸，乘船逃往英国。波旁家族走下了王位，一场"十五年的闹剧"终于狼狈地画上了句号。他们的愚蠢简直无人能及。此时，法国原本是可以建立新的共和制的，但是梅特涅绝不会允许。

情势十分危急。法国境内遍地都是反叛的火星，其中一团跳到了边境之外，另外一场民族矛盾的战火由此点燃。早在建立的第一天，新尼德兰王国就注定会以失败告终。比利时人和荷兰人的性情格格不入。国王奥兰治的威廉（他是"沉默的威廉"的一个叔叔的后裔）虽然十分勤奋，全心全意治理国家，但是他太缺乏灵活性和手段，无法让这两个水火不容的民族和谐共处。法国革命爆发之后，大批天主教士进入比利时逃难。而威廉是一名新教徒，不管他采取什么样的措施，都会被愤怒的人们指责成"对天主教信仰自由"的新一轮进攻。8 月 25 日，布鲁塞尔[1]民众爆发了一场反对荷兰政府的起义。两个月后，比利时宣布独立，并推举科堡的利奥波德坐上王位，他是维多利亚女王的舅舅。两个生生被捆绑在一起的

---

[1] 布鲁塞尔，比利时的首都和最大的城市。

民族终于分道扬镳。但是从此之后，它们就像友好的邻居，相处得十分融洽。

当时，欧洲铁路的数量和里程都不多，消息传播得十分缓慢。可是，荷兰人刚一收到法国和比利时的革命者成功的消息，马上发起了对俄国统治者的反抗。最终，这场战争以俄国人的胜利告终。他们以众所周知的"俄国方式"，重新建立了维斯瓦河[1]沿岸的统治秩序。1825年，尼古拉一世接替亚历山大，成了俄国沙皇。他坚信，自己的家族自古以来就有神授的波兰统治权。无数流亡西欧的波兰人民的亲身经历告诉人们，"神圣同盟"的原则在俄国就如同一纸空文。

意大利也是多事之秋。在滑铁卢战役后，拿破仑的妻子——帕尔马女公爵玛丽·路易斯就离他而去。在一阵突如其来的革命浪潮中，她被国民从自己的国家驱逐了出去。热情澎湃的教皇国民们原本的计划是，建立一个共和制国家。可是，奥地利军队很快就让罗马城，让一切都恢复了原状。梅特涅依然端坐在普拉茨宫（哈布斯堡王朝外交大臣的官邸），秘密警察也都各归各位。有了他们的监视，"和平"又得到了维护。直到18年后，人们才通过一次更加成功的努力，让欧洲人民完全挣脱了维也纳会议的枷锁。

这一次，又是欧洲革命的风向标——法国——再次率先挑起战争。接替查理十世的是路易·菲利普，他是奥尔良公爵的儿子。奥尔良公爵曾经是雅各宾党的支持者，在处死路易十六的时候，他投出了至关重要的一票。大革命爆发初期，他也担任着重要角色，还得名"平等·菲利普"。后来，罗伯斯庇尔开始整顿革命队伍，清

---

[1]　维斯瓦河，波兰境内的主要河流。

理"叛徒"（他对和自己意见不同的人的称呼），奥尔良公爵就被处死了。于是，路易·菲利普开始了逃亡生活。他曾在瑞士的中学做过老师，也曾经去美国的"遥远西部"进行探索。拿破仑失败之后，他才得以返回巴黎。比起那些愚昧的波旁表兄，他要聪明很多，而且非常节俭，经常在腋下夹着一把伞到巴黎的公园散步。而且他还是一个好父亲，经常会带着一群孩子。可是，此时法国已经进入了不需要国王的时代，但是他并未察觉。直到1848年2月24日清晨，一群人拥进了杜伊勒宫，将他赶下台，宣布法兰西共和国成立。

巴黎爆发革命的事情很快就传到了维也纳。但是梅特涅并没有把它放在心上，他还轻蔑地说："这只是在重演1793年的闹剧。结果只有一个，就是盟军再次进入巴黎，终结这场闹剧。"可是仅仅过了两周，奥地利首都也爆发了一场起义。梅特涅偷偷地从后门逃走，避开了怒气冲冲的民众。无奈之下，斐迪南皇帝颁布了新宪法，新宪法的大部分内容都是过去33年间梅特涅竭力压制的革命原则。

这次起义对整个欧洲都造成了影响。匈牙利也宣布独立，在路易·考苏特的带领下，匈牙利人民打响了与哈布斯堡王朝的斗争。这场战争的敌对双方力量非常悬殊，但是匈牙利人民还是坚持了一年多。最后，在沙皇尼古拉的援助下，保守势力才取得了胜利。沙皇派遣军队翻越喀尔巴阡山，残忍地镇压了这次起义，匈牙利的君主统治最终得以保全。之后，哈布斯堡王室建立起专门的军事法庭，将那些曾经击败他们的匈牙利革命者统统处死。

意大利西西里岛的民众也发动了独立起义，他们将国王赶走，宣布与那不勒斯脱离。教皇国的首相罗西惨遭杀害，教皇惊恐不已，迅速逃走，直到第二年才在法国军队的护送下回到故乡。之后，这支法国军队就在罗马驻扎下来，预防随时可能发生的针对教皇的袭击。直到 1870 年普法战争爆发，这支军队才紧急回国，对付普鲁士。最终，罗马变成了意大利的首都。在意大利半岛北部，米兰和威尼斯都得到了撒丁国王阿尔伯特的支持，共同反抗统治者奥地利。然而，老拉德茨基[1]率领着一支强大的奥地利军队进入了波河谷地，并在卡斯托扎和诺瓦拉附近重挫撒丁军队。阿尔伯特无奈之下，只能将王位传给了儿子维克多·伊曼纽尔，很快，意大利王国实现统一，伊曼纽尔成了统一后的第一任国王。

至于德国，1848 年的大动荡很快就演变成了声势浩大的全国性示威活动。人民的呼声是：政治统一，政府推行代议制。而巴伐利亚国王正对一个爱尔兰女子爱得如痴如醉——她说自己是一名西班牙舞蹈家（她的名字是罗拉·蒙特兹，死后在纽约的波特公墓安葬）。他最后的下场是，被一群愤怒的大学生赶下了台。在普鲁士，受到民众的逼迫，普鲁士国王站在巷战死难者的灵柩前，摘下帽子表示哀悼，并允诺建立立宪政府。1849 年 3 月，德国议会召开，来自全国各地的 550 名代表参加了会议。在会上，普鲁士国王腓特烈·威廉当选为统一德国的皇帝。

然而过了不久，革命形势就急转直下。碌碌无为的斐迪南退位，他的侄子弗兰西斯·约瑟夫继位。经过严格训练的奥地利军队对这个酷爱战争的主子忠心耿耿。革命者遭到了残忍的迫害。哈布斯堡根基深厚，很快恢复了元气，并迅速加强了对东西欧局势的掌控。他们在外交上十分圆滑，深谙外交游戏之道。他们充分利用德意志国家之间的嫉妒心理，截断了普鲁士国王晋升皇帝之路。哈布

---

[1] 老拉德茨基，奥地利陆军元帅。

斯堡家族曾经遭遇过很多痛苦和磨难，知道忍耐的价值，也知道该如何等待时机的到来。那些自由派在政治方面很不成熟，只知道空谈，或者沉迷于四处演说中，却不知道奥地利军队正在暗中筹谋，等待最后一击的时刻。最终，法兰克福议会被驱散，那个维也纳会议的产物、早已失去生机的德意志联盟，又挣扎着站起来了。

在出席法兰克福议会的人中，大部分人都只会幻想。但是其中一个叫俾斯麦的普鲁士人却和他们不一样，他喜欢静静地聆听，观察事情的动向。他知道（每一个务实的人都知道）空谈做不成任何事情，只有行动才有结果。而且，他有着独特的处理国家事务的方式。他曾经学习过传统外交，精明圆滑，能够把对手玩弄于股掌之中，还深谙散步、喝酒、骑马等外交手段。

俾斯麦[1]认为，只有把四分五裂的德意志联盟统一起来，才是让德意志成为欧洲霸主的唯一途径。俾斯麦是从封建时代成长起来的，忠君思想在他的心中扎下了根。他对霍亨索伦家族非常忠诚，认为哈布斯堡家族非常无能，希望前者可以取而代之。为此，他首先要做的就是削弱奥地利势力。这个任务十分艰巨，他必须为此做好充足的准备。

当时，意大利已经挣脱了奥地利的统治，获得了独立。意大利的成功离不开三个人：加富尔[2]、马志尼[3]和加里波第[4]。在这三个人

---

[1] 俾斯麦，1815—1898，德国近代史上杰出的政治家和外交家，被称为"铁血宰相"。

[2] 加富尔，1810—1861，意大利自由贵族和资产阶级君主立宪派领袖，意大利王国第一任首相。

[3] 马志尼，1805—1872，统一的意大利的缔造者。

[4] 加里波第，1807—1882，意大利爱国志士和军人。

　人类简史：房龙为我们讲人类的故事

中，戴着眼镜的加富尔原本是一位工程师，思虑周全，是政治主角。为了躲避奥地利警察对革命者的追杀，马志尼有大部分时间都是在欧洲各地的阁楼里度过的。他在演讲方面很有才华，善于鼓动起人民的热情，所以是负责政治宣传的灵魂人物。传奇的加里波第则带领着一批勇士，激发起意大利人民的革命热情。

马志尼

马志尼和加里波第原本都是共和制政府的忠实拥趸，而加富尔倾向于君主立宪。当时最受信任的是加富尔，他有着突出的政治才能，把控着革命的方向。于是，大家都放弃了为祖国争取更大自由的雄心，接受了加富尔的主张。

就和俾斯麦忠于霍亨索伦家族一样，加富尔也有尽忠的对象，就是意大利的撒丁王族。加富尔制订了严密的计划，采取了缜密的措施，诱使撒丁国王担负起这个重要使命。而欧洲其他国家的混乱状态，也大大推进了加富尔的计划。其中，为意大利的独立作出最大贡献的，当属它的老邻居法国。

法国总是动荡不安，共和政府成立不久，就在人们的期盼中，于 1852 年 11 月垮台了。拿破仑的侄子、前任荷兰国王路易·波拿巴的儿子拿破仑三世重新建立了帝国，自诩为"得到了上帝的恩许和人民的拥戴"。

拿破仑三世曾经在德国求学，所以他的法语中带着难听的条顿口音（就像拿破仑说话时总带有意大利口音一样）。为了使自己的地位更加稳固，他总是不遗余力地宣扬拿破仑的传统。但是，他不够圆滑，处处树敌，所以总是担心自己无法顺利登上王位。幸运的是，英国维多利亚女王和大臣对他的印象不错，这一点十分重要。而面对这位"暴发户"，欧洲的其他君主都十分傲慢，还总是聚到一起，琢磨着该怎么表达对他的蔑视。

拿破仑三世非常无奈，只好积极想办法摆脱这种充满敌意的处境，不管是施恩还是施威都可以。他知道，法国百姓对"战争荣誉"充满了渴求，就决定为了皇位赌一把，而且要下一个大的赌注，那就是整个帝国的命运。此时，俄国对土耳其发动进攻，他就以此为借口，发动了克里米亚战争[1]。在这次战争中，法国和英国支持土耳其，而俄国支持苏丹。不过，这次冒险几乎没有获得什么利益，付出了巨大的代价，收获的荣誉却不多。

不过，克里米亚战争还是有一定的好处的，撒丁国王借机加入了胜利者一方。在战争结束后，加富尔就有足够的理由向法国和英国索取回报了。

加富尔十分聪明，利用局势大大提高了撒丁王国在国际上的地位。之后，1859 年 6 月，他又发起了对抗奥地利的战争。想要获取这次战争的胜利，就要得到法国的支持。为了争取到法国的支持，他将萨伏伊和尼斯城送给了拿破仑三世。法意联军所向披靡，接连取得了马干塔和索尔非里诺战役的胜利。这次战役之后，一些奥地

---

[1] 克里米亚战争，1853 年 10 月 20 日，由奥斯曼帝国、英国、法国、撒丁王国先后向俄国宣战，战争持续 3 年多，最终以俄国失败告终。

利行省和公国就划到了统一的意大利版图，可以说收获喜人。刚开始，意大利把首都定在了佛罗伦萨。1870年，驻守教皇国的法军收到命令，回国对抗普鲁士人，意大利人马上进入了罗马城。之后，撒丁王族搬进了昆里纳宫，这是由一位古代教皇在君士坦丁大帝浴室的废墟上修建起来的一座行宫。

教皇失去了罗马，被迫渡过台伯河，躲入梵蒂冈的高墙。自从那位古代教皇于1377年离开流放地亚威农回到这里，梵蒂冈就一直是教皇的住所。教皇先是强烈谴责了意大利人抢占罗马的行为，之后向同情他的天主教徒们求助，但是并没有多少人支持他。那之后，教皇就开始慢慢脱离世俗的国家事务，全身心地投入解决精神问题上。教皇在脱离了欧洲政客们的纷扰之后，地位反而更加崇高，教会的事业也有了稳步推进。自此之后，教会就成了可以推动社会与信仰进步的国际力量，而教皇对当今社会的各种经济问题也有了更为深刻的认识。

于是，维也纳会议的"稳定"梦想，因为意大利脱离奥地利独立而化为泡影。

德国的问题悬而未决，并且是最难解决的问题。1848年的革命失败之后，导致了人口大规模迁移。大量年富力强、思维活跃的德国人移民去了美国、巴西以及亚非地区，过上了新生活。他们遗留下的事业，由一批有着与之前一批人截然不同的性格的人接手了。

德国议会垮台，自由派创建统一国家的努力也付诸东流。之后，在法兰克福召开了新的议会。我们在前面已经提到过代表普鲁士的奥托·冯·俾斯麦，他也参加了这次会议。现在，他已经如愿地得到了普鲁士国王的信任，对他而言已经足够了，他根本不关心普鲁士议会或者人民会对他有什么意见。他从自由派的失败中总结出这样的教训：要想真正摆脱奥地利，唯一的途径就是通过战争。于是，他开始暗中进行准备。首先要做的，就是提高普鲁士军队的实力。他是一个下定决心后就一定要采取行动的人，这种独断专行也激怒了议会，后者拒绝为他提供资金。然而，俾斯麦根本不屑于争论这个问题。他将议会抛到一边，用普鲁士皮尔斯家族和国王提供的资金大肆扩军。之后，他开始寻找点燃德国人民爱国激情的好机会。

德国北部有石勒苏益格和赫尔斯泰因两个公国，早在中世纪，这两个地方的麻烦就层出不穷。它们并不是丹麦的领地，却由丹麦国王统治，而且这片土地上混居着丹麦人和德国人。由于以上这些原因，这里总是纷争不断。我并不是故意提起这个早已被人们遗忘的问题，因为最近的《凡尔赛和约》[1]似乎已经解决了这个问题。然而当时两国纷争不断，德国人对丹麦人大声责骂，而丹麦人又坚持维护自己的传统。很快，这个问题就成了整个欧洲关注的焦点。德国的男声合唱团和体操协会聆听着"被遗弃的兄弟"发表的伤感演说，内阁大臣开始调查问题到底是如何产生的。此时，普鲁士先下手为强，动员军队去"收复失地"。作为德意志联盟的传统首领，奥地利自然不会在这么重大的问题上撒手不管。于是，哈布斯堡的军队也行动起来，和普鲁士军队一起杀入丹麦，将这两个公国给占领了。丹麦势力单薄，孤军作战，最后只能面对失败。

俾斯麦马不停蹄地开始了帝国计划的第二步。他借口分赃不

---

[1] 《凡尔赛和约》，一战后，战胜国和战败国签订的和约。

均，和奥地利发生争吵，而哈布斯堡王室十分愚蠢，一下就陷入了俾斯麦设计好的圈套。俾斯麦和忠于他的大将们组建了新普鲁士军队，先是攻入波西米亚，然后用了不到6个星期就在萨多瓦和科尼西格拉茨击溃了奥地利军队。自此，通向维也纳的道路打开了。不过，俾斯麦并不想赶尽杀绝，不想在欧洲舞台上处处树敌。于是，他向战败的哈布斯堡提出了议和方案，让他们放弃德意志联盟的领导地位。可是，俾斯麦没有放过那些曾经支持奥地利的德意志小国，将它们全都并入了普鲁士。于是，德意志的大部分北部国家组建了一个新的组织——北德意志联盟。普鲁士赢得了胜利，晋升为德意志民族的非正式领袖。

面对俾斯麦采取的一系列统一德国的行动，整个欧洲都震惊了。英国人对此毫不在意，法国却非常不满。法国人民对于拿破仑三世已经没有之前那么信任了，虽然克里米亚战争付出了惨痛代价，可是并没有为他们带来渴望的荣誉。

1863年，拿破仑三世开始了新一次冒险。他派出了一支强大的军队，想扶植马克西米连的奥地利大公做墨西哥皇帝。但是，在美国的内战中，北方取得了胜利，拿破仑三世的这一次冒险又面临着失败。受到华盛顿政府的压力，法军被迫撤离墨西哥。这给了墨西哥人民趁机清扫敌人的机会。最终，那个令人反感的可怜的国王被枪杀了。

眼前的局势变成了一团乱麻，拿破仑三世为了巩固自己的地位，只好再次寻找机会。北德意志联盟蓬勃发展，很快就会威胁到法国。见状，拿破仑三世就想要对德国发动战争。于是，他开始多方面寻找借口，这时候，长期被战争困扰的西班牙就为他提供了一个好机会。

当时，西班牙的王位无人继承，急需一个继承人。西班牙原本的想法是从霍亨索伦家族中信奉天主教的成员中选择一位当国王，可是法国政府对此坚决反对，于是霍亨索伦家族就回绝了这件事。此时，也许是受到美丽的妻子欧也妮·德·蒙蒂纳的影响，拿破仑三世的心理出现了问题。欧也妮的父亲是一位西班牙绅士，祖父是威廉·吉尔吉帕特里克，他是驻守马拉加的美国领事，当地盛产葡萄。虽然欧也妮十分聪明，可是和当时的大多数西班牙妇女一样，她没受过什么教育。她完全听命于宗教顾问，对普鲁士的这位新教徒国王十分痛恨。王后告诉丈夫："要勇敢。"但是她省略了这句普鲁士著名格言的后半句。格言的原话是："要勇敢，但是不能莽撞。"拿破仑三世对自己的军队信心十足，他写信给普鲁士国王，要求国王向他保证，"绝对不会有霍亨索伦家族的人登上西班牙王位"。在此之前，霍亨索伦家族就已经放弃了这个荣誉，所以他完全没有必要提出这样的要求。国王做出了允诺，俾斯麦也将其转达给了法国政府，但是拿破仑三世并不甘心。

1870年，普鲁士的威廉国王抵达艾姆斯度假胜地。他正在游泳的时候，法国外交官请求觐见。国王高兴地说："今天天气不错，西班牙的问题早已解决，没有必要旧事重提。"按照惯例，这次会面的情况被整理成报告，以电报形式发给了负责外交事务的俾斯麦。为了方便普鲁士和法国的媒体对此进行报道，俾斯麦"润色"了这封电报。这一举动为他招来了谴责，但是他辩解道，文明政府历来都拥有修改官方消息的特权。这封被俾斯麦"润色"过的电报发表之后，善良的柏林人认为，这个狂妄的外交官戏弄了他们可敬的国王；而善良的巴黎百姓认为，普鲁士皇家居然敢当面侮辱他们彬彬有礼的外交使节，真让人恼火。

战争一触即发，可是开战之后不到两个月，拿破仑三世和大部分士兵就被德国人俘获了。于是在这个屈辱中，法兰西第二帝国轰然落幕，第三共和国成立。新政府号召人民保卫巴黎，抗击德国。但是，巴黎人民顽强抵抗了 5 个月，最终还是没能阻挡巴黎的沦陷。在占领巴黎的 10 天前，普鲁士国王在凡尔赛宫正式加冕，成为德意志皇帝。凡尔赛宫位于法国近郊，是由德国的死对头路易十四修建的。枪炮声震耳欲聋，似乎在向巴黎市内正在忍饥挨饿的市民宣布，新的德意志帝国就此成立，弱小的条顿国家已经寿终正寝，成为历史。

德国问题就以这样粗暴的方式解决了。在维也纳会议结束的 56 年之后，也就是 1871 年，它的所有成果都被消灭得一干二净。梅特涅、亚历山大和塔列朗的本意是给人们一个永久和平的世界，但是战争却从未停止。18 世纪的"神圣兄弟之情"成为历史，一个精彩的民族主义时代悄然到来，它带来的深刻影响，至今仍未结束。

第五十七章
发动机的时代

民族独立战争爆发时，由于科学发明，欧洲人的生活水平有了很大提高。18世纪的一件非常笨重的发明——蒸汽机，开始勤劳地为人民服务。

在50多万年以前，一个人的诞生，开启了人类的历史进程。他浑身都是毛发，眉眼略有些偏低，眼眶深陷，下颌骨很宽，还长了一口锋利的牙齿。虽然这样的样貌很不好看，而且也不讨人喜欢，可是他仍旧被我们当代的科学家们尊称为祖先。那是因为，他在吃那些坚硬的坚果时，发现了石头可以砸开它们。他还发现，即使是重达千百斤的石头也可以被木棍撬起来。就这样，他依靠着在实践中的摸索，创造出了人类历史上最早的工具——锤子和杠杆。他为人类的发展进程付出了很多，他的贡献是后来所有生活在世界上的生物都不能与之相比的。

从那之后，人类把创造美好生活的理想都寄托在了使用工具上。人们曾在早期的时候，用树木制造出了车轮。车轮的诞生，是在公元前 10 万年的时候，那时它的出现给人类带来了巨大的惊喜，就像前几年，我们研制出飞行器时那样令人惊叹。

在 19 世纪 30 年代的华盛顿，曾发生过一件有趣的事情。一些政府的工作人员觉得"世间该有的发明，人类都已经创造出来了"，他们提出要撤掉发明专利机构。当人们在过去的历史中，第一次用风帆代替木桨、竹篙、纤绳当作船只航行的动力时，这些创造就使他们产生了质疑。

不过，在人类历史发展的进程中，有一点很特殊，就是当自己不想干活，只想慵懒地享受日光，或是休闲娱乐的时候，他们利用豢养的动物来帮自己干活。

在人类历史的早期，出身卑贱的人很容易被出身高贵的人得到，而且得到的人可以随意地支配他们。正是因为当时的奴隶制，才导致了聪明的希腊人和罗马人没有创造高效率的机器。当这些被廉价贩卖的奴隶拥有较高的劳动价值时，哪里还需要数学家们去费尽心思地研制线绳、滑轮、齿轮等工具呢？

中世纪的时候，稍加改进的农奴制替代了奴隶制。不过虽然制度发生了变化，但他们还是不允许使用机器，他们认为机器会使大批的劳动力失去生活来源。除此之外，那时的人们认为，商品的需求量不足以要求过多的商品生产机器。而这些裁缝、屠夫和木匠们并不想与谁较量什么，只是想满足最基本的生活需求而已。

到了文艺复兴时期，教会有了明显的改观，不再强迫人们接纳他们对科学的错误理解。许多人开始对数学、天文学、物理学还有化学产生了兴趣。就在三十年战争快要打响的前两年，一本关于"对数"这个新概念的书出版了，它的作者是苏格兰人约翰·纳皮尔[1]。而在战争期间，莱比锡的哥特弗里德·莱布尼茨完善了微积分体系。在《威斯特伐利亚条约》签署的 8 年前，英国诞生了一位后来闻名于世的自然科学家，他就是牛顿，但不幸的是，伟大的意大利天文学家伽利略却在此时去世了。三十年战争彻底摧毁了中欧的繁盛，这时"炼金术"吸引了人们的注意。中世纪时期的人们幻想着，也许平常的金属在这种技术下能够变成黄金。但这肯定是不能实现的，不过在炼金术士们努力的实践中，他们有了很多新发现。这让接下来研究的化学家们受到了启发。

前期人们的实践经验为以后的机器创造奠定了坚实的科学基础，所以机器便在这需求中诞生了。中世纪时期，机械制造最重要的原料就是木材。但易腐朽是木头最大的缺点，不过要是用铁制造就不会了。可铁矿在欧洲是很稀少的，只有英格兰有。所以，英格兰的炼铁业发展得很迅猛。高温是炼铁的必要条件。最早时人们使用木头作为燃料，但是木材资源却在一天天减少。人们只好开采新的能源"石煤"，用它来代替木头作为燃料。可是，要将它开采出来并不简单，首先要从地下将煤挖上来，再运输到冶炼厂进行冶炼，不仅如此，还要做好防水的措施，以确保矿场的安全。

这些步骤中，最难的就是运输和防水的工作。刚开始人们定下了运煤的工具用马，但抽水的机器却没有头绪。所以，很多的发明家就开始尝试着制造这种机器。经过反复推敲，他们认为机器的动力用蒸汽来保障是最合适的。在早前，蒸汽机的想法就已经出现了。在公元前 1 世纪时，亚历山大就记录过几款用蒸汽当作动力的机器。蒸汽汽车是人们在文艺复兴时期产生的想法。发明家沃塞斯

---

[1]　约翰·纳皮尔，苏格兰数学家，神学家。

特与牛顿是同一时代的人，他在自己的发明著作中详细地描绘过一种蒸汽机。1698 年，抽水机被人发明出来并申请了专利，这人就是伦敦的托马斯·萨弗里。同年，用火药引发规律爆炸的发动机被荷兰人克里斯蒂安·惠更斯[1]改进完善，它工作起来如同引擎发动一样的快速。

欧洲人们的心思基本全都放在了蒸汽机的制造上。法国人丹尼·帕潘是惠更斯的好友和助手，他的蒸汽机实验在很多国家都做过。用蒸汽作为动力的小车、小蹼轮都是他的实验成果。但是，他在打算进行蒸汽船的实验时却碰到了麻烦，老船员们怕这种新型船的成功会对他们的工作造成威胁，于是他们直接提出了反对意见。最终结果就是，他的船被政府没收了。为了发明这种船用光了他所有的财产，后来穷困潦倒之下，他在伦敦去世了。这时的托马斯·纽克门正在研制新型的蒸汽泵。又过了 50 年，詹姆斯·瓦特作为格拉斯哥机器的制造者，将纽克门的蒸汽泵进行了完善。在 1777 年的时候，瓦特宣布，世界上最具实用价值的蒸汽机制成了。

在蒸汽机逐步产生的几百年间，世界的政治格局发生了很大的变动。荷兰的海军被英国打败后，英国就占据了世界海上贸易的霸主地位。之后，他们对一些地方进行攻占，使之成为其殖民地，并把这些地方的资源运到本国进行生产，再向外推销成品。17 世纪的北美佐治亚州人和卡罗来纳州人开始了种植业的尝试，他们种出了"棉毛"，一种能长出绒毛的新作物。他们把棉花运到英国，由兰卡郡人纺织成布。刚开始，整个纺织的过程都是由人工完成的。没过多久，就有人改进了纺织技术。1730 年的时候，约翰·凯发明了

---

[1]　克里斯蒂安·惠更斯，荷兰物理学家、数学家、天文学家。

"飞梭"。1770 年，"珍妮纺纱机"被它的发明人詹姆斯·哈格里夫斯申请了专利。轧棉机的主要功能是可以自动分开棉花和棉籽，它是由美国人艾利·惠特尼发明的。原来手工脱籽的效率很慢，平均每人每天只可以分离一磅，它的诞生大大提高了这项工作的效率。之后，用水当作动力的纺纱机被牧师理查·阿克莱特和艾德蒙·卡特莱特研制出来。18 世纪 80 年代法兰西三级会议召开，该会议决定将阿克莱特的纺织机与瓦特的蒸汽机结合起来。此举动使后来的欧洲社会经济发生了巨大的变革，世界各国的关系也开始发生变化。

固定式蒸汽机取得成功后，发明家们便把目光转投到了轮船、车辆所需要的机械装置动力的研发上。瓦特原来有过一个研发想法——"蒸汽机车"，不过在他制成之前，威尔士的潘尼达兰矿区就已经有了机车在运输货物，这机车就是理查·特里维茨克研制发明的。

与此同时，美国的珠宝商兼肖像画家罗伯特·富尔顿正在巴黎向拿破仑展示他的潜水船"鹦鹉螺"号和他的汽船，他希望拿破仑

第一艘蒸汽船

可以采用自己的成果，为此他还夸下海口说，只要将这些发明用在跟英格兰的海上战争中，就能够轻易夺取海上霸主的地位。

其实，"鹦鹉螺"是富尔顿参考了康涅狄格州的机械天才约翰·菲奇的创意。早在 1787 年的时候，菲奇就拿自己研发的小汽船在特拉华河实验过。但是很可惜，拿破仑与其科学顾问并不认为世界上会有自动汽船的存在。尽管已经有汽船在塞纳河流域航行了，但拿破仑并没有亲眼看见。若是他当时采用了这个发明，也许就能为特拉法尔加海战 [1] 报仇了。

没有说服成功的富尔顿失落地回了美国，但他很快地又找到罗伯特·利文思顿，并与他合作开办了汽船公司。当年的《独立宣言》得以颁布，利文思顿在其中占据了一部分功劳，在富尔顿去巴黎做成果宣传的时候，那时的他是美国驻法大使。新公司成立后，建造了"克莱蒙特"号，它是第一艘配备蒸汽引擎的汽船。不久，它便垄断了纽约州流域的所有航运。1807 年以后，这艘汽船便定期在纽约和阿伯尼之间航行。

一次意外，致使约翰·菲奇在失落的痛苦中死去了。他是第一个将"汽船"用于商业来往的人。当他的第五艘螺旋桨汽船被人毁坏抛弃的时候，他一分钱也没有了，身体状况也越来越糟。他遭到周围人对他肆无忌惮的冷嘲热讽，就像百年后飞行器的制造者兰利教授 [2] 所遭遇的一样。让国家西部的大河都可以相互沟通，是他这辈子最想实现的理想，可是，百姓们更愿意坐平底船，或是选择步行。直到 1798 年，他受不了寂寞和失望的双重压迫，便吃药自

---

[1] 特拉法尔加海战，19 世纪规模最大的一次海战，最终法国惨败。

[2] 兰利教授，美国飞行先驱，天文学家，测辐射热计的发明者。

杀了。

又过了20年，"萨瓦纳"号汽船能够载运1850吨的货物，并以每小时6海里的速度从萨瓦纳很快抵达利物浦，它创造了一个新纪录——横渡大西洋只用了25天。这一壮举使人们震惊，他们不再嘲讽，但却误把这个殊荣给了富尔顿。

6年后，早有耳闻的"火车"横空出世，制造者是苏格兰的乔治·史蒂芬逊。为使煤矿区、冶炼厂和纺织厂之间的运输方便快捷，多年来他一直苦心研究。他的这项成就刚被使用，煤价就比原来便宜了70%。后来，曼彻斯特和利物浦之间开启了第一条客运线路，火车定期在两城市之间来往。从一个城市到另一个城市，人们惊叹着火车以每小时15英里的飞一般的速度来回穿梭。又过了12年，火车的车速已经达到了每小时20英里。虽然，在当今社会随意一辆低档的福特车（戴姆勒、勒瓦索车的进化版于19世纪80年代生产）都比火车要快得多。

正当这些实践工程师们打算全心全意地投入研制"热力机"的时候，理论科学家们在正统科学的基础上，以新的思维方式探究着自然界中隐藏的重大秘密。

在两千年以前，就已有一些希腊和罗马的哲学家（米利都的泰勒斯[1]和普林尼[2]是典型的代表人物。公元79年，罗马的庞培城与赫丘利诺姆城被维苏威火山的喷发瞬间摧毁，普林尼当时正在此地考察，遭遇不幸）观察到了令他们感兴趣的现象：琥珀在被羊毛摩擦过后，就可以附着上一些小东西，像稻草、羽毛之类的。但

---

[1] 泰勒斯，古希腊哲学家，自然科学家，提出了"水本原"学说。
[2] 普林尼，古罗马博物学家。

到了中世纪，这些神秘的电力问题并没有引起经院学者们的太大兴趣。不过，就在文艺复兴运动开始后没多长时间，威廉·吉尔伯特（伊丽莎白女王的私人医生）就在发布的论文中探讨了磁的特殊性质。三十年战争时期，世界上第一台电动机被发明出来，发明者是马德堡市长和气泵的研制者奥托·冯·格里克[1]。在后来的100多年里，电学吸引了无数的科学家争相钻研。1795年，著名的"莱顿瓶"被最少3个或是更多的科学家一同研究了出来。本杰明·富兰克林是继本杰明·汤姆森（被称为拉姆福德伯爵，曾因为亲英被迫逃离新罕布什尔）之后，投身于电力研究的美国最知名的天才。当闪电和电火花同属于放电反应的现象被他发现后，他更是全心全意地把电学的研究放在了首位。再往后就是伏特发现了直流电源，还有加尔瓦尼、戴伊、丹麦教授汉斯·克里斯蒂安·奥斯特、安培、阿拉哥、法拉第等人，他们坚持不懈地探究着电的真正奥秘，日复一日。

他们把自己的发现与发明都无私地奉献给了社会。塞缪尔·莫尔斯（本来是艺术家，跟富尔顿一样）想到，我们可以用电流传递城市间的信息。他为了实现这个想法，准备了铜线和他自己研发的小机器。他刚开始准备实验时，并不被人看好。无奈的莫尔斯为了实验就只得自掏腰包，但没过多久，他就花光了自己的积蓄，还遭到了很多人的讽刺。走投无路的他只得向国会寻求帮助。有一个特别商务委员会答应给他提供实验的资金，可是国会议员对这件事却是不闻不问，莫尔斯这一等就是12年，却也只得到了一点点的资金。不过，功夫不负有心人，最终他成功地连接起了一条电报线

---

[1] 奥托·冯·格里克，德国政治家，物理学家。

路，就在华盛顿与巴尔的摩中间。1837 年，在纽约大学的讲堂，莫尔斯公开地向众人展示了他的电报。1844 年 5 月 24 日，华盛顿成功地将世界上第一条长途信息发送到了巴尔的摩。现如今，电报线已经遍布全世界，无论我们想把消息发到哪里，都只需要几秒钟的时间而已。23 年后，在电流原理的基础上，电话被亚历山大·格拉姆·贝尔发明出来。又过了 50 年，意大利人马可尼根据前辈的发明，完善更新，研制出了无须线路的无线通信系统。

在新英格兰人莫尔斯努力钻研发明电报的时候，第一台"发电机"就已经被约克郡人迈克尔·法拉第发明出来了。1831 年，发电机正式面向大众，此时的欧洲还沉浸在七月革命的尾声中。后来的发明家在此基础上，不断地完善和改进着第一台发电机，直到现在，它不仅可以给我们带来光和热（19 世纪四五十年代，在英国人和法国人的钻研基础上，爱迪生在 1878 年发明出了小白炽灯泡），更能够给各样式的机器提供动力。假如我的感觉无误的话，热力机的地位很快就会被电动机完全替代了。这种情况就像是缺乏生命活力的动物，被过去历史上的聪明的上等动物所取代。

就我而言（对于机械，我是外行人）这样的情景还是很让我开心的。因为，人类将得到更值得信赖的助手——水力驱动的电机。18 世纪产生的"热力机"被称为工业奇迹，它工作起来的时候，尘土飞扬，声音嘈杂，感觉灰尘飘散到了世界的各个角落，还有那些工人，不管有多危险，还是要在矿下进行开采，也仅仅是为了满足心中的欲望而已。

若此时的我是一个可以随意畅想的小说作者，不是一个需要严谨遵守历史事实的历史学家，我一定会把那些让人感到震撼的场景，用细腻的笔触叙写出来。到那时，自然历史博物馆里将会收进这世上最后一辆蒸汽机车，它将与恐龙、翼手龙等其他灭绝了的物种的残骸一样，一同在这印证了历史进程的地方接受众人的瞻仰。

第五十八章
社会革命

普通的老百姓根本买不起价格高昂的新机器。正因为如此，那些以个体的形式工作的手工匠们，不得不放弃了自己的小作坊，去工厂和机器们一起工作。他们以自由为代价，换取了更多的金钱。这种状况使他们情绪低落。

在这之前，独立的手工业者们拥有很强的能力，在当时，世界上所有的东西，他们几乎都可以制作。他们在自己的小作坊里，拥有很大的自由。他们可以随意经营自己的生意，还可以随便训斥自己的学徒。他们每天都要工作很长时间，并且勤劳节俭地过日子。但幸运的是，他们可以自由地支配自己的时间。当天气非常好时，他们会选择去钓鱼，而且不会有任何人提出异议。

机器使他们的生活发生了很大的变化。深入了解一下，我们就会发现机器的本质还是供人们利用的工具，不同之处在于，它的功能得到了极大的开发和利用。火车的快速运行，就相当于人们快速运动的双腿；蒸汽锤把铁板砸扁，就像是力气惊人的大拳头。

工厂

问题的关键在于，火车、蒸汽锤或者纺织机想要拥有一双好腿和一双有力气的拳头并不像人一样容易。这些机器价格高昂，一般的普通人则不可能拥有。就连一些有钱人，有的时候也需要合资购买那些机器，然后再按比例进行分红。

机器不断的革新，到了它可以用来生产、工作给人们带来金钱利益时，机器的制造者就会把它们卖出去，获得现金。

中世纪时，代表着财富的就是土地。在那时，有钱人一般指的是拥有土地的贵族们。在前面我们曾提到过，物品与物品交换是当时社会的主要交易方式。牛和马、鸡蛋和蜂蜜这类价值相等的物品，都是可以用来互相交换的。在当时，所谓的贵族并不代表着就拥有大量的金银。十字军东征时期，东西方贸易使城市的自由民迅速富裕起来，并且成为除贵族和骑士之外的第三方强大势力。

法国大革命的爆发彻底清空了贵族积累的财富，与其一同发生的却是中产阶级（资产阶级）财富的迅速积累。大革命后，社会仍然动荡不安，四处起义不断，中产阶级人士趁机用不正当的手段将大量的财富收入囊中。当时，教会的土地财产被国民公会没收之后拍卖一空，这直接导致了收受贿赂的行为大肆猖獗。土地投机商借助这个机会趁机盗取了一大批土地。到了拿破仑战争时期，他们又瞄准了投机贸易，将资本投入到了粮食和军火上。现在，他们的财富已经足以满足他们的生活需要，并且还会有一部分富余。所以，他们将剩余的金银进行了分配，购买了机器，建造起工厂，同时也雇用了大批的工人进行生产。

机器工厂的出现，使数十万人的生活发生了巨大的变化。在几年的时间里，城市人口数量快速增长，美丽的城市环境被拥挤杂乱的民工宿舍所取代。工人们每天的工作时间长达十几个小时，回宿舍进行短暂的休息后，他们就会被汽笛声催促着回去继续工作。

城市里能赚到一大笔钱财的消息一经传出，城市郊区和乡村地区的居民对大城市可谓是趋之若鹜。居民们没有看清实际状况，便一头扎进充满污秽空气的车间里，使自己的身体健康受到了严重的威胁，最后只得在医院或者贫民院中等待着生命的结束。

从农村到工厂的转变与城市到工厂的转变是相差无几的，也是极其痛苦的。一台机器可以抵上多少人的生产效率就会有多少人面临失业。失业的工人们会因此心生怨恨，从而对工厂实施毁灭性的打击报复。然而，在 17 世纪时就已经有了保险公司，工厂主们的损失往往会得到应有的赔偿。

工效更加强大的机器取代了被毁坏的旧机器。工厂周围的墙壁也更新成了防爆式的，失业的工人们引发的事端也终于停息了。拥有悠久历史的行会逐渐消失，工人们开始尝试着组建新时代的正规工会，以此来保障自己的利益。工厂主们的对策则是对各个国家的重要人物施加一些手段。他们借助立法机关以工会将会妨碍工人们的"行动自由"为由，禁止了工会组织申请的法律批复。

同意禁止工会重新组织的议员，大部分都是大革命时期的民众，这才是此次事件的主要原因而并非是他们想要贪图钱财。在那个年代，人们崇尚"自由"，甚至会有人因为不够"热爱自由"而被杀死。"自由"成为人们最高尚的美德，如此说来，工会就没有权利去决定工人们的工作时间和工资的高低。工人们可以按照自己的意愿"自由地兜售自己的劳动力"，雇主们也可以"自由地"使他们的生意经营运转。"重商主义"时代面临结束，国家治理社会工业生产的局面也将土崩瓦解。国家对商业完全放手，任其自由发展这一理论成为"自由"新观念。

在18世纪后50年，欧洲人对待知识和政治的态度发生了转变，与时代具有相同步伐的新思想代替了老旧的经济观念。法国革命前期，路易十六时期几个失败的财政大臣中出现了一个名叫杜尔哥的人，"自由经济"的新理论就是由他宣扬的。他深刻地认识到了自己所在的国家出现了众多弊端，比如繁杂的礼节、大量的规则还有其他大多数官员们想要实行的规章制度。他主张"取消政府监管市场经济"和"若要一切好转，就要让人们按照自己的喜好去做事情"。没过多久，这种被当作口号的理论就吸引来了一批经济学家。

在这个时候，英国人亚当·斯密创作的《国富论》为"自由"和"贸易的天然权利"这两种口号提供了理论支持。拿破仑在30年后面临失败之际，欧洲的反动势力一同在维也纳聚集。同时，政治上失去的自由被人们强加到了经济上。

在这一章开始时我们就提到过，机器的广泛使用会使社会财富迅速提升，国家富足。英国就因为使用了机器，这才有能力承担起了拿破仑战争的资金费用。购买机器的资本家们因此而一夜暴富。然而欲壑难填，渐渐地他们已不满足于仅仅立足于经济，而是开始插手政治。他们尝试着与土地贵族们进行争抢式竞争，试图去影响欧洲政府。

1265 年的皇家法令依然是选出英国议会议员的重要根据，很多新出现的工业中心并没有能够立足于议会的议员。1832 年《修正法案》通过，资本家们为此做出了极大的努力。它使选举制度发生了很大的变化，工厂主阶级对立法机构的影响力大大增加。但是，在政府决策中没有发言权这一设定遭到了大多数工人的激烈反对。于是，他们开始发动争取选举权的运动。他们在一份文件上写满了自己的要求，后来这份文件成了人们所说的《大宪章》。《大宪章》引起了人们的激烈争议，伴随着这场争议 1848 年革命爆发了。为了避免出现新的激进革命，早已年迈的惠灵顿公爵被英国政府请出，并任命为军队指挥官，与此同时，志愿军的招募也如火如荼地展开了。被重重包围的伦敦已经为镇压即将到来的工人革命做好了准备。

后来，英国宪章运动草草了事，其原因就在于当时的领导者并不具备足够的能力带领他们发动暴力革命。新兴工厂主阶级（也就是资产阶级）对政府的控制力在一步步地加强。大城市的工业区不断地向着牧场和农田的领域推进，而这些地方随之逐渐地变为了脏乱的贫民窟。可以说，欧洲城市向现代化发展的道路上一直摆脱不掉的副产品就是贫民窟的产生。

第五十九章
解　放

　　见证了马车是如何被铁路运输取代的那一代人预言，机械化到来之后，人们一定会被其带入一个幸福、繁荣的新时代。然而事情并没有按照他们的预想发展。虽然人们想尽各种办法进行改进，但收效甚微。

　　在 1831 年，第一个《修正法案》还没通过时，英国大法学家、改革家杰罗米·边沁曾经给朋友写过这么一段话："想要收获舒适感，就先得让别人感到舒适。想要让人感到舒适，就应该先拿出爱的姿态。而想要拿出爱的姿态，就先得发自真心地去爱他人。"杰罗米是个诚实的人，从来都是有一说一。杰罗米的同伴认同且称赞他的观点。于是，他们开始为邻居的幸福生活而努力，在他人需要他们的时候，为他人提供帮助。

　　由于中世纪社会对工业的约束确实很多，所以对那个时期来说，杜尔哥的自由经济理想是十分重要的。但是如果一个国家的经济完全处在一个自由的环境中，那么其所产生的结果将难以预料。

工厂主把上班时间不断延长，直到工人的身体承受不了如此高强度的工作为止。纺织工厂的女工除非因极其疲劳而晕倒，否则将被要求长时间地工作。此外，工厂还把那些没有事情做的、年仅五六岁的孩子也招进来工作。政府也设立了一条法律，要求穷人的孩子一定要到工厂打工。要是谁违反这条法律，将会被绑在机器上，让大家观看。辛辛苦苦的劳动之后，工人换来的只是刚好果腹的粗糙食物，以及比猪圈好一点的住所。为了迫使工人时刻保持清醒，工厂的老板会安排监工。有时候，工人因为过度疲劳而在工作中打瞌睡时，监工会用专抽手指关节的鞭子抽打他们。许多孩子死在这种恶劣的环境中，因为他们无法承受这样的折磨。这是一个十分凄惨的场景。雇主对童工制度也是有很多不满的，他们也不是毫无人性。在当时，人们认为人都是自由的，所以孩子们也拥有劳动自由的权利。假设竞争对手斯通先生雇用了几个五六岁的童工，而琼斯先生没有，那么琼斯先生也许会破产。在那个童工制度还未被议会废除的时期里，琼斯先生雇用童工也是不得已而为之的。

现在，工厂主代表们在议会中开始慢慢有了优势，而封建贵族（他们公开对财富众多的工业暴发户表示鄙夷）在议会中已经丧失了发言权。在法律许可工人建立起维护工人的权利和利益的工会之前，这种情形是没有变好的趋势的。面对如此糟糕的境况，很多还有道德底线及良知的人表达了他们的抗议。然而他们却并未能切实解决问题。改变全世界屈服于机器的现状、让机器真正服务于人类是一份责任重大且需要长期奋斗的任务。

令人们惊讶的是，来自非洲和美洲的黑人奴隶开始反抗当时已经被推广到全世界的野蛮的劳工制度。美洲大陆的奴隶制最早是由西班牙人带来的。一开始，他们理想中的农庄苦力和矿山工人是印第安人。可是，慢慢地，印第安人因脱离了自由自在的野外生活而相继病死了。为了防止印第安人的灭绝，一位传教士建议从非洲运送黑人以代替印第安人。由于机械化的生产，人们对棉花的需求不断增长，因而黑人被要求极大地提高他们的劳动强度。严酷的监工把一拨一拨的黑人虐待致死。这些黑人的命运就像可怜的印第安人一样。

欧洲很多国家知道了这些发生在美洲的残忍事件后，纷纷兴起废除奴隶制的运动。为了废除奴隶制，来自英国的威廉·威尔伯佛斯和扎查理·麦考利（著名历史学家麦考利的父亲，读了麦考利写的历史，你才知道什么是风趣的历史写作）开始建立一个政治团体。他们强行逼迫议会颁布了废除奴隶贸易的法令，所以 1840 年后，全部英属殖民地都废除了奴隶制度。1848 年的革命后，法国人也废除了他们领地上的奴隶制。葡萄牙在 1858 年所通过的法律中宣布，将在 20 年内完全地把自由还给奴隶。1863 年，荷兰人公开宣布废除奴隶制。同年，沙皇亚历山大二世也让农奴们获得了自由。这是农奴们在过去的两个世纪里未曾享受过的待遇。

但是因为在奴隶问题处理上出现危机，美国国内却爆发了内战。虽然《独立宣言》再三强调"人生而平等"，然而南方各州的种植园却并没有遵循这一原则。北方人对奴隶制度深恶痛绝，而南方人却不断在强调他们的棉花种植极度需要黑人奴隶劳动。因为这件事情，在接下来的半个世纪里，参众两院始终争执不下。

北方人和南方人各执己见。南北双方针锋相对，形势严峻，甚至于南方各州扬言要脱离联邦政府。在这个历史上最危险的时期，任何事情都有可能发生。但因为一位杰出的、善良的领导人的出现，所以事实上当时并没有发生过于荒唐的事情。

起初，亚伯拉罕·林肯[1]在伊利诺伊州当律师。后来，他通过自学获得并巩固自己的社会地位。1860年11月6日，林肯被选为美国总统，他归属于共和党，并对人类奴隶制度所造成的罪行恨之入骨。他十分理性地认为，在北美大陆上不可能同时存在两个相互敌视对立的国家。因此，当在"美国南部联盟"旗下，南部一些州宣布脱离联邦的时候，林肯马上对他们发起挑战。在北方各州，几十万满腔热忱的青年志愿军接受了他的招募。于是，长达4年的内战拉开了帷幕。南方人针对战争早就做好了应对措施。南方军的李将军和杰克逊将军率领的军队大挫了北方军。在这一关键时刻，西部地区和新英格兰发挥出了他们雄厚的工业实力的作用。没有什么名气的北方将领——格兰特突然崛起，成了像南北战争中查理·马特[2]般的伟大角色。在他连续且猛烈的攻击下，南方军队接连失败。1863年初，林肯颁布的《解放黑奴宣言》中称，所有的奴隶都应该拥有获得自由的权利。1865年4月，顽固抵抗了多年的李将军在阿波马托克斯宣布投降。过了几天，出乎意料的事情发生了。林肯总统在华盛顿剧院遭遇了一个疯子的刺杀。值得庆幸的是，林肯的伟大事业已经宣告完成了。奴隶制已经完全消失在文明世界中，除了西班牙人黑暗控制下的古巴之外。

虽然黑人兄弟们已经获得了一定的自由，然而身处欧洲的、所谓的自由工人依旧处在极其痛苦的环境中。很多作家甚至觉得无产

---

[1] 亚伯拉罕·林肯，美国第十六任总统。

[2] 查理·马特，著名的军事统帅。

劳工阶级还没有全部灭绝是一件难以想象的事情，因为无产劳工阶级的遭遇十分凄惨。他们住在又脏又乱的贫民窟，每天吃的是粗劣腐烂的食品。他们所接受的是纯粹的技术教育，以便应对工作需要。假如他们意外死亡，那么，他们的家人就什么也没有了。在这样的情况下，酒厂厂主（他对立法机构有影响力）却鼓励他们用酒精来麻醉自己，以此忘记痛苦。他把大量廉价的威士忌和杜松子酒卖给这些可怜的劳工。

在集体力量的努力下，19 世纪三四十年代逐渐取得了巨大的进步。两代人用自己杰出的智慧把世界从因机器的广泛使用而遭受的巨大灾难中拉了出来。在他们看来，想要舍弃资本主义体系的想法显然是愚昧的，因而资本主义得以保留下来。如果能够合理使用少数人的财富，就有可能使全部人类都受益。他们并没有工厂主（尽管他们的工厂岌岌可危，但是也不至于活不下去）与劳工（为了一家老小的生计，他们无法自由选择薪水与工作）之间有可能取得平等的想法。

他们运用法律手段缓解劳工与工厂主之间的关系。各个国家的改革人士通过这种方法取得了些许成效。现如今，绝大多数的劳动工人已经拥有了充足的生产生活条件的保证：每天工作时长为 8 小时，且他们的孩子有资格被送进学校学习，而非前往矿坑或者棉纺车间。

虽然在许多方面已经有了很大的进步，可是还是有人对烟囱冒出的浓烟、火车的尖锐轰鸣声和囤积在仓库的产品有所不满。这种规模巨大的生产活动发展起来以后会产生怎样的后果呢？这是他们在担忧的。在之前的几十万年里，据他们所知人类的生活是没有出现商业贸易和工业生产活动的。有没有希望可以力挽狂澜，完全地摧毁这些出卖人类幸福的利益追逐制度？

这种关于人类未来世界的美好幻想在很多国家出现。罗伯特·欧文 [1] 是一位纺织工厂厂主。他在英国创立了新拉纳克，即所谓的"社会主义社区"。然而新拉纳克的存在是短暂的。在他死后不久，新拉纳克就随之消失了。在法兰西，记者路易·布朗计划打造"社会主义实验室"。可是，后来这个实验室并没有取得实际的成效。社会主义分子在现实的鞭策下开始倾向于这样一个观点：不管怎样，每个脱离社会的独立社团的建立都不是正确的方法。要想找到完全行得通的解决方法，就必须从工业体系和资本主义社会的基本规律下手。

在实用社会主义者罗伯特·欧文，路易·布朗和弗朗西斯·傅立叶等人退出公众视野后，理论社会主义思想家卡尔·马克思和弗里德里希·恩格斯出现了。相较之下，马克思比恩格斯更有名气。这位充满智慧，博学多才的犹太人全家长期都在德国生活。在听说了欧文和布朗的社会实验之后，他开始专心致志地针对劳动，工资以及失业等问题进行研究。但很快，他就受到了德国警方的高度关注，因为他的思想充满自由主义色彩。于是，他被迫漂泊到布鲁塞尔，然后又到了伦敦，成为一名《纽约论坛报》的记者，并以此身份赚钱糊口。

1864 年，他创立了世界上首个国际劳工组织，但他所著的经济学著作在刚出版时，却并未在社会上掀起多少波澜。3 年以后，

---

[1] 罗伯特·欧文，美国空想社会主义者，实业家，慈善家。

著名的《资本论》的第一卷被批准出版。马克思认为，"有产者"和"无产者"之间由来已久的矛盾构成了人类的全部历史。资产阶级产生于机器时代，是一个新的阶级。资产阶级用闲置的财富购入生产工具，然后让雇佣的工人为他们创造更多的财富。接着，又再次扩大生产规模，用这笔丰厚利润来建设更多更大的工厂。这样的模式将会不断循环，并生生不息地持续下去。他觉得，资产阶级在这个过程中将会变得更加富有，而无产阶级却会变得更加贫穷。他甚至觉得这种生产过程的循环到最后会导致一种情形的出现：所有人都会在一个人手下打工，并且世界上所有的财富也将集中到这个人手中。这是在他理论说明后做出的一个预言。

马克思动员世界上所有的无产阶级团结在一起，然后去预防和阻止当今的人类社会出现这样的情况。同时，他们也是在为自己的政治经济权利而努力奋斗争取。在欧洲大革命的最后一年，即1848年，马克思所发表的《共产党宣言》全面地论述以及解释了无产阶级的权利和义务。

对于这样的情况，各国政府自然是火冒三丈。以普鲁士为代表的各国纷纷颁布专门的法律，来严格地控制社会主义者的言论及行为。与此同时，社会主义者集会的主讲人和参与者也纷纷遭受政府派出的警察的抓捕。但是最终这样高强度的逼迫却没有使情况有所改变。有时候，扼杀还处在萌芽时期的事业，是最有效果的宣传手段。在欧洲，有越来越多的人开始信仰社会主义。事实上，不久后大家就知道社会主义者并不喜欢追求暴力革命。只不过，他们觉得要想替无产阶级争取到合理的利益，就必须在议会中拥有自己的地位。甚至他们希望能够让社会主义者进入内阁任职，发挥带头作用，引领众多的天主教徒以及新教徒去改变工业革命带来的糟糕社会状况，并采取一定措施让财富的飞速增长和机械的出现得到的利益更加优化。

第六十章
科学时代

我们生活的这个世界充斥着形形色色的变革，有一些变革的影响甚至超过了政治革命和工业革命。科学家向来受到打击和迫害，如今终于迎来了自由，开始积极地探索宇宙运行的规律。

在初期科学研究范畴中，古代埃及人、巴比伦人、迦勒底人、希腊人、罗马人都有着巨大发现。然而，伴随着公元 4 世纪的大迁移，古典文明渐渐走向灭亡。而后粉墨登场的基督教极其看轻肉体，并把科学研究看作人类狂妄秉性的显露。他们认为科学研究是对上帝权力的冒犯，且在一定程度上跟七宗罪 [1] 存在着亲缘关系。

文艺复兴纠正了中世纪的偏执。但是 16 世纪早期，文艺复兴的新文化理想被宗教改革抛在脑后。如果哪个科学家勇于对《圣经》里狭隘的世界观提出疑问，则将会遭受到跟中世纪时期一样的严刑。

---

[1] 七宗罪，天主教将暴食、贪婪、懒惰、傲慢、淫欲、嫉妒以及暴怒定义为七宗罪。

哲学家

现今，那些身骑名驹、处之泰然的崇高军官的雕塑并不少见，而那些守护着某个科学家遗体的大理石墓碑却是可遇而不可求的。也许在将来的某一天，我们会改变对待两者的看法。我们的子孙会更加推崇科学家身上所拥有的超出我们设想的胆识和使命感。在理论知识上，科学家走在前沿。也正是因为他们创造和应用了这些理论知识，才有了如今的现代世界。

很多崇高的科学先导都曾被贫困、轻蔑和欺凌所搅扰。他们有些在去世前是居住在狭窄的阁楼里的，有些则是在牢狱中凄惨地离世的。他们在出书时没有勇气署上自己的姓名，在研究有所成果时更没有勇气在祖国公布。大多情况下，他们只能暗地里到阿姆斯特丹或哈勒姆的隐秘的印刷厂去印刷出版他们的研究文稿。不管是天主教会还是新教教会，都将他们看成是最令人厌恶和痛恨的人。牧师们在传教时，把他们当成异类，并一边斥骂，一边号召教众讨伐他们。

偶尔他们也可以顺利地找到能够平安居住的地方。虽然荷兰政府不赞成科学研究，但因为他们信奉宽容的精神，所以对个人的思想倾向还是采取了自由放任的态度的。多数寻求自由思想的优秀个体纷纷前往荷兰避难。法国、英国、德国国籍的哲学家、数学家、物理学家在荷兰不仅不用提心吊胆，还能肆意享有自由的体验。

我在之前也讲过，在 13 世纪时，教会不准优秀的精英罗杰·培根从事科学写作。500 多年之后，法兰西警察严密看守着《百科全书》[1]的编者。又过了50 多年，基督教会认定达尔文为人类公害，仅因为他对《圣经》里所写的上帝创造人类的故事提出强烈疑问并大力批驳。虽然现今科学兴盛发达，但还是会有人意图加害那些铤而走险去求知的科学家。就在我写这本书的时候，布莱恩先生 [2] 正在疯狂宣传他所认定的达尔文威胁论，还怂恿群众去驳斥和抨击这个英国人胡说八道的言论。

但是这些都不能阻止历史前进的脚步。本该成功的事业最终必定会走向成功。人们一直认为这些高瞻远瞩的科学家是空想家和理想主义者，但是却不能否认科学发现与技术发明使人民群众能够更好地生活这一事实。

17 世纪的科学家被头上那片灿烂的星光深深吸引着，开始探究起地球与太阳系的联系。教会认为这种好奇心会威胁到他们的利益。以至于，最先发现太阳中心论的哥白尼在他垂死之际才有勇气公开自己的发现。尽管伽利略终其一生都在教会的严密监视下度过，但这一切仍无法阻止他观察天文。后来，他所留下的丰富的观察手记，帮助举世闻名的英国数学家牛顿发现了关于与各种下落物关系紧密的、有趣的"万有引力定律"。

---

[1] 《百科全书》，法国启蒙运动时期，以狄德罗为代表的百科全书派所撰写的书。

[2] 布莱恩先生，指的是威廉·布莱恩，美国政治家。1921 年，他掀起了一场反对进化论的运动，席卷整个美国。

伽利略

因为这一发现，那时的人们觉得天空已经没有秘密了，便将主要精力放在对地球的研究上。17世纪下半叶，安东尼·范·利文霍克发明了显微镜（一部形状特别且笨重的小仪器），于是，经常使人患病的微生物开始引起了人们极大的关注。这是细菌学兴盛的一大奠基。此后40年中，许多致病微生物被发现。细菌学帮助人类除去了大量疾病。另外，利用显微镜，地质学家重新认识了各类岩石和深藏地底的化石（史前生物的石化产品）。这些科学研究证实了地球存在的时间比《创世纪》所记述的要更为久远。在1830年出版的《地质学原理》中，查理·李尔爵士彻底否定了《圣经》中的创世说，还详细讲述了地球发展演变的坎坷进程。

与此同时，德·拉普拉斯爵士在专心致志研究宇宙的最初形成，他认为，行星系从广阔无垠的星云中产生，且地球在浩瀚的行星系中显得微不足道。在分光镜的帮助下，邦森和基希霍夫研究出太阳的化学成分和本质。但是不可否认的是，那奇特的太阳光斑最早是被伽利略发现的。

同一时间，在长期的争斗中，解剖学家、生理学家也战胜了天主教会、新教教会，终于可以名正言顺地进行尸体解剖了。他们对人体器官性质所拥有的更深入的认识，让中世纪人最终停止了在这方面的浮想联翩。

几十万年来，每每人们抬头看着星空，都会对天空中的星星感到满腹疑惑。然而，在一代人的时间里（1810 年到 1840 年），现代科学取得的成就与过去几十万年相比可谓是突飞猛进。深受古老文明教化的人们必然会对此感到很不习惯。可以想象，他们忌妒拉马克、达尔文这些人。这些科学家并没有直白地说出猴子是人类的祖先这样的言论（我们的祖先听到肯定会十分羞怒），但却提出人类很大程度上是从地球上最初的一些生物像水母一类渐渐演化而来的。

煤气、电灯，以及其他全部有实际用途的科学发明被主宰 19 世纪社会的中产阶级广泛使用。可那些探究理论的科学家却深受鄙夷。要知道，如果没有这些科学家的工作，人类文明不可能持续取得如此大的进步。近年来，他们的雄伟勋绩终于被人们认可了。富人不再把钱用来建造教堂，而更多的是投资在实验室上。大量默默无闻的科学家在寂静的实验室中反抗蛮横与落伍，他们不惜牺牲自我以换取后人的美满光景。

在很久很久以前，人类对许多疾病束手无策，只能将其归结于上帝的安排。而科学家却告知我们这种观点并不正确。我们现在的孩子都清楚，喝不卫生的水会导致伤寒。这一实情是在医学人士长时间的奋斗之后，才开始被大家所接受的。如今，大家不再像从前一样害怕牙科医生的躺椅。自从口腔细菌的研究取得了成果，蛀牙就不再是困扰我们的问题。如果必须拔除蛀牙，人们也只要承受一下麻醉就可以了。但在 1846 年，当美国各报纸刚刚开始刊登乙醚可缓解手术痛苦这一新闻时，虔诚的欧洲人却对此表现出强烈的不信任态度。他们认为，既然是上帝安排人类承受生命所带来的痛苦，那么一切逃避病痛的行为，都是在忤逆上帝的意愿。这样的思想一直持续了很多年，直到后来，乙醚和氯仿才慢慢被大家接受并在手术中应用。

进步最终打败了落后，让人们不再对科学充满偏见。时光如白驹过隙，充斥着古代世界的愚昧瓦解了，人们开始勇敢地追求美满的新生活。在前进道路上，他们可能会突然遇到从过时的旧世界里衍生出来的反动势力。于是，不计其数的人们便又无所畏惧地与反动势力开始了斗争。

第六十一章
艺术的发展

关于艺术。

身体健康的小宝宝用来表达快乐情绪的方式往往是简单的哼哼，而让他们感到快乐的原因则是吃饱肚子睡足觉。在大人眼里，这种表达情绪的方式没有任何实质性意义。不过，这对于小宝宝来说却是一种很美妙的音乐，这就是他与艺术灵感的首次美丽邂逅。

等到可以坐起来时，他就开始玩泥巴了。世界上的很多孩子都可以捏出这样的普普通通的泥团。泥巴变成泥团的过程就是他向雕塑家发展的过程，这是小宝宝们另一个向艺术迈出脚步的时刻。

三四岁后，他可以灵活地运用两只手臂了，因此他又成了画家。小纸片上全都是他用妈妈买来的水彩笔画的图案。那些看起来毫无章法可言的线条和彩色图形就是他眼中的房屋、马匹和海战。

再过几年后，孩子们会因为要去学校里学习功课而不得不暂停这些简单纯净的表现形式。每个孩子都要掌握生存本领是一件顶重要的大事。孩子们因为要学习乘法口诀、不规则动词的分词形式而不得不放弃与"艺术"相处的时间。要么就是他毫无功利目的地因为自身的热爱主动地去创造。如果不是这样，孩子们就会慢慢长大，然后忘记自己曾经对艺术的热爱与努力。

民族艺术在早期的发展就与此类似。原始人类在艰苦的冰川时代存活下来后，就开始建造赖以生存的家。有很多美观却不能给狩猎带来帮助的东西都是他创造出来的。他生活的岩洞墙壁上都是他刻画的一些狩猎时所看到的大象和麋鹿。有时候，石头也会被他雕刻成他心中理想女子的模样。

尼罗河、幼发拉底河的河岸上，逐渐被埃及人、巴比伦人、波斯人建立起属于他们的国家。人们开始创造一些国王需要的美丽的宫殿，女人们需要的精细美观的饰品。除了这些，他们住所的院子里还被种满了花花草草。

欧洲人的祖先大部分都是活动自由的猎人，他们是从遥远的亚洲草原迁移来的游牧民族。他们发明了一种博大精深的传诵至今的诗歌形式，以此来赞颂他们的部落领袖。千年之后，他们在希腊半岛安居立业而且建立了多个城邦。他们用许多种艺术形式表现自己心中的情绪，比如神庙、雕塑、悲剧和喜剧。

能吸引罗马人和对头迦太基人兴趣的只有治理国家和赚取钱财这种功利性的活动，他们对纯粹的精神活动不屑一顾。虽然他们建造了无数的桥梁和道路，但是他们的艺术品却是抄袭希腊人的。他们曾经也创造过几种形式的建筑，但是里面的装饰元素却都是由希腊原版改编而成的拉丁版本。我们都懂得，艺术品都具有一种难以用语言传达的神秘特质，这便是艺术之所以成为艺术的必备要求。

而古代罗马世界却对这种"神秘特质"很厌恶抵制。帝国对商人和战士的需求远远超过诗人和画家。

从此之后"黑暗时代"来临，蛮族闯入文明世界，就像是公牛蹿进瓷器店一样毁掉所有的不被理解的瓷器。按照现代的说法则是：这些粗鲁的家伙只对杂志封面的美丽女人感兴趣，还把伦勃朗的蚀刻画随意丢弃。经过一段时间的发展，他们的审美情趣突然得到提升，于是便想挽回损失找到丢失已久的伦勃朗蚀刻画，但是这显然已经不可能了。

在这个时候，东方艺术在此得到传播，逐渐发展成精美的"中世纪艺术"。这种欧洲北部的"中世纪艺术"则强烈地带有日耳曼民族精神的特征。它却与古代希腊、拉丁的艺术甚至是更古老的埃及、亚述艺术还有印度、中国艺术都毫无联系。在那时候，印度和中国并没有被这里的人们所知晓。北方民族很难受到南方人艺术风格的影响，正因为这样，意大利人很难理解甚至是非常轻视北方的建筑形式。

你一定对"哥特式"这个词非常熟悉吧。提到它便会想到绝美的古代教堂，它的尖顶高高耸立。不过，你可能不知道这个词的准确意义。

事实上，这个词原本的意思是"粗暴蛮横的哥特人的作品"。落后的哥特人因为长时间居住在文明地区的周围，所以对古典艺术缺乏尊敬。他们从来不对罗马广场、雅典卫城这些经典的建筑进行模仿，所以他们的建筑都是一些低品位、恶俗的形式。

实际上哥特式建筑在好几个世纪里都完美准确地体现了北欧人的精神世界和艺术品位。中世纪晚期时人们的生活状态已经在前面的几章里向你介绍过了。除了村庄以外，他们还会居住在"城市"（由古拉丁语"部落"发展而来）里。的确，他们居住的地方虽然受城墙和护城河的保护，但是依旧以互帮互助的团体形式生活。这种方式就是部落中人们生活的特点。

古代希腊、罗马民众的主要生活中心就是那个以神庙为中心的市场。中世纪时，教堂取而代之，成为民众新的生活中心。对于现代新教徒来说，每个礼拜天去教堂待的几个小时使他们没有办法感受中世纪时教堂对人们生活的意义。在那个时候，宗教深深地影响着人们身边的一切，刚出生的婴儿要去教堂接受洗礼，长大一点后要去教堂研究学习《圣经》里的内容，再大一点就会成为正式的教众。如果有足够的钱财，就要建一个小供堂用来供奉家里的守护神。在那个时候教堂是全天对外开放的。换句话说，它有点像现在24小时营业对任何人开放的俱乐部。你或许会在教堂遇见你未来的新娘，与她在神坛前发誓相守一辈子。最后死亡来临，你被埋葬在教堂下面，让你的子孙在末日来临的时候能够一直看向你的坟墓。

中世纪的教堂不仅是一个拥有信仰的地方，更是所有生活场所的中心。正因为如此，它必须拥有与众不同的建筑风格。这些神庙面积都不是很大，因为当时的埃及人、希腊人、罗马人的神庙供奉的都是一些地位比较低的小神，而且没有在奥西里斯、宙斯或者朱庇特像前布道的习惯。欧洲北部自然环境恶劣，不能像古代地中海民族那样在露天的地方举行祭祀仪式。所以，他们的祭祀活动在教堂内举行。

如何扩大教堂容量这个问题花费了建筑师好几个世纪的时间。罗马人根据先人的经验，在厚重的城墙上开凿几个很小的窗口，以此来保证它的坚固。欧洲建筑师因为12世纪初的十字军东征发现了伊斯兰教建筑的穹顶。在这个基础上他们研究出一种新的建筑式样。当时复杂多样的宗教生活终于得到满足。这种独特的建筑风格随着时间流逝得到了丰富和发展。意大利人对这件事非常不屑一顾，把它叫作野蛮人的"哥特式"建筑。这种建筑的圆拱形屋顶由巨大的圆形"拱券"做支撑，但是墙壁有可能会因为支撑不住拱顶的重量而坍塌，这就像是单薄的木椅支撑不住一个体重庞大的人一样。法国建筑师采用了"扶垛"的法子加固了原本不堪重负的墙壁。用石块砌在墙边起支撑作用的做法就叫作"扶垛"。后来"飞垛"由此发展，用来支撑顶梁。看图你就会弄明白这里面的道理。

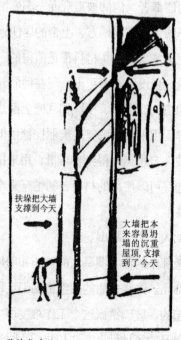

扶垛把大墙支撑到今天

大墙把本来容易坍塌的沉重屋顶，支撑到了今天

歌特式建筑

在新的建筑样式中，这种巨大的窗户逐渐开始流行。在 12 世纪，玻璃还是一种极其罕见的物品，富裕点的家庭也只是在家里的墙壁上打几个洞，更别提普通家庭了。所以，当时的屋子里经常有穿堂而过的风，屋子里面的温度与外面几乎一样，人们必须穿着厚厚的衣服才能抵挡寒冷。

古代地中海人关于进行彩色玻璃制造的手艺没有丢失，一直传承着，直到今天，这门手艺再一次繁荣开来，所以哥特式教堂上的窗户又一次璀璨耀眼起来。在那上面，人们用很多那种小小的玻璃块去对《圣经》中曾经出现的各种角色进行拼造，然后用铅丝固定。

那个上帝栖身的地方与之前相比也发生了巨大的变化，那里面到处都是他虔诚的信奉者。信仰被直观而充满感情地表达出来，这体现了这种技能不同于平常的地方。上帝的居住地要建造得尽可能地完美，这不管花费多少钱来买材料都是值得的。雕塑家们自从罗马帝国灭亡以来就一直没什么事可干，现在他们开始重新施展起自己的手艺，教堂的正门、廊柱、扶垛和飞檐上都是他们雕刻的上帝和诸位圣徒的模样。用来装饰墙壁的美丽挂毯由他们请的刺绣工来完成。祭坛上也被珠宝匠点缀得雍容华贵，用来接受信徒的膜拜与供奉。因为没有选好可以使用的材料，匆忙赶来奉献手艺的画家没有得到机会大显身手。

接下来我们加入一个小故事。

在早期基督教那个时代，罗马人的神庙和房屋里全都挂满了稀奇古怪的玻璃装饰品。这些美丽的图案饰品都是用五颜六色的碎玻璃拼接镶嵌在一起的。玻璃镶嵌这个工作难度很大，艺术家们没有办法用它来表达自己的精神世界。这和我们小时候玩的积木游戏是相同的道理。因此，镶嵌画艺术没有得到很好的传承，在中世纪时就已经没落了，不过在俄罗斯还有关于它的发展。君士坦丁堡沦陷失守后，镶嵌画师傅们从拜占庭逃离到俄罗斯，他们在那里用自己的手艺把东正教教堂装饰得焕然一新。后来教堂的修建工作因为布尔什维克革命而不得不停止，这种手艺因此而消失没落。

再说到中世纪时期画师们作画所选用的原料这个问题。在那个时候，颜料是用湿泥弄成的，画师们就用这种颜料去进行创作，不要小看这种作画方法，它在欧洲曾经流行了几个世纪之久。不过现在的人们都已经掌握不了这种方法，在上百个现代画家中能找出三五个都非常困难。受到当时的一些条件限制，一些画家只能依靠着这种操作成为一名湿泥画画师，他们没有更好的原料，没有更多的选择。而这种湿泥画法所存在的一个最大的缺点就是容易掉落，此外，大家应该都知道，这种湿泥灰是会吸潮的，到最后之前作的画就会被侵蚀，变得特别难看。当然，画师们也曾经尝试过各种各样的办法去努力改变这种状况，他们用过不少其他的东西去进行调剂，但结果都不是很乐观。大约有 1000 多年的时间，人们一直都在不断地进行着试验。中世纪时期这种作画方法只能用在羊皮纸这种类型的东西上，如果在那些比较坚硬的东西上作画，在美感上就会有所欠缺。

15 世纪上半叶，尼德兰南部地区的詹·凡·艾克与胡伯特·凡·艾克一起解决了这个已经让欧洲画家烦恼了 1000 多年的麻烦。这对著名的佛兰德兄弟研究出了一种特殊的材料，当把这种特殊的油加入之前的颜料中时，以前的颜料就能得到一种新的特性，以后也就能够在木板、石块等这类比较坚硬的东西上作画。

可惜的是，在这个时期，人们之前那种对于宗教的近乎疯狂的热情已经减弱了很多。在大城市中，主教的影响力逐渐削弱，有钱人开始登上艺术世界的舞台。不可否认的是，金钱对于艺术的发展起着重要的作用，艺术家们也都明白这一点，他们瞅准了王公大臣们这种有钱人，为他们进行肖像画的创作。油彩画这种新的作画方法开始在欧洲大陆上流行起来。此外，在不同的国家不同的地区也发展出了各种各样的画派，那些不同的肖像画和风景画从另一个角度也展示出了订购这些画的人们的艺术素养。

委拉斯开兹[1]在西班牙画宫廷弄臣、王室挂毯作坊里的织布工人，还有和国王、宫廷有联系的各种人和物。伦勃朗、弗兰茨·哈尔斯、弗美尔正在荷兰画生意人家里的粮仓、不修边幅的妻子、令他骄傲的健康的孩子，还有能够给他带来财富的商船。米开朗琪罗、柯勒乔在意大利仍然在画圣母圣子和圣徒，因为那里的教皇势力强大，艺术家们需要得到教皇的支持和庇护。然而在英国和法国，势力更强大的是贵族和国王，所以艺术家们不是在画步入政坛的大富豪就是在画国王的美丽动人的情人。

绘画产生了这么巨大的改变，不仅仅是因为日渐衰落的教会势力，还和新的社会阶级的兴起有很大的关系。这种情况也在其他的艺术品类里发生。在印刷术得到广泛应用后，作家就成了一个可以通过为众多的读者写作来获取声誉的职业，所以社会上又出现了以写小说和画插画为职业的人。但是即使是很多人能够支付得起买书的费用，却并不愿意把大量的时间花费在读书上，他们更愿意把时间消耗在外面的世界。中世纪的行吟诗人或者是流浪歌手所提供的

---

[1] 委拉斯开兹，文艺复兴后期的西班牙画家，对后世有很大影响。

娱乐显然已经不能够使人满足
了。大众重新接受了那些源自
两千多年前的古希腊城邦的剧
作家。在中世纪时，戏剧只是
教堂的一种宗教仪式。耶稣接
受苦难折磨的叙述都是在 13、
14 世纪。16 世纪时，出现了
世俗戏剧的剧场。在最初，剧
作家和演员并没有像现在一样
的地位。威廉·莎士比亚只被
看作娱乐大众和贵族的一个小

行吟诗人

角色。不过，到了 1616 年这位戏剧大师长眠不醒时，人民已经给
予了他非常崇高的地位，而警察再也不会像盯着小偷一样监视戏团
演员了。

享有盛名的西班牙戏剧家洛普·德·维加[1]和莎士比亚几乎是
同一个时代的人，他具有非凡的创作能力，他的著作中宗教剧有
400 部，世俗戏剧超过 1800 部。曾经受到过教皇的赏识，被赐予爵
位。大约在一个世纪之后，著名的法国戏剧家莫里哀的社会声誉已
经达到了可以与路易十四相比较的高度。

所以戏剧在之后的发展中也越来越受到人们的欢迎。在现代
社会中，只要是一座具备完整功能的城市，都会有一家剧院甚至更
多。随着社会发展，"默片"电影也逐渐出现在一些偏僻的村庄中。

上帝将音乐认定为是艺术中受欢迎程度最高的一种。那些古老

---

[1] 洛普·德·维加，西班牙诗人，剧作家，以作品高产而著名。

的视觉艺术并不是靠一双手随随便便就能够在画布上或者大理石上把自己内心所想刻画的形象表达出来，而是要经过长时间的艰苦的技巧练习和训练。同样的，戏剧表演和小说创作也需要你花费大量的时间和精力去不断研习。同时，想要成为一个合格的欣赏者，也是需要接受一些训练才能更深切地体会到绘画、小说或者雕塑中的一些精妙所在。但在通常情况下，除去极个别无法分辨音调的家伙，差不多每个人都会哼上几首歌谣，又或者是在音乐里寻找到一些乐趣。音乐在中世纪的时候还不多见，人们能听到的几乎全是宗教音乐。圣歌的节奏和音律都需要遵循严格的规定，所以导致歌曲十分单调乏味。而且在街道上哼唱圣歌是不被允许的。

受文艺复兴的影响，音乐的存在发生了巨大的转变。音乐再一次重新走进人们的内心世界，参与到了人类的喜怒哀乐之中。

对音乐比较感兴趣的古代埃及人、古巴比伦人和犹太人在尝试着用各种乐器组合起来奏乐的时候，古代的希腊人却觉得这些根本就入不了他们的眼。他们最喜欢的也就是在欣赏荷马或品达的诗歌朗诵时，听一听竖琴（这是最简单的乐器）的伴奏而已。要说在器乐方面比较先进一点的就是罗马人了，在罗马人的聚会上经常会听到有器乐的声音，而且他们还创造出了很多乐器，流传至今。一开始的时候，教会特别厌恶罗马人的音乐，因为它总是充满异教徒的味道。在公元3、4世纪时，主教们只允许教众唱单调的圣歌，不过，如果想要唱好圣歌的话，就得有乐器伴奏，而在公元2世纪时，用一排牧神潘的笛管和一对风箱构成的能制造出特别大的响声的管风琴，是教会唯一特别准许使用的伴奏乐器。

接着就进入了大迁徙时代，那些经历过战争而有幸活下来的罗马音乐家们，不得已开始了他们的流浪生活。他们没有什么其他可以挣钱的能力，就只有靠在街头卖唱赚点生活费。

中世纪晚期的时候，城市里的宗教文明进一步世俗化，所以一时间内人们都渴望着音乐，因此想要有更多一些的音乐家，而乐器也都随之慢慢地改进着。就比如说，战争和打猎时能发出巨大响声的号角成了歌舞会上的铜管乐器。还有吉他，一开始的时候就是把马的鬃毛绑在了射箭的弓上组成简单的六弦琴（古代埃及和亚述就已经存在的弦乐器）而已，到了中世纪晚期，就变成了四弦的小提琴。18 世纪的时候，意大利的斯特拉底瓦留斯等制作小提琴的匠人完善了制作工艺，让它的音色更加美好。

钢琴在最后出场，但它也是使用最普遍的一种乐器。它无处不在，沙漠之上或是冰山一角，都可能会有人在弹奏钢琴。最早的键盘乐器就是管风琴，管风琴需要两个人合作才能弹奏出美妙的声音，即不仅要有个弹奏的人，还要有一个人拉动风箱（现在变成了电动的），所以，那时候的音乐家们都想要有一种简单易于操作的乐器，以便更好地训练唱诗班的孩子们。终于到了 11 世纪的时候，住在诗人彼得拉克家乡阿莱佐城的本笃会修士圭多，创造出了记谱法。随着人们对音乐的喜爱越来越深，就这样，第一件同时拥有键盘和弦的乐器也随之出现了。这种乐器发出的声音就跟现在的玩具钢琴发出的声音差不多。1288 年，历史上第一个独立的音乐家协会诞生了，开创者是一位维也纳音乐家（当时他们被视作杂耍演员、赌徒、骗子）。维也纳人把单弦琴进行了改造，制成了现代斯坦威钢琴 [1] 的前身。这种"翼琴"（"翼"为键盘）快速地从奥地利传到

[1] 斯坦威钢琴，德国的钢琴品牌。

意大利，并被威尼斯的制琴匠人乔万尼·斯皮内特改造成了小型的立式钢琴，现代的人都把它叫作"斯皮内特"。在1709年到1720年，巴托罗缪·克里斯托弗里造出了演奏时可以随意调换音量的钢琴，用意大利语解释就是能弹出"弱音"（piano）也能弹出"强音"（forte）的乐器。这种钢琴已经发展得和现代钢琴差不多了。

人们终于拥有了操作简单的乐器，只要肯花上几年的时间学习即可自如演奏。它不但不用像其他乐器那样需要不断的调音，而且它的音色还比其他乐器更加的清新动耳。钢琴的发明就像现代留声机刚刚流行的时候一样，不仅让人们痴迷上了音乐，更是让音乐发展到了每个角落，让每个人都能有一点专业的音乐知识。许多有权有势的人甚至还组建了自己的乐队，音乐家不仅再也不用四处流浪了，而且还成了被人尊敬的艺术家。在发展过程中，人们进一步把音乐和戏剧结合在一起，形成了现代歌剧。去歌剧院里看歌剧本来是王公贵族的一种享受，到最后发展到人人都可以参与这项娱乐，所以在欧洲的城市里，歌剧院也渐渐地多了起来。意大利歌剧和德国歌剧带给了欧洲民众前所未有的美妙感觉。不过，也不是所有人都是这样享受的，那些保守的基督教徒总是担心，害怕人们对音乐的痴迷会损害到灵魂，危及信仰。

人类历史上最厉害的音乐家约翰·塞巴斯蒂安·巴赫，就在音乐发展势头正旺的18世纪中期出现了。他就在托马斯教堂里弹奏管风琴，他创作音乐涉及的领域特别广，不管是流行音乐还是庄重的圣歌，他的音乐都能得到人们的赞同，为现代音乐的发展打下了坚实的基础。他于1750年去世，之后，伟大的莫扎特出现了。莫扎特的音乐作品节奏轻快，听后让人心情放松。然后就是写出英雄交响曲的路德维希·凡·贝多芬，虽然只是小小的一次伤风，但在那个最穷苦的日子里他还是失去了听力，他把最美好的音符奉献给我们，自己却什么也听不见了。

贝多芬生活的那个年代，爆发了法国大革命，革命的精神感染了他，使他特别的渴望新生活，所以他为拿破仑创作了一部交响曲，后来却因为这件事而后悔不已。在拿破仑去世，法国大革命渐渐平息后，1827 年，贝多芬也溘然长逝了。这个时候，蒸汽机被创造出来，它所发出的声音是世人无法从贝多芬的《第三交响曲》中听到的。

在只知道生产、制造的工业社会里，哪里还会有绘画、雕塑、诗歌朗诵和音乐的安身之处？所以，就更不用想会有珍惜爱护这些东西的人了！像中世纪的教会和王公，还有 17、18 世纪的富商那样的艺术保护者已经不存在了。工业社会的新宠的眼中只有钱，一点教养都没有，对于蚀刻画、奏鸣曲、象牙工艺品之类的东西毫无兴趣，对于保护这些东西的创造者更是毫无兴趣。他们觉得，这些人都是废物，对社会没有任何贡献。听冰冷机器发动的声音听到麻木，已经搞不懂音乐是什么了，甚至分辨不出哪是笛声，哪是琴声了。工业时代的艺术，就好比是被社会抛弃了的孩子，只能自己孤独地待在角落里。以前保留下来的画作放在了冷冷清清的博物馆里，音乐也只能待在有进出门禁的音乐厅内。

如今，人们慢慢地意识到了艺术的重要性。人类不仅仅要发展物质，还要注重精神。我们应该尊重伦勃朗、贝多芬、罗丹等艺术家们，把他们的艺术永远地传承下去。因为如果世界没有了艺术，那么它就会和幼儿园失去欢声笑语一样可怕。

第六十二章
殖民扩张

在这一章中，我本想简单描述一下在我创作这本书的50年前世界的政治格局，但最终我才意识到这全部都是我的解释和赔罪。

如果在开始创作这本书之前，我就知道描述世界历史会面临这么多困难，我想我一定会望而却步。如果一个脚踏实地的人愿意在充满霉味的图书馆中勤奋工作五六年，那么想要编写出一本有厚度的历史书，也许并不困难，因为他只需要完成一件事情就好了，那就是把每一个世纪每一个地方发生的重要史实全部列举出来。但是我并没有采取这种方式创作这本书。出版商当然希望我创作出的历史书更具有节奏感，也就是说，我创作的书应该简单明了，只需要把一些历史故事连接在一起就可以了。现在，这本书马上就要完成了，我却发现这本书的一部分章节被我写得活灵活现，一部分章节却节奏缓慢，像是在历史中漫步，有时候我会停下来，有时候我会被传奇般的爵士音乐吸引。但是，这并不是我想要的，我甚至想要重新写，但是出版商不允许我这么做。

人类简史：房龙为我们讲人类的故事

所以，我只能想其他的办法了。我把打印稿送给了朋友，希望他们能够给我一些意见，帮助我解决这些问题。但是这个办法还是没能让我得到满意的答复。因为每个人的偏好和方向是不一样的。他们问我的问题都差不多，不是为什么没有谈论他们喜欢的某一个国家、崇拜的某一位政治家，就是为什么没有提及那些值得同情的罪犯。他们当中的几个人很喜欢拿破仑和成吉思汗，所以他们认为我应当对这些人大加称赞。在我眼中，乔治·华盛顿、古斯塔夫·瓦萨、奥古斯都、汉谟拉比、林肯等 20 多个人物的地位远远高于拿破仑，但是因为考虑到篇幅，我谈论这些人的内容并不是很多。

一位朋友这么批评我："在我看来，你写得已经很好了！但是为什么我没有看到清教徒呢？前不久，美国刚刚为庆祝清教徒登陆美洲 300 周年举行了盛大的庆典，难道你不应该多写一部分相关的内容吗？"对此，我的回答是，如果这本书的主要内容是美国历史，那或许我可以用 12 章的内容来写清教徒。但是这本书的主要内容

先驱

却是人类的历史。至于普利茅斯岩石上发生的事情[1]，它的伟大价值可能要在几个世纪之后才能够看到。此外，众所周知，美国建国伊始并非是一个州，而是由 13 个州共同组建起来的。在美国历史上，开始的 20 年中，它的伟大领导人物都是从弗吉尼亚、宾夕法尼亚、涅维斯岛走出来的，至于马萨诸塞州，没有出现过一个伟大的领袖。所以，我不会采用大量的篇幅描述清教徒。

紧接着，史前专家开始发表自己的看法。他们开始质问我，为什么从未提及克罗马努人[2]，因为早在一万年前的霸王龙时代，这些人在文明方面就已经取得了很大的成就，这一点是众所周知的。

其实原因很简单。因为我并不是人类学家，我对于原始初民的文明成果不可能给予高度评价。18 世纪，卢梭和大量哲学家创造出了"高尚的野蛮人"的形象，完美至极，众人都对此深信不疑，他们都相信启蒙时期的人们都生活在随心所欲的极乐之土上。之后，现代科学家们又再次放弃了"高尚的野蛮人"，反而对法兰西山谷中"灿烂的野蛮人"十分尊重。他们表示，早在 35000 年前"灿烂的野蛮人"就已经表现得很突出了，他们和眉骨凹陷的尼安德特人[3]，或者日耳曼邻族等人不一样，他们早已摆脱了野蛮状态。这些科学家们十分欣赏克罗马努人画出的大象，以及他们制作的雕像。

当然，我并不是说科学家的研究出现了失误，我只是认为我们对那段时期并没有足够的了解，没有办法把欧洲早期社会的全部模

---

[1] 指的是 1620 年 11 月 11 日，英国清教徒乘"五月花"号在普利茅斯登陆。

[2] 克罗马努人，也就是"智人"，是现代人真正的祖先。

[3] 尼安德特人，古人类的一支。

样准确地展现给大家。所以，为了能够避免对自己不了解的事情添加佐料，随意编造，我选择避开这些事情。

此外，还有一些朋友告诉我，我的论述有失公允。他们质问我为什么避开了爱尔兰、保加利亚、泰国，反而在荷兰、冰岛、瑞士等国家上花费了大量的篇幅。对此，我必须要说，我之所以花费大量篇幅谈论这些国家，并不是因为我的个人偏好，这些国家都是在我论述的过程中自然流露出来的，我没有办法避而不谈。为了能够使我的写作观点更加清楚，我会通过以下几点加以说明。

在我的创作中，有一条原则是不变的："这个国家或者这个人创造出的新思想是否足以推动文明的发展进程，或者是否足以改变历史的发展。"这一原则要求我们在做事的时候必须像计算数学问题一样从容淡定，避免掺杂任何个人的感情。

举例说明。亚述的提格拉·帕拉萨[1]一生坎坷，如同戏剧一般，但是我们在叙述的过程中却没有谈及他。同样的，荷兰共和国却因为北海边的防海大坝使其历史具有了更加重大的意义，这和德·勒伊特[2]的水兵在泰晤士河畔垂钓的事情没有什么关系。这个地方曾经是很多奇怪的人的避难所，很多政见不同或者是信仰不同的人都会藏身在那里。

雅典和佛罗伦萨位于地中海盆地，它们发展到鼎盛时期时，人口也只有堪萨斯城的十分之一，城邦很小，但是它们却推动了文明的发展，至于密苏里河畔的堪萨斯城虽然是一个大城市，但在历史

---

[1] 提格拉·帕拉萨，亚述国王。
[2] 德·勒伊特，17 世纪荷兰将领。

上却没有取得任何突出的成就（至于怀恩多特县 [1] 的善人们，我只能说对不起了）。

现在，我已经无法避开主动的选择了，只能更深一步地说明一些问题。

如果我们患病，在就诊之前一定会去了解主治医生的一些情况，至少了解他究竟是个外科大夫还是门诊专家，究竟喜欢顺势疗法还是信仰疗法，这样才能够清楚他的治疗方式是否适合我们的病情。其实，历史学家也是如此，选择他们应当像选择医生一样谨慎。很多人对此满不在乎。但是我们可以设想一下，如果一个作者出生在苏格兰农村，从小生长在规矩严明的长老会教派家庭中，而另一个是从小就听着罗伯特·英格索尔 [2] 的言论长大，相信世界上根本没有鬼怪一说的邻居，那么这两个人在人生观世界观上一定会有很大的差异。当他们长大后，基本都会远离教堂或者演说大厅，他们对于小时候的经历也会慢慢忘记。但是他们在童年时期接受的这些模糊观念会给他们留下隐隐约约的印象，这些意识会长期潜藏在他们的脑海中，当他们写作、聊天或者做事的时候，就会不由自主地显现出来。

但是，在这本书的前言中，我已经说过了，作为一个历史向导，我也可能会出现错误。现在，这本书的创作马上就要完成了，我依然需要重申这一点。达尔文和 19 世纪的科学家们造就了老派自由主义，我就是在这种环境中成长起来的。我的叔叔十分崇拜 16 世纪法国散文家蒙田，是他的忠实读者和作品收藏者，我就是跟着

---

[1]　怀恩多特县，位于美国堪萨斯州。
[2]　罗伯特·英格索尔，19 世纪后期美国演说家，政治家，无神论者。

叔叔长大的。我出生在鹿特丹，之后在古达市念书，但是，伊拉斯谟对我来说更加熟悉。这位伟大的人物改变了我，积极倡导宽容的他渐渐改变了原本不太宽容的我，甚至征服了我，至于原因，我现在还不是很清楚。曾经有一段时间，我沉迷于阿纳托利·法朗士[1]。一次意外的机会，我阅读了萨克雷[2]的《亨利·艾斯蒙》，那是我第一次体验英语文学。这本小说给我留下了深刻的印象，在我的记忆中打下了深深的烙印，是任何英语作品都比不了的。

如果我在美国出生，那么我一定会沉迷于小时候耳畔经常响起的赞美诗。但是，我初次体验到音乐却是在童年时期的一个下午。那天，我和母亲去听人演奏巴赫的赋格曲[3]。这位新教音乐家的精美和圆满深深打动了我，所以，之后我每次在祈祷会上听到赞美诗时，都感到难以忍受。

如果我出生在意大利，从小就享受亚诺河畔谷地的灿烂阳光，我就会十分喜欢那些光鲜亮丽的画作。但实际上，我对这种画作毫无感受，因为我从小生活在故国的阴霾中。在那里，大雨过后，天空放晴，坑坑洼洼的道路上会被耀眼的阳光照射着，甚至有些刺眼，所有的一切都有着强烈的明暗对照。

我专门讲解我的这些现实情况，就是为了让你们了解我的意识取向。这也许会让你对这本书有更深入的了解。

上面我说的都是一些看似无关的话题，但是我认为十分必要，

---

[1] 阿纳托利·法朗士，法国作家，评论家，曾经获得 1921 年诺贝尔文学奖。

[2] 萨克雷，英国作家，代表作为《名利场》。

[3] 赋格曲，复调乐曲的一种形式。

征服西部

现在，我们开始谈论我创作这本书50年前的历史。这段时间内，发生了很多事情，但是只有个别几件事情具有至关重要的价值。很多强大的国家已经不再是纯粹的政治机构了，而转变为大型的商业集团。它们积极建筑铁路，开辟航线、拉电报线等，希望各个地区能够联合起来，成为一个整体。它们在每一寸领地上大肆扩张殖民地，一点也不懈怠。亚洲、非洲和其他地方的大量土地都已经被某些强大的国家占有了。阿尔及尔、马达加斯加、安南、东京[1]等地归属于法国。非洲的西南部和东部地区被德国占据了，同时，德国人还在非洲西海岸的喀麦隆、新几内亚和太平洋的诸多岛屿驻军，以传教士被杀害为理由霸占了中国黄海沿岸的胶州湾。意大利人攻占阿比尼西亚[2]，但却遇到了尼格斯[3]战士们的反抗，于是它只能把目光转向北非的黎波里，这本是土耳其人的领地。俄罗斯已经把魔爪伸向了西伯利亚，同时，强占了中国旅顺。1894年，甲午战争爆发，一年后，日本夺取了中国的台湾岛，1905年，日本又占领了朝

---

[1] 东京，这里是指越南北部湾。

[2] 阿比尼西亚，现在的埃塞俄比亚。

[3] 尼格斯，阿比尼西亚国王。

鲜。1883年，埃及受到了英国的"保护"，英国可以说是当时最具有野心的殖民大帝国。1868年，苏伊士运河开通后，埃及就一直被外国侵略者所垂涎，但是英国的"保护"使埃及获得了一线生机，它通过贩卖文明遗迹获得了可观的利润。英国占领埃及后，仅用30年的时间便在全世界范围内打响了殖民战争。1902年，通过3年的长期战争，英国占领了布尔人[1]的德兰士瓦，统治了奥兰治自由邦。同时，在它的指使下，西西尔·罗德建立了一个庞大的非洲联邦。联邦国家的权势范围从好望角起到尼罗河止，只要是那些欧洲侵略者没有占领的岛屿和地区，全部包括在内。

1885年，比利时国王利奥波德借助探险家亨利·斯坦利的探险成果使刚果自由国得以建立。这里本是一个君主专制的强大帝国。但是该地统治腐败，1908年，比利时强行占领该地为自己的殖民地，将国王赶下台。这位国王掌权时随心所欲地使用自己的权力，甚至愿意用百姓的生命交换象牙和天然橡胶。

美国的国土面积很大，所以他们并不着急扩张领土。但是看到西班牙人极其混乱地统治着它在西半球的最后一片殖民地古巴，那里的局势十分混乱，华盛顿对此忍无可忍，决定采取措施。很快，双方开战，但又快速地结束了这场战斗，一切就像从未发生过一样，西班牙人在战争中失败了，古巴、波多黎、菲律宾群岛等地成为美国的殖民地。

世界格局的变化方式，自然有其道理。英国、法国、德国的工厂数量急剧增加，它们需要的原材料也不断增加。当欧洲各个工厂的工人不断增多时，人们需要的食物也越来越多。可以说，没有一

---

[1] 布尔人，南非的荷兰移民后裔。

个利益集团不希望得到更大的市场，他们都希望得到交通便利的煤矿、铁矿、橡胶种植园和油田，希望得到更多更加优质的粮食。

一些人开始筹备在维多利亚湖上开辟汽船航线，在中国山东修建铁路线。他们很明白，欧洲社会已经问题重重，但是他们对这些纯粹的政治性事件没有什么兴趣，也毫不在乎。这种满不在乎的心态让他们的后代感到痛苦，让他们的后代的内心充满了仇恨。几百年来，欧洲的东南地区从未停止过动乱和流血事件。19 世纪 70 年代，自由保卫战的号角再次在塞尔维亚、保加利亚、黑山和罗马尼亚吹响，但是最终却被土耳其人镇压了，因为他们得到了西欧国家的援助。

1876 年，一场残忍的屠杀活动在保加利亚展开。这场屠杀震惊了俄罗斯人，他们派兵干预此事，就像是美国麦金莱总统派兵干预威利将军在哈瓦那的屠杀。1877 年 4 月，俄罗斯军队渡过多瑙河，翻越什帕卡山，攻占普列文[1]。之后俄罗斯军队一路南下，一直抵达君士坦丁堡的城门。在混乱的状况下，土耳其写信向英国求救。英国政府对土耳其苏丹表示支持，民众对此抱怨很多，但是，英国首相迪士雷利却对俄罗斯人蹂躏犹太人的行为十分恼怒，他不顾民众的反对选择进军，1878 年，俄罗斯人在英国人的强迫下签订了《圣斯特法诺和约》。同年 6、7 月，柏林会议召开，目的是解决遗留的巴尔干问题。

柏林会议被迪士雷利全盘掌控着。这个人十分聪明，即便是铁血宰相俾斯麦也要对他礼让三分。他油头粉面、态度傲慢、擅长奉承他人。在柏林会议上，他费尽心思为土耳其说好话。最终使黑

---

[1] 普列文，保加利亚北部的一座城市。

山、塞尔维亚、罗马尼亚得以独立。保加利亚被沙皇亚历山大二世的侄子、巴腾堡的亚历山大亲王统治了。但是由于英国对土耳其苏丹另眼相看，这些国家都没能取得进一步的发展。在英国人的眼中，想要控制野心强大的俄罗斯，最好的办法就是寻求土耳其的帮助。

但是，在柏林会议上，波斯尼亚、黑塞哥维那等本属于土耳其的领地，现在却划归奥地利哈布斯堡王室所有。这两个地区长时间以来都没有人重视，但是在奥地利的治理下却井然有序。不过，居住在这里的大部分都是塞尔维亚人，他们似乎对现状并不满意。很久之前，斯蒂芬·杜山的大塞尔维亚帝国统治着这里。14世纪初，土耳其的军队败在杜山手下。在哥伦布发现新大陆150年前，帝国的首都斯科普里[1]就是世界文明的中心。塞尔维亚人始终无法忘记曾经的灿烂与强大，他们固守传统观念，一直坚称这些领土是他们的。

1914年6月28日，奥地利的斐迪南亲王在波斯尼亚的首都萨拉热窝遇刺，凶手是一名塞尔维亚的大学生，他这么做无非是因为太热爱自己的国家了。

这成为第一次世界大战的导火索，但这灾难性的一幕并不是唯一的导火索。狂热的塞尔维亚学生并非是始作俑者，我们也不能把事情的全部责任推给奥地利受害者，要说最早引发这一事件的应该是柏林会议了。在物质利益的诱惑下，欧洲人唯利是图，他们根本看不到巴尔干半岛上一个古老民族曾经对文明的憧憬。

---

[1] 斯科普里，位于南斯拉夫东南部。

第六十三章
美好的新世界

持续战斗，为更美好的新世界努力奋斗。

引发法国大革命的热血青年中，最崇高的一位是德·孔多塞侯爵[1]，他奋斗一生的目标不过是希望穷困的百姓们能够过上好日子。他曾协助达朗贝尔、狄德罗编写《百科全书》，在大革命初期，他还是国民公会中温和派的领导人物。

在国王和保皇派密谋叛国的时候，国王被激进派人士利用了，激进派成功夺取国家政权，大肆屠杀政敌。孔多塞侯爵是一个内心善良宽厚的人，但是对于革命理想从未动摇过，以致激进派分子将其定性为非法分子。这代表着他就是国家的罪犯，只要是一个爱国者，就可以杀害他。很多朋友想要给他提供帮助，甚至不惜一切代价帮助他躲避追杀，但是孔多塞并没有接受。他离开巴黎，开始了逃亡生涯，一路向故乡跑去。他在荒野中逃亡了三天三夜，伤痕累累，发现路边有一家酒店，便前往寻找食物。人们看着他十分

---

[1] 德·孔多塞侯爵，法国哲学家，数学家，起草了吉伦特宪法。

可疑，于是开始搜身，最终在他的身上发现了一本诗集，这是拉丁诗人贺拉斯的作品。如此珍贵的诗集代表着这是一个出身不一般的人，他就这样在马路上流浪，其中必然存在一些问题。于是，他们捆绑了孔多塞，堵住他的嘴巴，把他囚禁在乡村监狱中。次日清晨，那些追捕孔多塞的警察赶到了这里，希望能够带他回巴黎，执行绞刑，但是前往监狱查看时，他们发现孔多塞已经在乡村监狱中去世了。

孔多塞的一生都在为百姓的幸福生活奋斗，为此他失去了一切，但最终却没有得到好的结果。他完全有理由对人类彻底失望，但他并没有。他曾说过一段著名的言论，留给了后代，时至今日，我们读起来都像是 130 年前那样铿锵有力。现在，我把这段话写在这里，希望大家能够牢记：

"大自然赏赐给人类无穷无尽的希望。人类早已摆脱了愚昧的约束，他们朝着真理、美德和幸福的方向坚定前进。对于富有哲学的人来说，这一定是一幅充满阳光的、能够让人感到欣慰，看到未来的美好画面。虽然这个世界上依然充满了各种失误、罪行和不公正。"

世界大战给全世界人民带来了一场灾难，与此相比，法国大革命更像是一个小小的冲突。战争让人们陷入了困境，泯灭了很多人对未来的向往。为了人类不断发展进步，劳动人民付出了巨大的代价，但是他们经受的却是持续了 4 年的战争和杀戮，并没有迎来自己渴望的和平。他们内心开始怀疑："我们这样做有意义吗？我们不辞辛劳地努力，难道就是为了让这些野蛮人感到满足吗？然而他们内心的欲望永远也得不到满足。"

其实，结论只有一个。

战争

那就是"有意义"！

虽然世界大战给人们带来了深重的灾难，但并不意味着这就是世界末日。这对我们来说，反而拉开了新的一幕，让我们看到了一个崭新的时代。

如果想要创作一部古代希腊、罗马或者中世纪的历史，难度并不大。因为那个时代已经过去很久了，人们已经记不清那些细节上的事情了，至于当事人也早已不在，我们需要做的事情仅仅是罗列那些客观的历史事实，并稍加评论。我们可以发表任何评论，因为当事人早已不在，不管评论如何，都不会对他们造成伤害。

但是，想要评价当代社会发生的事情，却存在一定的难度。生活在同一时代的我们对很多问题都感到疑惑，甚至有些无奈。通过这些事情我们切实感到了伤害或者愉悦，所以，想要做到客观公正实在是太难了。但是想要记述历史，一定要做到客观公正，除非你有意宣传某种意识形态。虽然事实如此，但是我还要对孔多塞追求美好未来的信念表示支持。

在之前的论述中，我已经强调了很多次，我们一定要尽力避免对某一特定的历史阶段产生误解。一般来说，人们通常按照历史分期法把历史明确地划分成了四个阶段：古代、中世纪、文艺复兴和宗教改革、现代。需要强调的是，最后一个阶段的划分有些冒险。"现代"其实意味着公元20世纪的人们获取的成功，这是人类文明发展巅峰的代表。英国的自由派领袖人物格拉斯通在50年前就表示，第二次改革法案通过后，代议制民主政府不断发展完善，全部工人和他们雇主的政治权利已经实现了平等。迪士雷利和保守派官员认为他们是"在黑暗中盲目做事"，自由派的人士对此回应说："不"！他们坚信，各个阶级会团结在一起，共同推进政府向更好的方向发展。但是，后来发生的事情让那些在世的自由派人士意识到了当时的自己有多么天真、多么可笑。

历史从未给人类什么绝对的答案。

生活在每一个时代的人都需要依靠自己重新开始，不然他们就会像史前的很多动物一样，因为没有及时改变自己而导致灭亡。

在历史领域，这条真理也是适用的。接下来，我们继续前行，如果我们现在正站在公元10000年，站在我们子孙后代站立的位置上。如果他们也在研究历史，他们又会对我们4000年的短暂历史做出怎样的评价呢？也许在他们的眼中，拿破仑和亚述的征服者提格拉·帕拉萨是生活在同一时代的人，又或许他们会把拿破仑当成是和成吉思汗、马其顿、亚历山大生活在同一时代的人。我们眼中的世界大战或许在他们眼中就只是一次商业冲突，就和罗马与迦太基之间的商业战争一样，这场战争整整持续了128年，目的是争夺地中海的经济利益。19世纪时期的巴尔干冲突（塞尔维亚、保加利亚、希腊和黑山的独立战争）也许在他们的眼中就只是大迁徙的进一步发展。他们看着兰斯大教堂[1]战争后一片荒芜的状况，就像是

---

[1] 兰斯大教堂，是法国历任国王举行加冕仪式的大教堂之一。

我们看到的雅典卫城一片荒芜的照片一样。我们害怕死亡，在他们看来是一件多么可笑的事情啊，直到 1692 年，人们依然坚信应该把女巫烧死。我们因为现代的医院、实验室、手术室而感到骄傲，但是在他们看来，这些不过只是江湖郎中手工作坊的另一种形式而已。

其实，引发这种状况的原因很简单，那就是我们自认为自己是现代人，但实际上我们并不够"现代"，甚至可以说我们还处于原始人发展的最后阶段。前不久，我们才凑合着建立起新时代的根基。人类想要真正成为文明人，还需要鼓起勇气，对现有的某些事物抱持怀疑的态度，想要建设人类社会，知识和宽容才是根本。在这个新的世界中，世界大战是为成长付出的惨痛代价。

很快，对第一次世界大战的解释会在各种历史书籍中出现。社会主义者撰写的历史书中会严厉批评那些资产阶级，将这场战争描述为侵略战争，将其原因描述为资产阶级争夺剩余价值。资产阶级对此当然会有所反诘，他们会反驳说，这场战争使他们失去了心爱的孩子，其实每个国家的银行家都在拼尽全力阻止这场战争的发展。在法国历史学家的眼中，德国在这场战争中犯下了不可饶恕的罪行，从查理曼大帝开始，到霍亨索伦家族的威廉统治时期结束，德国历代政府都犯下了罪不可赦的恶行。德国历史学家当然不会这么认为，在他们的眼中，从查理曼大帝开始，到普恩加来总统 [1] 当政，法国历代政府的罪行可谓罄竹难书。最后，大家都会明确表示自己并不应当为这场战争承担责任。无论是去世的，还是在世的各个国家的政治家们都会用文字阐述他们为了避免战争爆发曾经做出

---

[1] 普恩加来总统，在一战期间担任法国总统。

的一切努力，他们都是在敌人的逼迫下无奈加入战争的。

但是，百年之后的历史学家们对于现在这些苍白无力的解释会怎样看待呢？相信他们会透过现象，认清事物的本质。他很清楚，导致这场战争的根本原因并非是哪个人的野心或者私欲，这两者之间没有密切的联系。真正引发灾难的是科学家们的行为。科学家们奋斗半生的目标不过是创造一个新的世界，一个充满了钢铁、化学和电力的世界，但是他们却忽略了一点，那就是人类思想的发展甚至要比我们熟知的寓言故事中的乌龟的速度慢得多，他们忘记了那些为数不多的勇敢的文明先驱们的思想虽然先进，但人类总体的发展要比这些人的思想落后几百年。

祖鲁人[1]即便是穿上西装革履也只是一个祖鲁人，同理，一个思想早已禁锢在 16 世纪商业思维模式中的商人，即便驾驶着劳斯莱斯，他也还是 16 世纪的商人。

如果你没能完全理解我的意思，那么就请你重新阅读以上内容。只有你真的记住了这些东西，你才会在不久的将来幡然醒悟，看清楚从 1914 年到现在为止所发生的一切，你才能够看清楚这些事物的本质。

或许我再举一个常见的例子能够让人们更加明白。我们在电影院里的银幕上，会看到很多有意思的解说词。下次前往影院的时候，请你仔细观察台下的观众。他们真正体会到电影含义的时间是有差别的，有些人只需要一秒钟，有些人可能会慢一些，有些人则需要 20 秒到 30 秒的时间。当然，还有一些胸无点墨的观众，可能只有在他人解读了字幕之后才能勉强理解电影的含义。这一点其实

---

[1] 祖鲁人，土著人，生活在非洲东南部。

和人类的历史十分相似。

我在前面就说过了，虽然罗马帝国的最后一位皇帝去世了，但是在欧洲人的心中，罗马帝国的概念却持续存在了 1000 年。在这种观念的驱使下，后世人建立了很多准罗马帝国。这使罗马主教成为教会的领袖，因为罗马就代表着权力中心。它导致生性善良的蛮族人大范围屠杀，因为罗马代表着富贵。其实，教皇、皇帝、普通士兵，所有这些人和我们之间的区别并不大。但是，在他们的心中罗马的传统观念一刻也不曾消失过，一代又一代的后继者们对此记忆深刻，他们积极传递着这些观念。他们甚至为了这一观念展开了你死我活的斗争，这是现代人们做不出来的。

我前面曾说过，在宗教改革结束了一个世纪之后，宗教战争爆发了。如果我们对比描述三十年战争和发明创造的章节内容，你会发现，大屠杀爆发的同时，科学家的实验室正在发明第一台笨重的蒸汽机。但是，人们对于蒸汽机并没有太多好奇，他们迷恋的是神学讨论。如果把这种讨论放在当今社会，恐怕没有人会感到愤怒，人们只会觉得有些无趣。

这就是现实。如果让 1000 年以后的历史学家们对 19 世纪欧洲的状况进行分析，恐怕他们得到的结论也是如此。他会意识到，当人们都在为民族战争出谋划策时，竟然还有人潜心在实验室中做实验，对政治丝毫不在意。他们一心一意地想要探寻大自然的奥秘。即便他们得知的也只是众多秘密中的一小部分，他们也毫不介意。

也许，你已经慢慢体会到我想表达的意思了。工程师、科学家和化学家们使得欧洲、美洲和亚洲等地布满了大型机器、电报、飞行器、煤焦油产品，这期间只经过了一代人。他们在现实生活中创造出了一个全新的世界，一个完全可以忽略时空差距的新世界。他们发明创造了无数新的工业产品和生活用品，但同时又把它们的价格不断压低，直到最低。其实，我在前面已经说过这一点了，但由于它太过重要，现在，我需要重新强调。

工厂想要正常运转，对原材料和煤的需求量就很多，尤其是煤。但此时大多数人都认为国家是一种权力机构，这是 16、17 世纪人们的传统思想。这个中世纪的机构现在要解决的是机械化、工业化的问题，这些问题全部都是现代问题，但是他们的做事原则依然是几个世纪之前制定的。很多国家建立陆军和海军，期望通过这种手段拓展海外殖民地，争夺原材料。只要那块土地还没有被瓜分，英国、法国、德国或者俄国就会以最快的速度占领，将其发展成殖民地。如果有人不服，就采取武力征服。但是他们也没有遇到什么顽强的抵抗。在原住民的眼中，只要他们还牢牢掌控着钻石矿、煤矿、油田、金矿或者橡胶园的开发权，他们就会悠闲度日，更别说他们还可以从殖民者的手中赚取部分利润了。

有些情况下，当两个寻找原材料的国家看上了同一片土地，那么战争便一触即发。15 年前，俄罗斯和日本的战争就是这样爆发的，他们都看上了中国的一块土地。但这是极个别的情况，因为一般情况下大家都希望和平。20 世纪初，调用大量陆军、军舰、潜水艇加入激烈的战争，这在大多数人的眼中都是一件十分荒诞的事情。他们认为，只有古代的人们争夺君权时才会使用到武装力量。他们全部的注意力都在报纸上，或者是新的发明产生了，或者是英国、美国、德国的科学家们联合促进了医学、天文学的发展，这些消息让他们兴奋不已。他们生活在一个充满商业、贸易、工业的时代。但是，却没有人注意到。国家（志同道合的人构成的集团）制度和时代相比，已经落后了几百年。那些有先见之明的人希望能够使大多数人醒悟，但是他们却丝毫不在意，他们关心的只是和自己相关的事情。

我已经多次比喻过这件事情，但是我还要再用一件事比喻，希望你能够体谅我。由埃及人、希腊人、罗马人、威尼斯人、17世纪投机商人建造起来的"国家之船"（这种比喻虽然历史悠久，但是却很妥当，生动形象）木材优良、船体稳固，船长对船员和船的性能了如指掌，他很清楚人们一直以来使用的航海技术并不完美。

当钢铁和机器建造起来的新时代到来时，历史悠久的"国家之船"便开始出现变化。它的体积不断增加，风帆消失，蒸汽机广泛使用，客舱重新装修，焕然一新，但是人们的活动范围却被约束在了锅炉舱中。现在人们的工作条件越来越好，工资越来越高，但是人们对此并不满意，因为他们对危险的工作本就充满了抵触情绪。最终，一不小心，现代远洋客轮取代了历史悠久的木船。但是，船长和他的助手们却从未改变过，他们任命或者选举职务时，使用的依然是延续了千百年的历史悠久的方法，他们使用的航海技术也是从15世纪传过来的，年代久远。挂在船舱里的航海地图和号旗还是路易十四和腓特烈大帝时期使用的。换句话说，他们虽然并没有做错什么，但是他们的能力已经无法继续担任这一职务了。

如果把国际政治比作海洋，那么它的面积其实并不大，现在，无数帝国和殖民地的大小船只蜂拥而至，在这片海洋中追逐打闹，怎么可能会相安无事呢？事故如期而至。如果你无所畏惧地进入了这片海洋，那么，你一定能够看到遗留在海底的船只的残存物。

我说的这个故事，寓意其实很简单。现在，我们迫切地需要一位能够跟随时代潮流的领军人物，他高瞻远瞩，他很清楚我们的征途才刚刚开始，他对现代航海技术颇有研究。

他只有经过长时间的学习，不断积累知识，克服种种困难，才能够成为最终的领军人物。一旦他成了领军人物，开始指挥众人，船员们的嫉妒心理就会发作，他们会叛变，甚至可能会杀害领军人物。但是，总有一天这个人会出现，他会带领船员们将轮船安全地驶入海港，他会成为新时代的英雄人物。

第六十四章
不变的真理

"通过深入思考生活中的各种问题,我更加相信,我们最优秀的陪审团和法官就是讽刺和同情,就像是女神伊西斯和内弗提斯是古代埃及人去世后的评论者一样。

"人们生活中最好的帮手就是讽刺和同情,讽刺引发的微笑会让我们的生活充满阳光,同情导致的哭泣会让我们的生活更加洁净无瑕。

"我信仰的讽刺并不是残忍之神。她从来不会讽刺爱和美。她温柔善良,她的微笑让我们的内心回归平静。她教导我们一定要竭尽全力讽刺那些无赖和奸佞小人,如果没有她,我们可能会变得懦弱,我们对这些人只能是轻视和怨恨。"

这段话出自伟大的法国人,颇有深意,最后,我就把这段话赠送给各位吧!

图书在版编目 (CIP) 数据

人类简史：房龙为我们讲人类的故事 / (美) 亨德里克·
威廉·房龙著；辛怡译 . —北京：中国华侨出版社，2017.12（2024.5 重印）
ISBN 978-7-5113-7085-3

Ⅰ.①人… Ⅱ.①亨… ②辛… Ⅲ.①社会发展史—
通俗读物 Ⅳ.① K02-49

中国版本图书馆 CIP 数据核字 (2017) 第 256279 号

人类简史：房龙为我们讲人类的故事

著　者：〔美〕亨德里克·威廉·房龙
译　者：辛　怡
责任编辑：刘晓燕
封面设计：冬　凡
经　销：新华书店
开　本：880 毫米 × 1230 毫米　1/32 开　印张：14　字数：325 千字
印　刷：三河市华成印务有限公司
版　次：2018 年 4 月第 1 版
印　次：2024 年 5 月第 5 次印刷
书　号：ISBN 978-7-5113-7085-3
定　价：46.00 元

中国华侨出版社　北京市朝阳区西坝河东里 77 号楼底商 5 号　邮编：100028
发 行 部：（010）88893001　　　传　真：（010）62707370
网　址：www.oveaschin.com　　E-m a i l：oveaschin@sina.com

如果发现印装质量问题，影响阅读，请与印刷厂联系调换。